2011

Dr. E's

Primer on Entrepreneurship

&

E-Commerce
2nd Ed.

Manual

del Empresario

y

Comercio Electrónico del

Dr. E.

Copyright © 2008 by Emeric Solymossy

ISBN 0-7414-4509-3

Published by:

INFI∞ITY
PUBLISHING.COM

1094 New DeHaven Street, Suite 100
West Conshohocken, PA 19428-2713
Info@buybooksontheweb.com
www.buybooksontheweb.com
Toll-free (877) BUY BOOK
Local Phone (610) 941-9999
Fax (610) 941-9959

Printed in the United States of America

Printed on Recycled Paper

Published June 2008

Table of Contents

Contenido

"If you can dream it, you can do it" - *Walt Disney*

"We were young, but we had good advice and good ideas and lots of enthusiasm." - *Bill Gates, founder of Microsoft Corporation*

"Twenty years from now you will be more disappointed by the things that you didn't do than by the ones you did do. So ... Explore. Dream. Discover - *Mark Twain, author*

"The only place where success comes before work is in the dictionary" - *Vidal Sasoon, English stylist and entrepreneur*

"Si puedes soñarlo, puedes hacerlo" – *Walt Disney*

"Éramos jóvenes, pero recibimos buenos consejos y tuvimos buenas ideas y mucho entusiasmo" - *Bill Gates, Fundador de Microsoft Corporation*

"Dentro de 20 años estarás más decepcionado de las cosas que no hiciste que de las que sí hiciste. Así que... Explora. Sueña. Descubre".- *Mark Twain, novelista.*

"El único lugar donde el éxito aparece antes que el trabajo es en el diccionario" - *Vidal Sasoon, estilista y empresario inglés*

Introduction

This book emerges from the need to teach basic concepts and practical skills to students with differing cultural and economic backgrounds. It is a systematic learning tool for understanding the entrepreneurship process, and it sets forth a framework for exploring the entrepreneurial perspective that resides within each of us. I have learned that 20% of the total content of most textbooks accounts for 80% of the knowledge that is actually needed – and that the remaining content is reinforcement that may not be necessary. This is a variation of the Pareto Principle, or what is known as the 80-20 rule. I used this thinking as one objective of this primer. It is not intended to be a laborious and difficult text. It does not contain a lot of arguments. It does not present every possibility, nor does it give many examples. This is not a textbook with mathematical formulas to prove strategies, nor is it a collection of proven recipes for success. This primer is a guide-book for the curious, an exercise for the adventurous, and hopefully a starting point for individuals seeking to be entrepreneurs.

A framework is used to help explain the social and economic concept of beginning, managing, and succeeding in business. This primer is a distillation of the essential issues in conceiving, planning, and operating a small business. It is for those who need a starting point. It is not an in-depth coverage of all the issues within the fields of entrepreneurship, family business, or small business management. Libraries are full of books exploring those in abundant detail.

This book offers functional simplicity. The simple image of an automobile is used as a metaphor to emphasize different concepts. We will journey together to learn about this "vehicle." When we begin a journey, it is helpful to have an idea where we will be going and how we intend to travel. The table below shows the entire process as well as its principal stages. Small business is the vehicle for economic growth and stability within an economy. Entrepreneurship is the means through which small businesses come into existence. Each of these principal stages will be discussed in the pages that follow. Along the way, I provide questions to guide your process, as well as principles to remind you of what is important. You do not have to travel quickly, but I want you to travel safely.

Introducción

Este manual es por sí mismo, algo diferente, emerge de la necesidad de enseñar conceptos básicos y habilidades prácticas a los estudiantes con diferentes antecedentes económicos y culturales. Este manual es una herramienta sistemática de aprendizaje, para entender el proceso empresarial, y establece el marco de referencia para explorar la perspectiva emprendedora residente en cada uno de nostoros. Me he dado cuenta que el 20% del contenido total de la mayoría de los libros de texto, contiene el 80% del conocimiento que realmente es necesario, y que el resto del contenido es un refuerzo que puede no ser necesario. Esto es una variante del Principio de Pareto, que es conocido como la regla del 80 - 20. Utilicé este razonamiento como un objetivo de este manual. No es la intención presentar un texto laborioso y difícil de leer. Este manual no contiene una gran cantidad de propuestas, ni presenta cada una de las posibilidades, y tampoco contiene muchos ejemplos. Este no es un libro de texto con fórmulas matemáticas para demostrar estrategias, ni es un compendio de recetas comprobadas para el éxito. Este manual es una guía para los curiosos, un ejercicio para los aventureros y, ¡ojalá! que se convierta en un punto de partida para personas que aspiren a ser empresarios.

Este manual pretende ser un marco de referencia que se utilice como ayuda para explicar los conceptos social y económico del inicio, administración y éxito en los negocios. Este manual es la destilación de los aspectos esenciales para concebir, planear y operar una pequeña empresa. Es para aquellos que necesitan un punto de partida. No es una revisión a profundidad de todos los temas dentro del campo empresarial, de los negocios familiares o de la administración de pequeños empresas. Las bibliotecas están llenas de libros que exploran esto en abundante detalle.

Este libro te ofrece simplicidad y funcionalidad. Se usa la simple imagen de un automóvil como una metáfora para enfatizar conceptos diferentes. Viajemos juntos para aprender sobre este "vehículo".

(1) Nota del traductor: La palabra en inglés "Entrepreneurship" se traduce como la cualidad de, el arte de, o habilidad que posee una persona de ser empresario. Está compuesta por la palabra de origen francés "entrepreneur", que significa empresario, y el sufijo "-ship", que significa "cualidad de, arte o habilidad de"; es decir, indica la característica esencial que una persona necesita tener para iniciar u operar una empresa. Para esta traducción hemos acuñado el vocablo "empresariedad", formado por la palabra "empresario" y el sufijo "-dad", que significa "cualidad", y aún sin estar en el diccionario de la lengua española, sería válida para referirse a la cualidad esencial, en términos filosóficos, que distingue al empresario.

Entrepreneurship Process

Feasibility Assessment		Business Planning		Managing
Evaluate Self	**Identify & Evaluate the Opportunity**	**Develop the Business Plan**	**Identify Resource Requirements**	**Management style**
Personal Characteristics	Creation / length of Opportunity	Title page	Resources available to you	Management structure
Health & Family	Reason for appeal?	Table of Contents	Resource gaps	Key variables for success (3-E Factors!)
Entrepreneurial Attribute	Value of Opportunity?	Executive Summary	Access needed resources	Identifiable problems
Personal Goals	Real?	Description of Business.	Capital	Potential problems
Willingness to Work	Perceived?	Descr. Of Ind / Compet.	Material	Control systems
Abilities / skills	Risk & Returns?	Marketing Plan	Labor	Expansion: Global and Electronic
Related Experience	Match w/ skills & goals	Financial Plan	Technology	
Seed resources	Competition?	Production Plan	Time	
		Organization Plan		
		Operation Plan		
		Appendixes (exhibits)		

Y así como al iniciar cualquier viaje, es de gran ayuda tener una idea de hacia dónde vamos y cómo pretendemos viajar. La tabla siguiente muestra todo el proceso, así como sus etapas principales. Los negocios pequeños son el vehículo del crecimiento y estabilidad económicos en una economía. Discutiremos en las páginas siguientes cada una de estas etapas y durante el trayecto, le dotaré de preguntas para guiar su proceso, así como de principios para recordarle lo que es importante. No tiene que viajar rápidamente, pero quiero que viaje seguro.

El Proceso Empresarial

Evaluación de factibilidad		Planeación del negocio		Administración
Auto Evaluación	**Identificar y evaluar la oportunidad**	**Desarrollar el plan De negocio**	**Identificar necesidades**	**Estilo gerencial**
				Estructura gerencial
Características personales	Creación / Duración de la oportunidad	Título	Recursos disponibles	Variables clave para el éxito (¡3 factores E!)
Salud y familia	¿Atractivo?	Indice	Recursos Faltantes	Problemas identificables
Atributos empresariales	¿Valor de la oportunidad ?	Resumen ejecutivo	Acceso a recursos externos	Problemas potenciales
Metas personales	¿Verdadera?	Descripción del negocio	Capital	Sistemas de control
Deseo de trabajar	¿Percibida?	Desc. de la ind. / Competencia	Recursos materiales	Expansión: Global y electrónica
Destrezas	¿Riesgo y rendimientos?	Plan de mercado	Mano de obra	
Experiencia previa	Concordancia entre destrezas y metas	Plan financiero	Tecnología	
		Plan de producción	Tiempo	
Recursos de nicio	¿Competencia?	Plan de organización		
		Plan de operación		
		Anexos		

Section 1: What is entrepreneurship?
Who is an entrepreneur?

The word *entrepreneur* can be traced back to the twelfth century, being rooted in the verb "entreprendre," meaning "doing something *different*." The basic concepts and practical skills involved in entrepreneurship are consistent regardless of the country or culture. Entrepreneurship is the process of accepting risk while creating something new (or combining some existing things in a new way) that has economic value. The entrepreneur is the individual who accomplishes this. The word entrepreneur may mean something different to economists, psychologists, business persons and politicians. The differences, however, can be resolved if we consider that there are three ways the term can be used (the Process, the Venture, and the Individual).

The four elements which define entrepreneurship are: Innovation, Value, Tenacity, and Risk. To increase our understanding of the concepts, we will use an automobile as a representative model for entrepreneurship and remain consistent with this analogy throughout the text. Think of an automobile's four tires. As long as all four are intact, the auto moves properly and can be steered. But, when you think of an automobile, do you think of the tires? No, you accept the tires as a fact. You assume that the tires exist because it is an automobile. Instead, perhaps you think of the automobile in terms of size, style, and color. For the venture, or business element of entrepreneurship, we think in terms of the market, the opportunity, and innovation.

These three elements help us understand the entrepreneurship of the firm. Can an automobile operate without a driver? No. An entrepreneurial business can not start, operate, or grow without a driver – an entrepreneurial person.

Now, think of yourself behind the wheel –as the driver. What is required to drive an automobile? In essence, you need to have physical capabilities, knowledge, skill, insurance, and a key to the auto. Similarly, not everyone can be an entrepreneur.

Sección 1: ¿Que es Empresariedad?
¿Quién es un empresario?

La palabra *empresario* puede ser rastreada hasta el Siglo XII, proviniendo sus raíces del verbo francés "entreprendre", que significa *"hacer algo diferente"*. Los conceptos básicos y habilidades prácticas involucradas en la *empresariedad* son consistentes, independientemente del país o cultura. La *empresariedad* es un proceso de aceptación de riesgos mientras se crea algo nuevo (o se combinan cosas ya existentes en una nueva forma) con valor económico. El empresario es aquel que logra esto. La palabra empresario es usada en muchas formas diferentes, y pueden tener significados diferentes para los economistas, psicólogos, personas de negocios y políticos. Las diferencias por otro lado, se resuelven si consideramos que hay tres formas en que se puede usar el término (el proceso, la aventura, y el individuo)

Los cuatro elementos que definen a la empresariedad son: Innovación, Valor, Tenacidad y Riesgo. Para incrementar nuestra comprensión de los conceptos, utilizaremos el automóvil como un modelo representativo de la empresariedad, y trataremos de permanecer constantes con esta analogía a través de esta lección. Piense en las cuatro llantas de un automóvil. Mientras las cuatro estén intactas, el auto camina apropiadamente y se puede manejar. Pero, cuando piensa en un automóvil, ¿piensa en las llantas? No, las llantas se dan por hecho. Se supone que las llantas existen porque es un automóvil. En lugar de ello, tal vez piense en términos de tamaño, estilo y color. Para la aventura o el aspecto de negocios de la empresariedad, pensamos en términos del mercado, de la oportunidad y la innovación.

Estos tres elementos nos ayudan a entender la empresariedad de la firma. ¿Puede un automóvil funcionar sin conductor? No. Ningún negocio puede iniciar, operar o crecer sin un conductor: Una persona empresarial.

Ahora, imagínese detrás del volante, usted será el conductor. ¿Qué se requiere para conducir un automóvil? Escencialmente se necesita tener capacidades físicas, conocimiento, destreza, un seguro, y la llave del auto. De manera similar, no cualquiera puede ser un empresario.

Entrepreneurship requires a combination of the right personality (entrepreneurial attitude and behaviors), appropriate knowledge, skill and abilities, experience, and persistence.

Sitting behind the wheel, even with the key in the ignition, is not driving the automobile. You are not driving the automobile unless you are moving. The process of driving requires you to react to road and weather conditions as well as other drivers. This is similar to the ongoing process of entrepreneurship. The combination of the individual(s) and the venture yields the process of entrepreneurship. Entrepreneurship, like driving an automobile, requires constantly adjusting to changes in the marketplace in response to market and competitive factors.

	Individual	Venture	Process
Innovation	Innovative, creative behavior - in all ways	Innovation that causes change which is valued by the market	Constantly seeking new ways to satisfy the market
Value	The ability to recognize and produce what the market values	Producing the product or service that the market will purchase	Adapting to changing values in the market
Tenacity	Willingness to accept failure, persistent personality	Culture that accepts and learns from failure, provides encouragement	Commitment to objectives, sustained effort
Risk	Willingness to accept measured risk – strong belief in ability to control circumstances	Culture that tolerates moderate risk	Avoiding complacency, continual challenge of status-quo

Applying the elements of the definition

Entrepreneurship is how small businesses come into existence. The independently owned and operated business is the backbone of any economy. Entrepreneurship is a vehicle for economic stimulation and is critical to innovation. The majority of new product inventions and service innovations are because of small businesses. Small businesses generate new employment and employ up to 80%

Se requiere una combinación de personalidad adecuada (actitud y comportamiento empresariales), conocimientos apropiados, destreza y habilidades, experiencia y persistencia.

Sentarse al volante, aún con la llave de encendido, no es conducir el automóvil. No estará manejando el automóvil a menos que esté en movimiento. El proceso de manejar requiere que reaccione al camino y a las condiciones climatológicas, así como a otros conductores. Esto es similar al proceso continuo de la empresariedad. La combinación del (de los) individuo(s) y la aventura, crea el proceso de *empresariedad*. Esto, igual que conducir un automóvil, requiere de ajustes constantes ante cambios en el entorno del mercado y en respuesta a éste y a factores competitivos.

	Individuo	Aventura	Proceso
Innovación	Comportamiento innovador, creativo - en todas sus formas	Innovación que genera un cambio apreciado por el mercado	Búsqueda constante de nuevas maneras de satisfacer el mercado
Valor	La habilidad para reconocer y producir lo que el mercado valora	Producir el producto o servicio que el mercado va a comprar	Adaptación a valores cambiantes del mercado
Tenacidad	Disposición a aceptar el fracaso, personalidad persistente	Cultura que acepta y aprende del fracaso, proporciona ánimo	Compromiso con los objetivos, esfuerzo sostenido
Riesgo	Disposición a aceptar riesgos calculados - creencia firme en la habilidad para controlar las circunstancias	Cultura que tolera riesgo moderado	Evitar la complacencia, desafía continuamente el status-quo

Aplicando los elementos de la definición:

La *empresariedad* es la manera como los pequeños negocios cobran vida. Los negocios privados, operados independientemente, son la columna vertebral de cualquier economía. La *empresariedad* es un vehículo para la estimulación de la economía y es fundamental para la innovación. La mayoría de los nuevos inventos y las innovaciones en los servicios son gracias a las empresas pequeñas, ya que generan nuevas fuentes de trabajo y ocupan hasta un 80% de

of the workforce. (Birch, David, "Who creates jobs?" The Public Interest, 1981). Small business is formed, shaped, and created by entrepreneurs.

What is *entrepreneurship?* Who is the *entrepreneur?* We introduced the technical meaning of entrepreneurship by identifying the concept of doing something different. This can be a difference in what is done or a difference in how it is done. We proceed in this section by exploring persons who do something different - *entrepreneurs.* What role do they provide to society? What role do they provide to the economy? Who are these strange people, and what makes them different? Are they all the same?

We begin by asking you to consider individuals that you look up to as business pioneers, as entrepreneurs. What makes them different? What characteristics do they demonstrate in their lives that make them special? Why did they succeed when so many others have tried and failed?

Entrepreneurs can be classified on a continuum. At one extreme is the macro-entrepreneur whose passion or dream is the business. At the other extreme is the micro-entrepreneur who uses the business as a means to achieve his/her dream.

Entrepreneurial Continuum

Adaptado de Jim & Joy Carland, 1998, Small Business Management, Dame Publ.

	◁ Micro		Macro ▷
Clasification	Micro-entrepreneur	**Entrepreneur**	Macro-entrepreneur
Dreams	Personal Freedom	**Personal success, wealth and recognition**	Revolutionalry change
Behavior	Traditional	**Ingenious**	Innovative
Outcome	Small, stable, slowly changing family business	**Enhanced markets, services, products and industries**	New markets, services, products and industries
Consistency	Changes interest at perceived comfort level	**Changes interest at perceived success level**	Never stops striving for dominance

You've considered others. Now, look at yourself and your dreams. Why do you want to be in business?

la fuerza productiva. (Birch, David, "¿Quién genera empleos?" El Interés Público, 1981). Las pequeñas empresas se forman, se moldean y se crean por empresarios.

¿Qué es la *empresariedad*? ¿Quién es un empresario? Introdujimos el significado técnico de la *empresariedad* identificando el concepto de hacer algo diferente. Esto puede ser: Una diferencia en lo que se ha hecho o en cómo se hace. Avancemos en esta sección explorando a las personas que hacen algo diferente: los empresarios. ¿Qué papel desempeñan para la sociedad? ¿Qué papel desempeñan para la economía? ¿Quiénes son estos extraños y qué los hace diferentes? ¿Son todos iguales?

Comenzaremos por pedirle que identifique individuos a los que usted admira como pioneros en los negocios, es decir, empresarios. ¿Qué los hace diferentes? ¿Qué características demuestran en sus vidas que los hacen especiales? ¿Por qué tuvieron éxito cuando tantos otros lo han intentado y han fracasado?

Los empresarios pueden ser clasificados en un intervalo continuo. Para un extremo, el macroempresario, el negocio es el sueño, es la pasión que consume al individuo. En el otro extremo, el microempresario, el negocio es un vehículo para que el individuo realice su sueño.

Adaptado de Jim & Joy Carland, 1998, Small Business Management, Dame Publ.

$$\longleftarrow \text{Micro} \qquad \text{Macro} \longrightarrow$$

Clasificación	Microempresario	Empresario	Macroempresario
Sueños	Libertad personal	**Éxito personal, riqueza y reconocimientos**	Cambio revolucionario
Conducta	Tradicional	**Ingenioso**	Innovador
Frutos	Empresa pequeña, estable, cambia lentamente, familiar	**Hace crecer mercados, servicios, productos e industrias**	Nuevos mercados, servicios, productos e industrias
Consistencia	Cambia de intereses al alcanzar cierto nivel de comodidad	**Pierde interés al alcanzar cierto nivel de éxito**	Nunca ceja en su esfuerzo por dominar

Seguramente usted ha observado a otros. Ahora, mírese a usted mismo y sus sueños. ¿Por qué quiere estar en los negocios?

Is it a deep, driving desire, or is it a need due to your circumstances? There are many reasons, and many of the reasons overlap one another. You may want a sense of satisfaction, social status and wealth, or you may be out of work and driven by a need for security and feeding your family.

Research has shown that it doesn't matter whether an individual was pushed into business by necessity or driven by desire. Many successful entrepreneurs may have very little formal education or they may be well educated. Research has focused a great deal on personality and the individual's attitudes and attributes. The three most significant attributes are a strong drive for achieving, belief that the individual can affect the outcome of events, and the ability to function independent of other people. In addition to this, individuals are more successful when they are innovative, have the ability to tolerate moderate risk, are capable of recognizing and taking advantage of opportunity, and have a high need for achievement. Personality is what's inside of a person. Personality is a combination of characteristics and traits that cause an individual to behave in certain ways. Personality without the behavior is meaningless. In the same way, an individual who has an entrepreneurial personality will have entrepreneurial behavior. It is not enough to have the desire and drive to succeed – it must be accompanied by work and effort. Having a personality that is innovative – one that constantly comes up with new ideas - is good but not enough. It is not truly entrepreneurial unless the ideas are put to work.

Is having an entrepreneurial personality enough to ensure success? No, there are many examples of failed entrepreneurs. One can find statistics showing small business failure rates ranging from 10% to 85%. The true number is probably somewhere in between – but still shows that a large percentage of businesses fail every year. Research into causes of failure reveals that 46% of the failures were due to managerial incompetence: The entrepreneur didn't know what he or she was doing! The research further shows that 48% fail due to a lack of appropriate experience. You may have a lot of experience selling shoes, but that experience does not prepare you for owning a restaurant. Only one in 10 businesses survives for 20 or more years. Do you want to be the one, or the other nine?

¿Es un deseo arrollador, o es una necesidad ante las circunstancias? Hay muchas razones, y varias de ellas se traslapan: Puede desear un sentimiento de satisfacción, estatus social y riqueza, o puede estar desempleado y guiado por una necesidad de dar seguridad y alimentación a su familia.

Las investigaciones han demostrado que no importa si un individuo haya sido forzado al mundo de los negocios por necesidad o haya sido impulsado por sus deseos. Muchos empresarios exitosos tienen escasa educación formal, muchos tienen educación superior. Esas investigaciones se han centrado principalmente en la personalidad y en los atributos y actitudes de los individuos. Los tres atributos más significativos son: un fuerte impulso para la hazaña, la creencia de que el individuo puede afectar el resultado de los eventos, y la habilidad para funcionar independientemente de otras personas. Además de esto, los individuos que son innovadores, que tienen habilidad para tolerar un riesgo moderado, que son capaces de reconocer y aprovechar una oportunidad, y que tienen una gran necesidad de logro, son más exitosos. La personalidad es lo que hay dentro de una persona; es una combinación de características y rasgos que causan que un individuo se comporte de cierta manera. La personalidad sin la conducta no tiene sentido. De la misma forma, un individuo que tiene una personalidad empresarial, tendrá una conducta empresarial. No es suficiente tener el deseo y el ímpetu para tener éxito, debe estar acompañado de trabajo y esfuerzo. Tener una personalidad innovadora, que constantemente genere nuevas ideas, es bueno pero no suficiente. No es verdaderamente empresarial a menos que las ideas se pongan en práctica.

¿Tener una personalidad empresarial es suficiente para asegurar el éxito? No, existen muchos ejemplos de empresarios fracasados. Se pueden encontrar estadísticas mostrando el fracaso de pequeños negocios con tasas van desde el 10% hasta el 85%. La verdadera cifra real está en algún punto intermedio, pero sigue indicando que un gran porcentaje de negocios fracasan cada año. Las investigaciones sobre las causas de los fracasos muestran que el 46% se debe a incompetencia gerencial. ¡El empresario no sabía lo que hacía! Estas investigaciones muestran además, que el 48% cierra debido a la falta de experiencia apropiada: Puede tenerse mucha experiencia vendiendo zapatos, pero esto no lo prepara para ser dueño de un restaurante. Sólo una de cada diez empresas sobrevive por 20 años o más. ¿Usted quiere ser ese uno o parte de los otros nueve?

Earlier, I had you think about entrepreneurs and what made them different. We can think of individual merchants such as Marco Polo (1254-1324), or a culture of entrepreneurial merchants such as the Phoenicians (c400) or the Persians (c400). Independent business persons evoke images of adventure, risk, success, and sometimes failure. We've introduced these issues to you. Now, let's focus on YOU!

What is your personality? Do you have entrepreneurial attributes? Why do you think you would make a good entrepreneur?

Why you want to start a business is important, but it is not the determining factor of whether or not you will succeed. Research has consistently shown that the motivation for staying in business - persistence - is more important than the reason for beginning the business. While there are no good psychological tools for determining whether an individual has the personality to succeed in his or her own business, there are some questions that can help each person challenge himself or herself:

- Are you willing to work long hours with little immediate reward?
- Do you have a clear and reasonable idea that will make money?
- Is your physical health good? (Can you endure the stress?)
- Is your family supportive?
- Are you willing to risk your savings and security on your ideas?
- Do you like meeting and dealing with people?
- Do others trust and respect you?
- Do you have the resources to allow the business to begin?
- Are you responsible with money?
- Are you honest with yourself?

Success in business requires technical *and* managerial skills. "Success" requires a combination of knowledge, skills, abilities, and personality.

- Do you know how to plan, manage people, and manage money? Do you have enough to manage a business? If not, you better learn, and learn quickly – the costs for ignorance are high.

Anteriormente le hice pensar acerca de los empresarios y qué los hacia diferentes. Podemos pensar en comerciantes individuales como Marco Polo (1254-1324), o en una cultura de comerciantes empresarios tales como los Fenicios (aprox. 400 A.C.) o los Persas (aprox. 400 A.C.) Las personas de negocios independientes evocan imágenes de aventura, riesgo, éxito y algunas veces de fracasos. Ya le hemos presentado estos aspectos. ¡Ahora, concentrémonos en USTED!

¿Cuál es su personalidad? ¿Tiene atributos empresariales? ¿Qué lo hace pensar que sería un buen empresario?

El por qué quiere empezar un negocio es importante, pero no es el factor que determinará si tendrá éxito o no. Las investigaciones han demostrado consistentemente que la motivación para mantenerse en los negocios (la persistencia) es más importante que la razón para iniciar un negocio. Aunque no hay buenas herramientas psicológicas para determinar si un individuo tiene una personalidad para triunfar en su propio negocio, hay algunas preguntas que pueden ayudar a cada persona a evaluarse a sí mismas:

- ¿Está dispuesto a trabajar largas horas sólo con una pequeña recompensa inmediata?
- ¿Tiene una idea clara y razonable para generar dinero?
- ¿Su salud física buena? (¿Soporta el stress?)
- ¿Tiene el apoyo de su familia?
- ¿Desea arriesgar sus ahorros y seguridad por sus ideas?
- ¿Le gusta conocer y tratar con gente?
- ¿Los demás confían en usted y lo respetan?
- ¿Cuenta con los recursos que le permitirán iniciar el negocio?
- ¿Es usted responsable con el dinero?
- ¿Es usted honesto consigo mismo?

El éxito en los negocios requiere de habilidades técnicas y gerenciales. El "éxito" requiere una combinación de conocimientos, destrezas, habilidades y personalidad.

- ¿Sabe planear, manejar gente y administrar dinero? ¿Tiene lo suficiente para manejar un negocio? Si no, mejor apréndalo y pronto. Los costos de la ignorancia son altos.

- Do you have good technical skills to support your business?
- Can you to get the resources that are required?
- Can you leverage other people's resources to maximize the benefits to your business?
- Are you able *and* willing to work long and hard with little or no immediate reward?
- Are you persistent? Will you endure through hardships when others would stop?

In addition, to having personal skills and abilities, it is a tremendous advantage to have the support of your family, especially since you may have to go to them sometime for help, either for money or labor.

According to the historian Plutarch, "Know thyself," or "*Gnothi se auton*" was inscribed on the Sun god Apollo's Oracle of Delphi temple in ancient Greece. As a lesson in seeking wisdom, it is a well known phrase. This primer will provide you with essential bits of knowledge about entrepreneurship. In addition to presenting factual and procedural data, it will emphasize which questions to ask in order to help you start the planning process for beginning a business. Along the way, you will learn about yourself and your attitudes.

You cannot look at a person walking down the street and determine whether or not they are entrepreneurs. You cannot look at the person sitting next to you and know if they will be an entrepreneur. Their behavior (how they put their thoughts and attitudes to work) determines whether or not they are entrepreneurs. These behaviors include:

- Risking their money and security
- Subjecting themselves to changing economies and political issues
- Accepting and adapting to change as a matter of necessity
- Organizing their work and the work of people around them
- Making and accepting the responsibility for final decisions.
- Demonstrating a wide range of managerial skills
- Handling many activities at the same time
- Working longer, harder (and hopefully, smarter) than others
- Finding customers, then market and sell to those customers
- Constantly trying to find a way to do things better.

- ¿Tiene buenas destrezas técnicas para sostener su negocio?
- ¿Puede conseguir los recursos necesarios?
- ¿Puede aprovechar los recursos de otras personas para maximizar los beneficios para su negocio?
- ¿Puede y *quiere* trabajar mucho tiempo, arduamente sólo por una pequeña o ninguna recompensa inmediata?
- ¿Es usted persistente? ¿Continuaría cuando otros se detendrían?

Además de tener destrezas y habilidades personales, tener el apoyo de su familia es una gran ventaja, especialmente porque en algún momento tal vez tenga que recurrir a ellos para obtener ayuda, ya sea con dinero o con trabajo.

De acuerdo al historiador Plutarco "Conócete a ti mismo" o "Gnothi seauton" fue inscrito en el Templo del Oráculo de Delfos dedicado al Dios Sol Apolo en la antigua Grecia. Como una lección en la búsqueda de sabiduría, es una frase muy conocida. Este manual le enseñará fragmentos esenciales de sabiduría acerca de la *empresariedad*. Además de presentarle datos reales y de procedimientos, se enfatizará en qué preguntas hacerse y se le ayudará a iniciar el proceso de planeación para iniciar un negocio. En el camino, aprenderá acerca de usted mismo y sus actitudes.

Con solo ver a una persona caminando por la calle, no se puede determinar si es un empresario(a) o no. No se puede mirar a la persona sentada junto a usted y saber si es un(a) empresario(a). Su conducta (cómo pone sus pensamientos y actitudes en práctica) determina si son o no empresarios. Estas conductas incluyen:

- Arriesgar su dinero y seguridad.
- Someterse a los entornos económico y político cambiantes.
- Aceptar y adaptarse al cambio como una necesidad.
- Organizar su propio trabajo y el de las personas que lo rodean.
- Tomar decisiones definitivas y aceptar la responsabilidad.
- Demostrar un amplio rango de habilidades gerenciales.
- Ejecutar varias actividades al mismo tiempo.
- Trabajar más tiempo y más duro (y ¡ojalá! más inteligentemente) que otros.
- Encontrar clientes, y entonces mercadear y venderles.
- Procurar constantemente encontrar una mejor manera de hacer las cosas.

No two entrepreneurs are the same. Some are craftspersons; some are inventors; some are creative imitators of others ideas. Some have money and a poor business idea. Some have a good business idea but no money. Regardless of their differences, according to Michael O'Malley, entrepreneurs are:

Envisioning: They can see things differently.

Nutty: They know some people think they're crazy.

Tenacious: They cling to opportunity, they don't quit.

Resourceful: If they don't have what they need, they'll find a way to get it.

Energized: They need no clock because they can't wait for the day to start.

Purposeful: They know where they want to go and they have a plan for getting there.

Resilient: They learn from mistakes. They grow from adversity. They go on.

Exceptional: They see themselves as special. They know they are right.

Negotiators: They find a way to pay Paul while still owing Peter.

Empathetic: They listen for the meaning behind the words.

Ubiquitous: They're everywhere.

Revolutionary: One piece of the universe will be different because an entrepreneur was there.

Section 2: Choosing the product/service

We begin this section by challenging you with a question. Based on your knowledge, experience and common sense, what do you believe to be the most important consideration for having a successful business? Think carefully about this question, and we'll explore the answer later.

You have the right personality, you have the determination, and you have the knowledge skills and abilities to be an entrepreneur. Good! Now, what will you be selling? You have the dream

No hay dos empresarios que sean iguales. Algunos son artesanos, otros son inventores, algunos imitan creativamente las ideas de otros; Algunos tienen dinero y muy pobres ideas para los negocios. Algunos tienen buenas ideas de negocios pero no tienen dinero. Sin importar sus diferencias, el empresario, de acuerdo a Michael O'Malley es (N. del T. adaptado a este acrónimo usando la palabra francesa entrepreneur):

Energético:	No necesitan de un reloj porque no pueden esperar a que el día comience
INgenioso:	Si no tienen lo que necesitan, encontrarán la manera de obtenerlo
Tenaz:	Se enganchan a cada oportunidad
Resuelto:	Saben a donde quieren ir y tienen un plan para llegar allí
Extravagante:	Están dispuestos a que otras personas piensen que están locos
Psíquico:	Puede ver lo que aún no existe, pero que existirá
Resistente:	Aprenden de los errores. Se crecen ante la adversidad. Siguen adelante
Excepcional:	Se consideran a sí mismos especiales, y saben que tienen razón
Negociador:	Encuentran la manera de pagarle a Pablo debiéndole aún a Pedro
Empático:	Escuchan atentamente para captar el significado de las palabras
Ubicuo:	Están en todo
Revolucionario:	Una parte del universo será diferente porque un empresario estuvo allí

Sección 2: Eligiendo el producto/el servicio

Comenzamos esta sección retándole con una pregunta. Basado en sus conocimientos, experiencia y sentido común, ¿Cuál cree que debe ser la consideración más importante para tener un negocio exitoso? Piense cuidadosamente en esta pregunta y exploraremos esa respuesta posteriormente.

Usted tiene la personalidad adecuada, tiene la determinación, tiene los conocimientos, destrezas y habilidades para ser un empresario. ¡Qué bueno! Y ahora ¿Qué venderá? Tiene un sueño

and the drive to be in business for yourself. What business opportunity will allow you to achieve your dreams?

Begin by identifying 5 things that you could do (legal and moral) as a business. Come up with 5 ideas for business ventures that would provide the level of success you desire (remember, not everyone has the same dream of success). Make sure they're realistic and achievable. Do not go any further if you can't do this much!

Business Ideas (Legal and Moral)
1. _____
2. _____
3. _____
4. _____
5. _____

Wanting success will not make it happen. Wanting success and working hard at it might make it happen – if the idea behind the work is good. An excellent business idea still needs work; excellent business ideas do not succeed without being applied. No matter how hard you work though, a bad business idea is doomed to failure. Also, keep in mind that it is easier to imitate than to invent. It is easier to copy an already successful business idea than to invent a new one.

Think about your skills, your abilities, and your experiences. What business would take advantage of these? What are your hobbies and interests? Are you good at working with your hands? Do you have the personality and ability to sell your ideas to other people? Are you good with children? Are you good with older people? You will be spending a lot of time, energy, and money in whatever business you choose. Do you like physical activities, sports, games, learning, teaching, collecting, building, repairing, travel, computers, cooking, sewing, organizing, or gardening? Why not explore business opportunities in an area that you not only are good at, but one that you enjoy? Why not explore a business opportunity that deals with the type of people you are

y el empuje para estar en el negocio por su cuenta. ¿Qué oportunidad de negocios le permitirá realizar sus sueños?

Comience por identificar 5 cosas (legal y moralmente válidas) que podría hacer como negocio. Imagine 5 ideas para una empresa que le proporcionarían el nivel de éxito que desea (recordando que no todos tienen el mismo sueño de éxito). Asegúrese de que sean realistas y alcanzables. ¡No debería seguir más adelante si no puede hacer esto!

Ideas de negocios (Legal y Moralmente válidas)
1._____
2._____
3._____
4._____
5._____

Desear el éxito no hará que ocurra. Desear el éxito y trabajar duro en ello puede convertirlo en realidad, si la idea que va detrás del trabajo es buena. Una excelente idea de negocios aún necesitará de trabajo; las excelentes ideas de negocio no son exitosas si no se aplican. No importa cuán duro trabaje, una idea mala de negocio esta condenada al fracaso. Así mismo, tenga presente que es más fácil imitar que inventar. Es más fácil copiar una idea de negocios ya exitosa que inventar una nueva.

Piense en sus destrezas, habilidades, y experiencias. ¿Qué negocio se beneficiaría con ellas? ¿Cuáles son sus pasatiempos e intereses personales? ¿Es bueno haciendo trabajo manual? ¿Tiene la personalidad y habilidad para vender sus ideas a otras personas? ¿Es bueno con los niños? ¿Es bueno con la gente mayor? Invertirá mucho tiempo, energía y dinero en el negocio que elija. ¿Le gustan las actividades físicas, los deportes, juegos, aprender, enseñar, coleccionar, construir, reparar, viajar, las computadoras, cocinar, coser, organizar o la jardinería? ¿Por qué no explorar oportunidades de negocio en un área en la que no sólo sea bueno, sino una que también disfrute? ¿Por qué no explorar una oportunidad de negocio que lo relacione con el tipo de gente con la que es

able to work with and help. Where do you think the emerging trends will be? How many people built successful businesses by anticipating the need to clean homes, wash automobiles, or sell slightly used furniture and clothing? What are you willing to spend your money on?

Many times people can think of a product - but not one that a business can be based around. The product doesn't have to be for ever. My first business offered multi-media presentations, combining sound, transparencies and moving pictures. The entire concept behind that business may have been revolutionary in 1967, but today, anyone with a computer can do the same thing quickly. It doesn't have to be revolutionary. My most profitable business was warehousing – certainly not a new or revolutionary concept. You do, however, have to start with an idea – an idea for a product or a service that is better than what currently exists, and then apply your ability and be persistent in developing the idea into a viable business.

There are an untold number of similar examples of a tremendous business idea emerging from circumstances. The idea for the telephone emerged when a metal reed got stuck and Watson tried to pry it loose. Velcro resulted from a hike in the country and the stubbornness with which cockleburs stuck to George deMestral's trousers. Play-Doh was intended to be a wallpaper-cleaning compound. The Koosh ball was designed to allow a child's small hands to catch a ball. How many times have you or someone you knew thought of a new and different use for a common item? Sometimes the ideas emerge as if by chance; sometimes they are the result of logical, deductive reasoning. Ideas are the result of knowledge and inspiration. The result is important, not the source.

The basic idea should be simple. You should be able to describe the business idea in 2 minutes. If you cannot, either you have not thought it out thoroughly, or you have not convinced yourself. Ideas should come from your experience and abilities and should show that you understand the industry. For instance, an individual may have experience in a grocery store, but that experience is not transferable to running a restaurant. Most new businesses require a thorough knowledge of industry factors such

capaz de trabajar y de ayudar? ¿En dónde piensa que surgirán las nuevas tendencias? ¿Cuánta gente ha creado negocios exitosos, anticipando la necesidad de limpiar casas, lavar automóviles, vender ropa o muebles semi-nuevos? ¿En qué está dispuesto a gastar su dinero?

Muchas veces las personas piensan en un producto – pero no uno en el que se pueda basar un negocio. El producto no tiene que existir para siempre. En mi primer negocio yo ofrecía presentaciones multimedia, combinando sonido, transparencias e imágenes con movimiento. El concepto completo detrás de este negocio pudo haber sido revolucionario en 1967, pero hoy, cualquiera puede hacer rápidamente lo mismo con una computadora. No se tiene que ser revolucionario; mi negocio más rentable fue el almacenaje, ciertamente no es un concepto nuevo ni revolucionario. Sin embargo, usted tiene que iniciar con una idea; una idea para un producto o un servicio que sea mejor que lo que actualmente existe, aplicando su habilidad y siendo persistente en el desarrollo de su idea convirtiéndola en un negocio viable.

Hay un sin número de ejemplos similares de asombrosas ideas de negocios que surgen en esas circunstancias. La idea del teléfono surgió cuando un tubo de metal se atoró y Watson trató de liberarla. El velcro resultó de un caminata en el campo y la necedad con la cual un abrojo se aferró a los pantalones de George deMestral. La "Súper masa" pretendía ser una sustancia para limpiar el papel tapiz. La pelota Koosh fue diseñada para que las manos pequeñas de los niños la pudieran atrapar. ¿Cuántas veces usted o alguien que conozca ha pensado en darle un nuevo o diferente uso a un objeto común? Algunas veces las ideas surgen por casualidad; algunas veces las ideas emergen como por arte de magia; algunas veces son el resultado del razonamiento lógico y deductivo. Las ideas son el resultado de la inspiración y el conocimiento. El resultado es lo importante, no el origen.

La idea básica debe de ser simple. Debe poder describir la idea del negocio en dos minutos. Si no puede, es que no la ha pensado concienzudamente, ó no está convencido de ella. Las ideas deben de venir de su experiencia y habilidades y deben mostrar que usted entiende la rama industrial. Por ejemplo: un individuo puede tener experiencia en una tienda de abarrotes, pero esta experiencia no es transferible para manejar un restaurante. La mayoría de los nuevos negocios requieren de un conocimiento profundo de factores de la

as legal issues and regulations, supply sources, distribution, customer trends, and pricing to name a few. If you do not personally have the knowledge, you must get it. Information on virtually any industry is readily available. For example, there are restaurant trade associations and trade shows. Again, you ask, listen, and learn.

Ideas similar to existing businesses are frequently more realistic than original ideas and less of a problem getting started. Frequently, the best idea is one that takes an existing business idea and improves on it. Creative imitation is critical. Many good business ideas come from seeing another successful business and having an idea of how to improve it, how to do it better. Jeff Bezos started Amazon.com by improving on the idea of a book store. Customers can read other's opinions of a book, browse books on line, and order books from the comfort of their homes – at a discount. Improving on the idea of book selling has been profitable for Jeff Bezos. It allowed him to create a market for his business and to achieve his dreams. It is the idea that creates the basis for the success of a business.

Creativity, Innovation and Problem Solving

(from www.entre-ed.org, reproduced with permission – quoted portion italicized)

"Creativity and Innovation consists of...

Seeing what everyone else has seen and done

Thinking what no one else has thought, and

Doing what no one else has dared!

Innovative thinking followed by determined action is the key to becoming a successful entrepreneur. Whether you actually invent a new product or process, or creatively find a better way to market existing products or services, you will need to learn how to think like an inventor."

Begin with the customer's perspective (we'll discuss this in more detail in section 5). The customer is always your first and most important creative challenge. Listen! Try to see the customer's problems and needs from his or her point of view.

industria tales como aspectos legales y regulatorios, fuentes de abastecimiento, distribución, tendencias del consumidor y de precios, por mencionar algunos. Si personalmente no tiene los conocimientos, deberá obtenerlos. La información es fácilmente accesible virtualmente para cualquier industria. Por ejemplo, hay cámaras comerciales de restauranteros y ferias. Una vez más, se pregunta, se escucha y se aprende.

La ideas similares a negocios ya existentes son frecuentemente más realistas que las ideas originales y con menos problemas para iniciarlos. Frecuentemente, la mejor idea es aquella que es parte de un negocio existente y la mejora. La imitación creativa es crítica. Muchas buenas ideas de negocios vienen de ver otros negocios exitosos y tener una idea de cómo mejorarlo. Jeff Bezos inició Amazon.com mejorando la idea de una librería. Los clientes pueden leer las opiniones de otros acerca de un libro, ojearlos en línea y comprar desde la comodidad de su casa y con descuento. Mejorar la idea de vender libros, ha sido rentable para Jeff Bezos. Le permitió crear un mercado para su negocio y alcanzar sus sueños. Es la idea la que crea la base para el éxito de un negocio.

Creatividad, Innovación y Solución de Problemas
(tomado de www.entre-ed.org, con autorización. Las citas aparecen en letras itálicas).
"La Creatividad y la Innovación consisten de....

Ver *lo que los demás han visto y hecho*

Pensar *en lo que nadie más ha pensado, y*

*¡**Hacer** lo que nadie más se ha atrevido!*

El pensamiento innovador seguido de una acción determinada es la clave para convertirse en un empresario exitoso. Ya sea que usted haya inventado un nuevo producto o proceso, o que creativamente haya encontrado una mejor forma de comercializar productos o servicios ya existentes, necesitará aprender a pensar como un inventor."

Comience con la perspectiva del cliente (Comentaremos esto con más detalle en la Sección 5). El cliente siempre será su primer y más importante reto creativo. ¡Escuche! Trate de ver los problemas y necesidades del cliente desde su punto de vista.

"Restate the problem and the customers' needs in their terms until a consensus is reached. Ask not only what the problems are, but what special methods are presently used to solve them.

Work with the end user or customer. Use fictitious product descriptions to stimulate ideas and discussion. Remember that effective market research and sales strategy requires just as much creativity, enthusiasm and perfection as does product development.

It is extremely important that you learn to ask the right question. The problem as first stated is rarely the true problem. Ask at least five times. Always restate the problem as many ways as you can; change the wording, take different viewpoints, and try it in graphical form. Describe the problem to laymen and also to experts in different fields.

Don't try to learn all the details before deciding on a first approach. Make the second assault on a problem from a different direction. Transforming one problem into another or studying the inverse problem often offers new insights. If you don't understand a problem, try explaining it to others and listening to yourself. Test the extremes. If you can't make it better, try making it worse and analyzing what happens. Visualize a new way to solve your problem."

"Why are we so much better at answering questions than at answering the right questions? Is it because we are trained at school and university to answer questions that others have asked? If so, should we be trained to ask questions?" "Or trained to ask the complete set of right questions in the right way?" Trevor Kletz (Analog Science Fiction, January 1994, p.195)

Good answers come from everyone and everywhere. Asking once is rarely effective; you have to ask many times in many ways. Look at all possible sources of good ideas: your customers, your competition, your peers, the literature, patents, and your own subconscious. Give others some examples. This serves both to

"Replantear el problema y las necesidades del cliente en sus términos hasta llegar a un consenso. No se pregunte solamente cuáles son los problemas, sino también qué métodos se utilizan actualmente para resolverlos.

Trabaje con el usuario final o el cliente. Utilice descripciones de productos ficticios, para estimular ideas o discusiones. Recuerde que la investigación de mercado efectiva y las estrategias de venta requieren de tanta creatividad, entusiasmo y perfección como el desarrollo del producto.

Es extremadamente importante que aprenda a hacer la pregunta correcta. El problema como se establece al principio rara vez es el problema real. Pregúnteselo por lo menos cinco veces. Siempre replantee el problema de tantas maneras como pueda; cambie las palabras, tome diferentes puntos de vista, trátelo en forma gráfica. Describa el problema a un neófito y también a expertos en diferentes campos.

No trate de conocer todos los detalles antes de decidir un primer abordaje. Ataque el problema una segunda vez desde una dirección diferente. Transforma un problema en otro o estudiarel problema inverso por lo general ofrece nuevas perspectivas. Si no entiende un problema, trate de explicárselo a otros y escúchese. Pruebe los extremos. Si no lo puede mejorar, trate de empeorarlo y analice lo que sucede. Visualice una nueva forma para solucionarlo".

"¿Por qué somos mejores respondiendo preguntas, que dando respuesta a las preguntas correctas? ¿Será porque fuimos entrenados en las escuelas y universidades a responder las preguntas que otros han planteado? Si es así, ¿deberíamos ser entrenados en formular preguntas?" "¿O ser entrenados para realizar un conjunto completo de preguntas correctas en la manera correcta?" (Trevor Kletz; Analog Science Fiction; Enero 1994; p.195).

Las respuestas correctas provienen de quien sea o de cualquier lugar. Preguntar una sola vez es raramente eficaz; se tiene que preguntar muchas veces en diferentes maneras. Observe todas las posibles fuentes de buenas ideas: sus clientes, sus competidores, sus compañeros, la literatura, patentes y aún su propio subconsciente. Dé a otros algunos ejemplos. Esto servirá tanto para

illustrate what you're talking about and encourages them to suggest improvements to your ideas.

Tell them also what you think you *don't want and which solutions* you think *won't work. Remember that revolutionary innovations often come from the outside. Work with high performers in fields related to your own to identify and adopt their relevant methods, tools and "tricks of the trade".* Exchange *ideas* and be open to learn from *everyone and anyone.*

You must search for multiple and possibly different solutions. Nothing is more dangerous than an idea when it is the only one we have. The first solution found is usually inadequate or not the optimum. There is usually more than one acceptable solution. Suspend judgment and criticism when first collecting ideas. Studying multiple problems jointly often generates unique solutions. Look for solutions using combinations of ideas from different or evolving technologies. Even if you have one optimum solution, it may be necessary to get patent coverage for all other effective solutions so as to protect your market.

Brainstorming is a successful creative technique. In the initial phase of a brainstorming session, participants are encouraged to suggest any idea that comes to their minds. During this initial phase, it is a firm rule, that none of the participants can criticize or react negatively to any of the ideas that are proposed. Although a given idea may not be new to some, it will be new to others and provoke new ideas from the group as a whole. The point is to think of as many new ideas within the group as possible and provoke everyone to think creatively. Following sessions are used to critique the ideas; selecting, improving, modifying, and combining them to produce the final working solution. Encourage examination of the problem statement itself. Encourage ideas on improving the brainstorming process itself.

Enjoy experimentation, play, exaggeration and persistence; they have value! Get your hands dirty. Spend some time trying things you "know won't work" or "don't know how they will work."

ilustrar lo que está diciendo, así como para alentarlos a sugerir mejoras a sus ideas.

Dígales también lo que usted cree que no desea y cuales soluciones piensa que no funcionarán. Recuerde que las innovaciones revolucionarias con frecuencia provienen del exterior. Trabaje con personas destacadas relacionadas con su propio campo para identificar y adoptar métodos relevantes, herramientas y "secretos del oficio". Intercambie ideas y permanezca abierto para aprender de todos y de cualquiera.

Usted debe de buscar soluciones múltiples y posiblemente diferentes. Nada es más peligroso que una idea cuando es la única que tenemos. Por lo general, la primera solución que encuentre es inadecuada o no es la óptima. Normalmente hay más de una solución aceptable. Evite los juicios y críticas cuando comience a recopilar ideas. Estudiar problemas múltiples en conjunto frecuentemente genera soluciones únicas. Busque soluciones usando combinaciones de ideas de tecnologías diferentes o en evolución. Aún cuando ya tenga una solución óptima, quizá sea necesario que obtenga la protección de una patente para todas las otras soluciones efectivas para proteger su mercado.

La lluvia de ideas es una técnica creativa exitosa. En la fase inicial de una sesión de lluvia de ideas, se alienta a los participantes a sugerir cualquier idea que llegue a sus mentes. Durante esta fase inicial, hay una regla firme de que ninguno de los participantes pueda criticar o reaccionar negativamente a ninguna de las ideas que se propongan. Aunque una idea determinada pueda no ser nueva para algunos, será nueva para otros y provocará nuevas ideas del grupo en su conjunto. El objetivo es pensar en tantas nuevas ideas dentro del grupo como sea posible y provocar que todos piensen creativamente. Las siguientes sesiones se utilizan para criticar las ideas; seleccionar, mejorar, modificar, y combinarlas para producir la solución final que funcione. Estimule el examen del planteamiento del problema en sí mismo. Estimule ideas de cómo mejorar el propio proceso de la lluvia de ideas.

Disfrute los experimentos, los juegos, la exageración y la persistencia; ¡Todo tiene valor! Ensúciese las manos. Dedique algún tiempo a intentar actividades que "usted sabe que no funcionarán" o "que no sabe que tan bien funcionarán."

If you don't fail frequently, you aren't trying hard enough and may be missing a lot of good opportunities. Richard Feynman, a Nobel Laureate physicist, believed in getting his hands dirty and doing lots of experiments, saying: "To develop working ideas efficiently, I try to fail as fast as I can." Try Tom Peter's algorithm: "READY, FIRE, AIM." Persist, persist, persist. As Edison said, "invention is 1% inspiration and 99% perspiration [persistipation?]." Be very stubborn about solving a problem, but be flexible about the definition of the true problem, and be very flexible and open minded about the form of the solution.

Keep records and maintain a notebook. Patent notebooks are used to provide legal protection for inventions but can have many other useful, complementary functions: a recorder, a reminder, a source of ideas, a means of ensuring project continuity, and a way to communicate with yourself and within a project group. Clarity and conformance to legal standards is critical. Other things that should be recorded: sources, questions, what doesn't work, things to try. A one page summary sheet of the important procedures and checkpoints should be included inside the front cover of every patent notebook issued.

Try filing cards with text and graphics (diagrams, flow charts, block diagrams, elementary circuits). Keep them simple and easy to change (use pencil or wipe-off transparencies for overlay). Scramble the cards; lay them out together in different arrangements. Mark ideas and questions in a way that makes them obvious to a reader and searchable by a computer."

Si no falla frecuentemente, no se está esforzando lo suficiente y puede estar perdiendo muchas buenas oportunidades. Richard Feynman, un laureado Premio Nóbel en física, creía en ensuciarse las manos y hacer muchos experimentos, diciendo: "Para desarrollar ideas que trabajen eficientemente, trato de fallar lo más rápido que puedo". Intente el algoritmo de Tom Peter: "PREPAREN, APUNTEN, FUEGO," Persevera, persevera, persevera. Como dijo Edison, "la invención es 1% de inspiración y 99% sudoración (¿Inspiradoración?)". Sea muy obstinado para resolver un problema, pero sea flexible respecto a la definición del verdadero problema, y sea muy flexible y de mente abierta en la forma de solucionarlo.

Mantenga registros y mantenga una libreta de apuntes. Las libretas de patentes se utilizan para proporcionar protección legal a los inventos, pero también pueden tener otros usos complementarios: una memoria, un recordatorio, una fuente de ideas, los medios de asegurar la continuidad de un proyecto, y una manera de comunicarse consigo mismo y dentro del grupo del proyecto. La claridad y conformidad con los estándares legales son críticas. Otras cosas que deberán quedar registradas son: Fuentes, preguntas, lo que no funciona, cosas por intentar. Una página de resumen con los procedimientos importantes y puntos de control deberán de incluirse en el interior de la pasta de cada libreta de patentes.

Intente utilizar tarjetas de archivo con textos y gráficas (diagramas, flujogramas, diagramas de bloque, circuitos elementales). Manténgalos en forma sencilla y fáciles de cambiar (utilice un lápiz o transparencias reutilizables para proyección). Revuelva las tarjetas, extiéndelas acomodadas en arreglos diferentes. Marque las preguntas e ideas de tal forma que sean obvias al lector y localizables por una computadora."

Encouraging Creativity
1. What do I know how to do?
2. How could it be done better? (Regardless of who does it)
3. What if I made "it" smaller? What if "it" was _____? Identify many what if possibilities.
4. How is the industry/customer changing?
5. What is the customer looking for? Size? Convenience? Identify many possibilities.
6. Which customers are not being served? What needs are not being satisfied?
7. What are you not thinking of?

We'll now combine the process of self-knowledge and the business idea by challenging you with the third question: Why is this business idea right for *you*? Remember that we said earlier that the ingredients for a successful business are an entrepreneurial personality, technical and industry relevant knowledge, skills, and abilities, and experience. As you consider your own personality and then creatively considered ideas for businesses, why are these appropriate business ideas for you? This is a *very* crucial stage of the process for starting any business – the self- analysis or feasibility stage. Some people confuse this with an element of the **Business Plan** itself. It is not. The feasibility analysis occurs before the actual business planning starts. Most authors of entrepreneurship/business books either minimize this phase or overlook it entirely. As I read and reviewed many books on starting a business, I found that they talk of the personality of the founder and they discuss the business idea. Most do not, however, bring the two together to talk about why that business idea is the best one for you as a unique individual. Let's discuss the idea of self-analysis and a feasibility study.

Section 3: Self Analysis/Feasibility Study

The feasibility process explores the possibility of the business idea. This is distinctly different than the profitability of the business. Feasibility explores the practicality of the idea. It focuses on whether or not the idea for a business is capable of being fulfilled. At this stage, the only concern is the unique

Alentando la Creatividad
1. ¿Qué sé hacer?
2. ¿Cómo se podría hacer mejor? (Sin importar quien lo haga.)
3. ¿Que pasaría si lo hiciera más pequeño? ¿Qué pasaría si fuera _____? Identifique muchas posibilidades de ¿Qué pasaría si…………..?
4. ¿Cómo está cambiando la rama industrial / el cliente?
5. ¿Qué está buscando el cliente? ¿Tamaño? ¿Conveniencia? Identifique muchas posibilidades.
6. ¿Qué clientes no están siendo atendidos? ¿Qué necesidades no son satisfechas?
7. ¿En qué no estás pensando?

Ahora combinaremos el proceso de auto-conocimiento y la idea de negocio, retándolo con una tercera pregunta: ¿Por qué es buena para usted esta idea de negocios? Recuerde que dijimos antes que los ingredientes para un negocio exitoso eran una personalidad empresarial, conocimiento relevante de la industria y técnica, destreza, habilidad y experiencia. Al considerar su propia personalidad y las ideas creativas consideradas para los negocios, ¿Por qué estas ideas de negocios son apropiadas para usted? Esta es una etapa crucial para arrancar cualquier negocio: El auto-análisis o etapa de factibilidad. Algunas personas confunden esto con un elemento propio del *Plan de Negocios*. No es así, el análisis de factibilidad debe realizarse antes de que inicie la planeación real del negocio. La mayoría de los autores de libros de *empresariedad* o de negocios minimizan esta fase o la ignoran completamente. Al leer y revisar muchos libros de cómo iniciar un negocio, he encontrado que hablan de la personalidad del fundador y discuten sobre la idea detrás del negocio. La mayoría, sin embargo no reúnen los dos conceptos para explicar porqué aquella idea de negocios es la apropiada para usted como un individuo único. Discutamos la idea de auto-análisis y del estudio de factibilidad.

Sección No. 3: Auto-análisis / Estudio de Factibilidad

El proceso de factibilidad explora la posibilidad de una idea de negocios. Esto es claramente diferente que la rentabilidad del negocio. La factibilidad explora el sentido práctico de la idea. Se enfoca en saber si una idea de negocio es susceptible de ser realizada o no lo es. En esta etapa, la única preocupación es la

combination of yourself and the particular idea.

As we've discussed earlier, the self analysis focuses on your personal characteristics, behavioral attitudes, and entrepreneurial tendencies. You must also consider your health and your family circumstances, and your willingness to work. Some individuals are willing and capable of working 14 to 16 hours a day, 7 days a week, for an extended period of time. Others are capable of working 8 – 10 hours a day, 6 days a week. Each may be entrepreneurial, but the ideas that are practical and workable for them will be different.

Successful entrepreneurs repeatedly refer to their business as being the fulfillment of their personal goals – in one form or another. The goal may be self employment, or accomplishing a specific plan. Invariably, there is a personal goal. For myself, I began identifying my personal goals at an early age. By the time I was 16, I had identified several personal goals that I wanted to achieve. Entrepreneurship was not on the list at that time. However, I realized rather early that the best way to achieve these goals was to have my own business. I was constantly aware of my goals. Once in business, my personal goals continued to be the driving force behind my activities – whether they involved starting another business or selling a business, or leaving business for teaching.

So, stop for a moment... or for however long it takes... and identify some personal goals you want to achieve in the next year, in the next 5 years, and the next 10 years. For instance: "I want to be able to travel," "I want to have an income of .... dollars," "I want to work on this type of project," "I want to achieve a certain standard of living and able to take care of my family." Once you've begun to identify what your goals are, it is easier to determine how you will achieve them. It is very important at this point to identify how important work is in your life. Is your self-image linked to work? Thirty years ago, a close friend asked me, "Who and what are you?" He didn't mean, "What's your name?" He was referring to who I was inside, what was it that drove me and caused me to be the person I am.

combinación única de su persona con la idea en particular.

Como lo hemos discutido anteriormente, el análisis se enfoca en sus características personales, actitudes de comportamiento, y tendencias empresariales. Debe de tomar en cuenta su salud y sus circunstancias familiares, y su deseo de trabajar. Algunas personas están dispuestas y son capaces de trabajar de 14 a 16 horas diarias, 7 días de la semana, por un período prolongado. Otros son capaces de trabajar de 8 a 10 horas diarias, 6 días a la semana. Cada uno puede ser empresario, pero las ideas que son prácticas y viables para ellos son diferentes.

Los empresarios exitosos repetidamente se refieren a sus negocios como el cumplimiento de sus metas personales, de una forma u otra. La meta puede ser la de trabajar para usted mismo, o puede estar relacionada con realizar un plan específico. Invariablemente hay una meta personal. En mi caso, empecé a identificar mis metas personales a una edad temprana. Cuando tenía 16 años, ya había identificado muchas metas personales y acontecimientos importantes que quería lograr en mi vida. Aunque ser un empresario no estaba en la lista en ese momento, constantemente estaba consciente de mis metas. Me di cuenta pronto que la mejor forma de lograr mis metas era el tener mi propio negocio. Una vez en el negocio, mis metas personales continuaron siendo la fuerza impulsora de mis actividades, aun cuando involucrara el empezar otro negocio o vender un negocio, o finalmente dejar los negocios por la docencia.

Entonces detengámonos un momento… o el tiempo que sea necesario, e identifiquemos algunas metas personales que desee alcanzar el próximo año, en los siguientes 5 años, y en 10 años más. Por ejemplo: "Yo quiero viajar," "Yo quiero tener una ingreso de _____ dólares", "Yo quiero trabajar en este tipo de proyecto", "Yo quiero poder mantener a mi familia con cierto nivel económico." Es difícil de empezar este proceso, pero una vez que haya empezado a identificar cuáles son sus metas, es más sencillo determinar como las alcanzará. Es muy importante en este punto identificar que tan importante es el trabajo en su vida. ¿Su imagen personal está ligada a su trabajo? Yo tengo un amigo cercano que me preguntó hace 30 años, "¿Quién y qué eres?" El no dijo "¿Cómo te llamas?" El se refería a quién era yo en mi interior, qué era lo que me impulsaba y que causó que fuera la persona que soy.

As we talked about my personal motivation, he reflected on how many people answer the question by referring to their occupation. "I am an engineer," "I am a plumber," "I am a businessperson," may identify the individual's job, but not the individual? For many people, their occupation is their identity. For others, like me, the occupation enables the individual to live how he/she chooses.

Having identified where we want to go, we should reflect on where we've been. While previous experience is not mandatory, having some experience in business and industry is definitely helpful. As we said earlier, not having the right experience is the cause of almost half of all small business failures. Related to the experience, we need to review our knowledge, skills, and abilities. What are you good at doing? Are these abilities and skills appropriate for this business idea? Finally, look at your resource position. It would be easy to say financial position, but there is more involved than merely money. When I started my first business in multi-media presentations, I had absolutely no money. However, I had chosen a business idea that required money for start-up. The critical question to ask is if you have the resources necessary to start the business. It was initially stated, that entrepreneurship is a vehicle for economic stimulation for any economy. Since we're talking about small business, let's return to  the image of a small automobile. The car may represent the business, and in many ways the image is appropriate. There has to be a structure – a frame for the business. But, that is not enough. The car has an engine, and, if the car is going to travel, the engine requires fuel. Much like going to a petrol station to get fuel, you may think you can get money from a bank, from another business, or from a family member.

Conforme hablábamos de mi persona y mis motivaciones, él reflexionó en cómo muchas personas responden la pregunta refiriéndose a su ocupación. "Soy un ingeniero", "Soy un plomero", "Soy un empresario", pueden decirnos en lo que trabaja el individuo, pero ¿Lo describen? Para muchas personas, su ocupación es su identidad. Para otros, como yo, la ocupación les permite a los individuos vivir como ellos quieren.

Habiendo identificado nuestras metas, o a donde queremos ir, debemos reflexionar en dónde hemos estado. Mientras que la experiencia previa no es obligatoria, tener un poco de experiencia en el negocio y la industria es definitivamente provechosa. Como dijimos anteriormente, no tener la experiencia adecuada es la causa de casi la mitad de los negocios pequeños fracasen. En lo relacionado con la experiencia, tenemos que revisar nuestro conocimiento, destreza y habilidad. ¿Para qué es usted bueno? Necesitamos saber si las habilidades y destrezas que tenemos son apropiadas o no para esta idea de negocios. Finalmente, necesitamos ver nuestra situación en cuanto a recursos. Se podría hablar de nuestra posición financiera, pero hay más cosas involucradas que solamente el dinero. Cuando yo empecé mi primer negocio de presentaciones multimedia, yo no tenía dinero, ni un quinto. Pero, elegí una idea de negocios que no necesitaba dinero para comenzarlo. Se necesitaba equipo especializado el cual sí tenía. La cuestión crítica es preguntarse si se tienen los recursos necesarios para comenzar el negocio. Al principio, dijimos que la *empresariedad* era un vehículo para la estimulación económica en cualquier economía. Quedémonos con aquella imagen: la imagen de un vehículo. Como estamos hablando de negocios pequeños, usaremos la imagen de un auto pequeño. El coche puede representar el negocio, y es una imagen apropiada en muchas maneras. Tiene que haber una estructura, un entorno para el negocio. Pero, eso no es suficiente, el automóvil tiene un motor, y si va a viajar, necesita combustible. Tal como si usted pudiere ir a una gasolinera y obtener el combustible, usted puede pensar que puede obtener el dinero de un banco, de otro negocio, o de un pariente,

However, you must have some fuel in the tank to allow you to drive to the petrol station. True, you may walk to the station with a canister – but you must still purchase the petrol with money. This is the idea – you must have something to begin the business with – you must have both a basic vehicle (the idea for the business) and the money or resources to begin the journey. The amount of money or resources you have available will have a direct impact on which ideas may be practical for you and which ideas may not.

Once you've completed the self-assessment process, you must evaluate the business idea or the opportunity. This is called the opportunity assessment. Some consider the opportunity assessment similar to a business plan. It is, however, shorter, less structured, and focused on you and the business opportunity, rather than on the business itself. The purpose of a feasibility assessment is to qualify opportunities, to determine whether to act on this opportunity, or to wait until a better opportunity presents itself. The feasibility plan identifies and evaluates the idea. Its purpose is to determine whether to pursue the opportunity or not. The feasibility plan explores why and how you can make the idea into a business; the business plan explores how you can make the business successful. If the feasibility assessment is encouraging, it will naturally flow into the business plan. I have performed at least thirty (30) feasibility assessments for each business idea that has made it to the business planning stage. Remember, feasibility assessments are not as rigorous, not as detailed, and do not need a lot of time to develop.

There are three stages to the feasibility plan. The first is the self assessment, and seeks to answer four questions.

Self-Assessment
1. Why does this opportunity excite you?
2. Why will it sustain you past the initial excitement?
3. How does it match background & experience?
4. Why are *you* uniquely suited to capitalize on this opportunity? (Why not someone else?)

Sin embargo, debe tener algo de combustible en el tanque que le permita manejar hasta la gasolinera por el combustible. Es verdad, usted puede caminar a la gasolinera con un tambo, pero aún así debe comprar el combustible con dinero. Esta es la idea: Debe tener algo con qué empezar el negocio, debe de tener tanto un vehículo básico (la idea para el negocio) como el dinero o los recursos para comenzar el viaje. El monto de dinero o recursos que tenga disponibles, tendrán impacto directo en cuáles ideas son prácticas para usted y cuáles no.

Una vez que haya completado el proceso de auto-evaluación, deberá evaluar la idea o la oportunidad de negocios. A esto se le llama "evaluación de la oportunidad". Algunos consideran la evaluación de la oportunidad semejante al plan de negocios. Sin embargo, aquella es más corta y menos estructurada, y se enfoca en usted y en la oportunidad de negocios, más que en el negocio mismo. El propósito de una evaluación de factibilidad es calificar las oportunidades, para determinar si se deben aprovechar o se debe esperar hasta que surja una idea mejor. El plan de factibilidad identifica y evalúa la idea. Su propósito es determinar si se debe ir tras la oportunidad o no. El plan de factibilidad explora por qué y cómo convertir la idea en un negocio; el plan de negocios explora como hacer que su negocio sea exitoso. Si la evaluación de factibilidad es alentadora, naturalmente se convertirá en el plan de negocios. He realizado por lo menos 30 evaluaciones de factibilidad por cada uno de los que han llegado a la etapa de planeación del negocio. Recuerde que las evaluaciones de factibilidad no son tan rigurosas, ni tan detalladas, y no se necesita mucho tiempo para desarrollarlas.

Existen tres etapas en el plan de factibilidad. La primera es la auto-evaluación, y busca responder cuatro preguntas.

Auto evaluación
1. ¿Por qué le entusiasma esta oportunidad?
2. ¿Por qué esta oportunidad le sostendría una vez que pase el entusiasmo inicial?
3. ¿Como empata la oportunidad con su preparación y su experiencia?
4. ¿Por qué es *usted* la persona indicada para capitalizar esta oportunidad? (¿Por qué no alguien más?)

Answering these questions requires you to analyze yourself, your experience and your abilities. These three issues, as we've discussed before are critical to the venture's success. Likewise, this process demonstrates the unique relationship that exists between your person, personality, experience, and a potential business opportunity. A technically oriented individual with an engineering background might not only recognize an opportunity to design a unique ball (the Koosh ball) for a small pair of hands, but would have the specific knowledge to convert the idea into a product. The same type of technical knowledge is not needed to be able to capitalize on the idea of animal shaped cookies and crackers.

Once you have passed this initial assessment and recognize that this opportunity is appropriate for you, you must analyze the opportunity itself. Again, there are four questions to answer.

Viability of the Idea for Building a Business
1. What market need does "it" (whether a product or a service) fill?
2. How will you get "it" to the market?
3. What form and types of competition can you expect?
4. Where is the profit in "it?" Is it in the opportunity itself or in a related activity?

These questions are straightforward, but not as simple as they appear to be. Each incorporates additional issues. The market need must be analyzed as to whether it is local, regional, national, or international. You must also challenge how this market is recognized. Some markets are due to underlying social conditions, such as the emerging markets in internet technology service and translation software. It is important to identify any personal observations you have regarding the market need.

Para contestar estas preguntas se requiere que se analice usted mismo, su experiencia y sus habilidades. Estos tres aspectos, como lo hemos discutido anteriormente, son críticos para el éxito del negocio. De igual forma, este proceso demuestra la relación única que existe entre su persona, su personalidad y experiencia y la oportunidad de negocios potencial. Un individuo con orientación técnica y con una preparación en ingeniería, no sólo reconocería la oportunidad de diseñar una pelota única (la pelota Koosh) para un par de manos pequeñas, sino tendría el conocimiento específico para convertir la idea en un producto. El mismo tipo de conocimiento técnico no se necesita para capitalizar la idea de las galletas de animalitos.

Una vez que ha pasado esta evaluación inicial y reconoce que esta oportunidad es la apropiada para usted, debe analizar la oportunidad en sí misma. De nuevo, hay cuatro preguntas que contestar.

Viabilidad de la idea para construir un negocio
1. ¿Qué necesidad del mercado satisface (ya sea el producto o servicio)?
2. ¿Cómo lo hará llegar al mercado?
3. ¿Qué forma y tipo de competencia se puede esperar?
4. ¿Dónde está el beneficio? ¿Está en la oportunidad misma o está en una actividad relacionada?

Estas preguntas son directas, pero no tan simples como parecen ser. Cada uno incorpora aspectos adicionales. Las necesidades del mercado deben ser analizadas respecto a si son locales, regionales, nacionales, o internacionales. Debe preguntarse como se reconoce este mercado. Algunos mercados se deben a las condiciones sociales subyacentes, tales como los mercados emergentes en servicios de tecnología de Internet y software para traducción. Es importante identificar cualquier observación personal relacionada con las necesidades del mercado.

This observation is the result of teaching entrepreneurship on five continents and realizing that the concepts are relatively universal when converted to common terminology. Also important in identifying the market need, is whether or not any market research information is available. We will discuss some specifics about assembling and conducting further market research later, but for now, it is adequate to be able to identify whether or not any existing information is readily available.

Once you've considered the need in the market place, the logical question that should follow is: how do I intend to reach the market? There are two critical issues, the first being whether there is any form of protection to prevent others from taking your idea and using it to their advantage but your disadvantage. Most people naturally think of patents as being this protection. Unfortunately, this is wonderful in theory but not realistic. Patents cost a lot of money to file and perfect. Most new businesses do not have this money. Even if you do have the money to file for patent protection, competition may take advantage of your ideas, requiring you to pursue them in court – another expensive and time consuming process. Horror stories abound of large companies violating patents, knowing that they could afford to pay for the litigation while the small company could not. We will speak later of the 3-E factors, but for now, it's enough to recognize that thought must be given to whether or not the business idea can be protected long enough to develop a market. Developing a market also requires a means of getting the product or service to the ultimate customer. Does your idea require a distributions system? Is a distribution system or infrastructure available? If not currently available, what would be involved in establishing one? Here we will introduce an Emeric-ian principle that we will also refer to later: *It will always cost more and take more time than you thought.*

Analyzing likely competition requires you to consider the quantity and size of likely competitors. Large competitors or many smaller competitors can cause you problems. You need to consider the characteristics of the competition – their abilities and experience, and try to anticipate how they will react to your business. Again, thinking of your business as the little car, imagine trying to use your car to deliver a package.

Esta observación es el resultado de haber enseñado *empresariedad* en cinco continentes y darme cuenta que los conceptos son relativamente universales cuando se traducen a terminología común. También es importante al identificar la necesidad del mercado, saber si existe información disponible sobre el propio mercado. Discutiremos algunos puntos específicos acerca de conjuntar y realizar una investigación de mercados un poco más adelante, pero por ahora, es adecuado poder identificar si existe o no información fácilmente disponible.

Una vez que ha considerado la necesidad del mercado, la siguiente pregunta lógica es: ¿Cómo se pretende llegar a ese mercado? Hay dos puntos críticos, el primero sería si hay alguna forma de protección para evitar que otros tomen su idea para beneficio propio y su perjuicio. La mayoría de la gente piensa en las patentes como este medio de protección. Desafortunadamente esto es maravilloso en la teoría, pero no es realista. Las patentes cuestan mucho dinero para registrar y perfeccionarlas. La mayoría de los negocios nuevos no tiene tanto dinero. Aún si tiene el dinero para solicitar la protección de la patente, la competencia puede tomar ventaja de sus ideas, obligándolo a un proceso legal: otro proceso largo y costoso. Abundan las historias de horror de empresas grandes que violan las patentes, sabiendo que pueden afrontar el pago del litigio mientras que una compañía pequeña no puede. Después hablaremos de los factores 3-E, pero por ahora, es suficiente reconocer que debemos pensar en si la idea de negocios puede ser protegida el tiempo suficiente para desarrollar el mercado. Desarrollar un mercado también requiere los medios de hacer llegar el producto o servicio al cliente final. ¿Su idea requiere de un sistema de distribución? ¿Existe una infraestructura o sistema de distribución disponible? Si no es así, ¿Qué se requeriría para establecer uno? Aquí introduciremos un principio Emérico al que nos referiremos posteriormente. *Siempre costará más y tomará más tiempo del que pensaba.*

Analizar la competencia probable requiere que considere la cantidad y tamaño de los competidores potenciales. Competidores grandes o muchos competidores pequeños pueden causarle problemas. Necesita considerar las características de la competencia: Sus habilidades y experiencia, y tratar de anticipar como reaccionarán ante su negocio. Otra vez, pensando en su negocio como el pequeño auto, imaginémoslo tratando de usarlo para entregar un paquete.

The distribution system and market can be represented by a village with roads leading in to it. A bigger village may have many roads, each road being fairly wide. The wide roads quickly become blocked if there are many cars or several large trucks on the roads trying to go the same direction you are – each pushing to get ahead of you. This takes us to the other issue with the competition: Who is ahead? Who is leading? Reflect on the image of vehicles fighting for the right to enter this village. Are you in front of the traffic or is the traffic in front of you? Are you ahead of or behind the competition? Another important concern is the road and the village: Is the road built before the village? This represents leading the market – establishing your presence before the market is developed. If the village is built before the road, the new road represents lagging the market – the market has been waiting for your product.

 Finally, but certainly not the least in importance is value. Exactly what is profitable in the idea? Is your profit coming directly from your product, or is the majority of the money coming from something connected to your offering? Which part of your idea is central to the money? The classic model for this is the shaving razor. Gillette was virtually giving away its razors because it knew that customers would have to purchase blades - that is where Gillette made a profit. Understanding the source of profit allows you to focus your energies and resources.

You've now analyzed yourself, and you've analyzed the opportunity. At some point in this process you may have realized that the idea was good but not right for you; or you may have gotten through the first two phases of the feasibility assessment and are now ready to move into the third and final phase – your action plan.

The action plan has four specific activities. The first activity involves examining how you will convert the opportunity or idea into a business venture. This requires that each step in the process be closely examined and challenged for practicality. Each step should be ordered, prioritized, and evaluated for practicality.

El sistema de distribución y su mercado pueden estar representados por un pueblito con varios caminos que llegan a él. Un poblado más grande puede tener muchos más caminos, y cada uno de ellos será más ancho. Las vías amplias rápidamente se bloquearían si hay muchos autos o varios camiones grandes en el camino tratando de ir por la misma vía que usted, cada uno tratando de rebasarlo. Esto nos lleva a otro problema con la competencia: ¿Quién va adelante? ¿Quién es el líder? Con la imagen en mente de los vehículos luchando por el derecho de entrar a este pueblo, ¿Está usted al frente del tráfico o el tráfico va delante de usted? ¿Va usted a la cabeza o atrás de la competencia? Otra idea importante: ¿El camino fue construido antes que el pueblo? Esto representa ser líder del mercado: Estar allí antes de que el mercado se desarrolle. Si el pueblo fue construido antes que el camino, la nueva vialidad representa ir rezagado respecto al mercado, es decir, el mercado ha estado esperando por su producto.

Finalmente, pero ciertamente no de menor importancia, ¿Exactamente qué es lo rentable de la idea? ¿La utilidad proviene directamente de su producto o la mayoría del dinero proviene de algo conectado con lo que está ofreciendo? ¿Qué parte de su idea es esencial para obtener el dinero? El modelo clásico para esto es la navaja de rasurar. Gillette virtualmente estaba regalando el rastrillo porque sabía que los clientes tendrían que comprar las navajas, y ahí es donde Gillette generaba su utilidad. Entender el origen de la utilidad le permite enfocar su energía y sus recursos.

Ahora usted ya se ha analizado a sí mismo y ha analizado la oportunidad. En algún momento de este proceso se habrá dado cuenta de que la idea era buena pero no la adecuada para usted, o ha superado las dos primeras fases de evaluación de factibilidad y está listo para avanzar a la tercera y última: Su plan de acción.

El plan de acción tiene cuatro actividades específicas, comenzado con un examen de cómo convertirá la idea o la oportunidad en una empresa. Esto requiere que todos y cada uno de los pasos de este proceso se examinen muy de cerca y desafiar su puesta en práctica. Cada paso deberá ser ordenado, jerarquizado y evaluado para su aplicación práctica.

The second activity for the action plan requires you to value the steps. Each step in the process will have some cost. You must analyze how much time and money each step will cost (Remember the Emeric-ian principle, *It will always cost more and take more time than you thought*). The third activity begins after you've identified the cost in time and money. At this point, you must consider whether it will be worth the time and effort. This is not merely a question of finances. Many times, the emotional and physical costs of building a business outweigh the results. Remember that we began the self-assessment by looking at our goals and values. If converting an idea/opportunity into a viable venture requires that you abandon some critical goals, you may choose to wait for an opportunity that is in line with your goals.

If you've gotten through the first two activities, prepare a single paragraph summary of what you must do, how long it will take, and what it will cost. Each idea will have different considerations. The ability to trim these issues into a single paragraph requires you to have a thorough understanding of the issues. Keep this available. We will revisit this several times.

The fourth activity is, again, focusing on yourself and your resources. Remember our "vehicle?" This activity is similar to evaluating your ability to purchase the vehicle. This requires knowing exactly what you need, which in business is referred to as the *break-even cost*. A business venture has two levels of expenses, those costs which vary based on the quantity of products made and those costs which do not vary and are fixed. Break-even analysis determines the level of sales necessary to cover your costs. Once you know how much this cost is, you must consider how much of this you can afford and how much money you must get from others. How will you get this money? What will you do when the initial money is gone? How will you get or generate additional monies? Will you have enough production to begin providing money? How much flexibility do you have?

These four activities may appear demanding, but they are relatively simple. They are far less troublesome than starting a business without having devoted enough time in the feasibility process. Again, using our vehicle, imagine that you want to travel from Mexico City to Chicago by automobile.

La segunda actividad de plan de acción requiere que evalúe los pasos. Cada paso en el proceso tendrá un costo. Debe analizar cuanto tiempo y dinero le costará cada paso (Recuerde el principio Emérico, *Siempre costará más y tomará más tiempo del que pensaba*). Una vez que haya identificado el costo en tiempo y dinero, debe considerar si vale la pena el tiempo y el esfuerzo. Esto no es un asunto meramente financiero. Muchas veces, los costos físico y emocional de construer un negocio exceden los resultados. Recuerde que comenzamos la auto-evaluación fijándonos en nuestras metas y valores. Si convertir la idea/oportunidad en una empresa viable, requiere que usted abandone algunas metas cruciales, podría elegir esperar a una oportunidad que esté en línea con sus metas.

Si ha superado las dos primeras actividades, prepare un resumen de un párrafo de lo que debe de hacer, cuanto tiempo tomará y cuánto costará. Cada idea tiene consideraciones diferentes y la habilidad para reducir estos aspectos en un solo párrafo, requiere de un completo entendimiento de los mismos. Téngalo a la mano ya que lo revisaremos varias veces.

La cuarta actividad consiste nuevamente, en enfocarse en usted y sus recursos. ¿Recuerda nuestro "vehículo"? Esta actividad es similar a evaluar su capacidad para comprar el vehículo. Esto requiere que conozca exactamente lo que necesita, que en términos de negocios se denomina *costo de equilibrio*. Cualquier empresa tiene dos niveles de gastos: aquellos costos que varían dependiendo de la cantidad de productos elaborados, y aquellos costos que no varían y que son fijos. El análisis del punto de equilibrio determina el nivel de ventas necesario para cubrir sus costos. Una vez que conozca a cuando asciende este costo, debe considerar cuanto es lo que usted puedes afrontar y cuando dinero debe obtener de terceros. ¿Cómo obtendrá ese dinero? ¿Qué hará cuando se acabe el dinero con el que comenzó? ¿Cómo obtendrá o generará dinero adicional? ¿Tendrá suficiente producción para comenzar a generar dinero? ¿Cuánta flexibilidad tiene?

Estas cuatro actividades pueden parecer demandantes, pero son relativamente simples. Son bastante menos problemáticas que iniciar un negocio sin haberle dedicado suficiente tiempo al proceso de factibilidad. De nuevo, utilizando nuestro vehículo, imagine que desea viajar de la Ciudad de México a Chicago en automóvil.

This means that you must have an auto. Would you immediately purchase an automobile without first considering your ability to drive, the amount of luggage you would want to transport, the roads you would travel, the availability of petrol, and your ability to pay for the automobile? The feasibility study, if properly performed will save you a lot of anguish later. It also helps solidify the idea into a business opportunity. As some final thoughts on feasibility analysis or the process of looking at opportunities, consider the following guidelines for increasing your chances of a profit:

Guidelines for Successful Business Start-ups

1. You must have a clearly defined market that has a poten- tial to grow at a rate of 30% to 50% within 5 years. You must be able to establish yourself and to achieve market dominance quickly. You should have no strong competition now or in the near future. You should be able to put together a strong management team with all of the necessary skill and experience. It is impossible for one person to "do it all," but you should be skilled in many areas, and be willing to seek help in your weak areas.

2. You should be able to show a quick return on the initial investment: yours and your customer's. First, your customer must see a value in purchasing your products. For instance, customers who purchase durable goods should have a payback period of less than 18 months. If you're selling washing machines, the customer should get their value out of the machine in less than 18 months. For yourself, you should seek a profit margin (we will discuss this concept in greater detail later) of 30% to 50%. While it usually takes businesses 3 ½ years to achieve positive cash flow, you should focus on gaining positive cash flow within 18 months. The business should be able to generate sufficient revenue in 18 months so that it can begin to pay back the initial investment.

Esto significa que deberá tener un auto. ¿Compraría inmediatamente un automóvil sin primero haber considerado su habilidad para conducir, la cantidad de equipaje que quiere transportar, las carreteras por las que viajaría, la disponibilidad de la gasolina, y su capacidad para pagar el automóvil? Si el estudio de factibilidad se realizó adecuadamente le evitará angustias posteriores. También ayuda a cristalizar la idea en una oportunidad de negocios. Como ideas finales en el análisis de factibilidad o en el proceso de analizar oportunidades, considere los siguientes lineamientos para incrementar sus posibilidades de obtener utilidades:

Lineamientos para Arrancar Negocios Exitosos

1. Debe usted tener un mercado claramente definido que tenga un crecimiento potencial a una tasa del 30% al 50% en 5 años. Debe poderse establecer y lograr dominar el mercado rápidamente. No debe tener competidores muy fuertes ahora ni en el futuro cercano. Debe poder conjuntar un equipo gerencial sólido con toda la habilidad y experiencia necesarias. Aunque es imposible para una persona "hacerlo todo", usted debe ser diestro en muchas áreas, y estar dispuesto a pedir ayuda en las áreas en las que usted es débil.

2. Usted debe ser capaz de mostrar una rápida recuperación de la inversión inicial: la suya y la de sus clientes. Ante todo, su cliente debe percibir un valor al adquirir sus productos. Por ejemplo, los consumidores de bienes duraderos debieran tener un período de recuperación de la inversión de menos de 18 meses. Si usted vende lavadoras, el cliente debe recuperar el valor de la máquina en menos de 18 meses. En cuanto a usted, debe buscar una utilidad bruta (discutiremos este concepto posteriormente con más detalle) del 30% al 50%. Por lo general, a las empresas le toma 3 ½ años para lograr flujos de efectivo positivos, usted debe enfocarse en obtener flujo de efectivo positivo en un plazo de 18 meses. El negocio debe tener la capacidad de ser auto-suficiente en 18 meses, y al hacerlo así comenzará a recuperar la inversión inicial.

3. Your product/service _must be unique_. Earlier I mentioned the 3-E factors. Businesses survive by providing unique value. Your business idea should be based on "exceptional" features. These are features which are special and better than what the competition has available. This not only makes it more likely that the customer will purchase your product, but it will also limit competition.

Begin by identifying three exceptional aspects to your product or service. My experience suggests that if you have only one exceptional aspect, do not start the business – it won't survive. With two it's still questionable. With three exceptional factors; three things that make you unique, you have a more solid basis for your business. If your product or service is easy to imitate (remember we said that imitation is a good way to enter a business), you will invite competition. If your offering is neither flexible nor changeable, you may not survive the initial market. Markets change, and products must remain flexible to change with the market.

Section 4: Testing the "Idea"

Once you have, in your own mind, resolved the idea as possible, it is time to test the idea. One of the best ways to do this is adapted from Michael O'Malley, and is included with his expressed permission:

Testing your ideas - Instructions

Get feedback on your entrepreneurial ideas from as many people as possible. Get it from people who have different backgrounds, different expertise, and different perspectives. Get it from people who like you and people who don't _(sometimes, your friends will not tell you what they really think because they do not want to offend you)_.

Make 10 copies of the form below and fill out the appropriate information.

3. Su producto/servicio *debe ser único*. Anteriormente mencioné los 3 factores E. Los negocios sobreviven por medio de proporcionar un valor único. Su idea de negocios se debe basar en características "excepcionales". Estas son aquellas que son especiales, mejores que las que ofrece la competencia. Esto no solamente hace más probable que los clientes compren su producto, sino también limitará la competencia.

Comience por identificar tres aspectos excepcionales de su producto o servicio. Mi experiencia sugiere que si solamente tiene una, ni se moleste en iniciar el negocio porque no sobrevivirá. Con dos todavía es cuestionable. Con tres factores excepcionales, tres cosas que hagan su producto único, usted tiene una base más sólida para su negocio. Si su producto o servicio es fácil de imitar (recuerde que dijimos que la imitación es una buena manera de entrar a los negocios), usted estará invitando a que haya competidores. Si su oferta no es flexible ni modificable, puede ser que no sobreviva después de la etapa inicial. Los mercados cambian, y los productos deben permanecer flexibles para cambiar junto con el mercado.

Sección 4: Probando la "Idea".

Una vez que en su mente ha resuelto la idea como algo posible, es momento de ponerla a prueba. Una de las mejores maneras de hacerlo, es la de Michael O'Malley, y se incluye aquí con su permiso expreso:

Instrucciones para poner a prueba sus ideas

Obtenga retroalimentación de tanta gente como sea posible respecto a sus ideas empresariales. Obténgala de gente que tenga diferente preparación, diferentes experiencias, y diferentes perspectivas. Obténgala de gente a la que usted le caiga bien y de gente a la que no le caiga bien *(Algunas veces, sus amigos no le dirán lo que realmente piensan porque no quieren ofenderle)*.

Haga 10 copias del formato de abajo y llene la información apropiada.

Remember that what they think about your ideas will be influenced by what they think about you. Use the automobile showroom scale to help yourself separate the messenger from the message.

The "Dream or Nightmare" Scale

Some people look at an automobile in the showroom and see their dream automobile. Others only see an auto; a basic vehicle for transportation. Still others see a nightmare, a "lemon" a vehicle that is constantly in need of repair, causing problems and costing money at the worst possible times.

When this person looks at you (your idea) and thinks of an automobile in the showroom, what does he or she see?

1. The vehicle of their **dream**s?

2. Merely an **auto**? A functional automobile?

3. A lemon of a vehicle, a vehicle of *nightmare?*

Dream of an Automobile?   Functional Auto?   Nightmare Vehicle?

Recuerde que lo que ellos piensen de las ideas de usted, tienen la influencia de lo que ellos piensan de usted. Use la escala de valores de la sala de exhibición de automóviles para ayudarse a separar al mensajero del mensaje.

La Escala del "Sueño o la Pesadilla"

Algunas personas ven un automóvil en una sala de exhibición y ven el automóvil de sus sueños. Otros ven solamente un auto, un vehiculo básico de transporte. Otros ven una pesadilla, un "cacharro", un vehículo que constantemente necesita reparaciones, causa problemas y cuesta dinero en el peor de los momentos.

Cuando una persona le mira (a su idea de negocios) y piensa en un automóvil en la sala de exhibición ¿Qué es lo que ve?

1.   ¿El vehículo de sus *sueños*?

2.   ¿Simplemente un *auto*? ¿Un automóvil funcional?

3.   ¿Un cacharro, un vehiculo de *pesadilla*?

¿El auto de ensueño?   ¿Auto funcional?   ¿Vehículo de pesadilla?

Testing Your Ideas

Name _____ Date _____

Background/expertise _____

What didn't you immediately understand about my idea? _____
_____

What do you think my investors/customers might not understand?
_____
_____

What do you not like? _____
_____

I think the weak link in my proposal is "_____" What do you
think?_____

Do you have any suggestions for how I could better present my idea?
_____
_____

Can you think of any problems or issues I'm overlooking?
_____
_____

Can you give me the names of at least 2 other people to whom I could present
these ideas? _____
_____

If they are going to help you develop your idea(s), you must facilitate their helping you by:

Place & Time

1. Encourage them to find a block of uninterrupted time. They may need more time than you think to understand your idea. You need to give them time to ask questions.

2. Encourage them to find a place where you will not be interrupted.

3. Let them choose a spot where they will be comfortable.

Poniendo a Prueba Sus Ideas

Nombre_____   Fecha _____

Preparación/experiencia_____

¿Qué fue lo que no entendió inmediatamente respecto a mi idea?
_____
_____

¿Qué cree que mis inversionistas/clientes pudieran no entender?
_____
_____

¿Qué no le gustó? _____
_____

Pienso que el punto débil de mi propuesta es "_____"¿Usted qué
piensa? _____

¿Tiene algunas sugerencias sobre cómo pudiera presentar mejor mi idea?
_____
_____

¿Puede pensar en algún problema que estoy ignorando?_____
_____
_____

¿Me puede dar el nombre de por lo menos otras 2 personas a quien les pudiera
presentar estas ideas? _____
_____

Si ellos le van a ayudar a desarrollar sus ideas debe facilitarles que le ayuden:

Tiempo y Lugar:

1. Ayúdelos a encontrar un espacio de tiempo ininterrumpido. Ellos pueden necesitar más tiempo del que piensa para entender su idea. Necesita darles tiempo para hacer preguntas.

2. Aliéntelos a encontrar un lugar en donde no sean interrumpidos.

3. Permítales escoger un lugar en donde estarán cómodos.

Preparation

1. If you have prepared materials, send them in advance. In addition, bring 10 copies with you.

2. Leave a message the day before confirming time and place.

3. Prepare the questions that will let the person be useful to you.

4. Prioritize the questions you want to ask.

Being There

1. Remember: You're there to listen. Not talk

2. Remember: You're there to learn. Not teach.

3. Remember: You're there to ask questions.

4. Remember: You love your idea, they may not. Don't jump in and explain why they should love it. Listen to why they don't.

As you assemble the opinions and suggestions of the people you've shared your ideas with, remember to identify their best suggestions, their most valuable critical observations, and what questions you wish you had asked that person – so you remember to ask it of the next. Also, it is important to remember that not everyone will share your enthusiasm, and not everyone will like your idea. Frequently, the most helpful suggestions are from people that do not agree with you. Remember not to take their criticisms personally, not to quit listening when they say they don't like your idea, and don't try to tell them why they're wrong – you're there to ask, to listen, and to learn.

Finally, and this is *extremely important*, **don't forget to say** "Thank You." It only takes a minute, but it leaves a lifetime impression. (Adopted w/permission from Michael O'Malley)

> *Thanks*
> *Thank you for your help.*
> *Thank you for your interest.*
> *Thank you for your time.*
> *Thanks [for nothing].*
> *Thank.*

Preparación

1. Si usted ha preparado algún tipo de materiales, envíelos por adelantado. Adicionalmente, traiga consigo 10 copias.

2. Deje un mensaje el día anterior confirmando hora y lugar.

3. Prepare las preguntas que le facilitarán a la otra persona serle de utilidad.

4. Jerarquice las preguntas que desea hacer.

Estando Ahí

1. Recuerde: Usted está ahí para escuchar. No para hablar

2. Recuerde: Usted está ahí para aprender. No para enseñar

3. Recuerde: Usted está ahí para formular preguntas.

4. Recuerde: Usted ama su idea, pero tal vez ellos no. No interrumpa para explicar porqué deben ellos amar su idea. Escuche por qué no la aman.

Conforme reúne opiniones y sugerencias de las personas con las que compartió su idea, recuerde el identificar sus mejores sugerencias, sus observaciones críticas más valiosas, y aquéllas preguntas que hubiera deseado preguntarle a esa persona, para recordar preguntarlas a la siguiente. También, es importante recordar que no todos compartirán su entusiasmo, y que no a todos les gustará su idea. Frecuentemente, las sugerencias más útiles vienen de las personas que no están de acuerdo con usted. Recuerde no tomar las críticas en forma personal, no deje de escuchar cuando ellos digan que no les gusta su idea, y no trate de decirles por qué están equivocados. Usted está allí para preguntar, escuchar y aprender.

Finalmente, y esto es *extremadamente importante, **no olvide decir*** "Gracias". Esto sólo requiere de un minuto, pero deja una impresión de por vida. (Incluido con permiso de Michael O'Malley)

Gracias
Gracias por su ayuda
Gracias por su interés
Gracias por su tiempo
Gracias (por nada)
Gracias

Regardless of what people have given you – even if it's nothing – you should *always* recognize them with a handwritten "Thank-you" note. Why? The handwritten thank-you note has less to do with courtesy and more to do with marketing. It is the cheapest, most effective way to get more people talking about you and thinking about your entrepreneurial idea.

Very few people send personalized thank you notes. People say "thanks" but they don't write thanks. Spoken thanks hang in the air for a moment and then evaporate. Some may send an e-mail but not a personally written note. E-mail is impersonal. Ink based thanks soaks permanently into paper and then is either:

a. Shown around to others at the office, home and club.
b. Tacked on the recipient's bulletin board.
c. Used as a tea coaster.

Regardless of where your handwritten thank you note finally rests, you will have:

a. Made a lasting impression.
b. *Greatly* increased your chances that someone else will learn about your idea. And maybe this will be the person who will truly offer some valuable advice, or better yet, put money into your company. And since a thank you note must be sent in an envelope, it means you can stick your one page marketing plan in there too.

Some examples of short thank-you notes that you can use are outlined below.

When you seriously appreciate the help you were given:

Dear Emeric,

Thank you for your time last week. Your suggestions, especially about calling Mr. Thomson at the bank, were very helpful. After I hear from them, I'll let you know what my next move will be.

Take care,

Mike

Sin importar lo que las personas le hayan dado, aun cuando haya sido nada, siempre debería reconocerles con una nota manuscrita de agradecimiento. ¿Por qué? Pues para ser honestos, la nota de agradecimiento manuscrita tiene menos que ver con la cortesía y más que ver con la mercadotecnia. Es la más barata, más efectiva forma de tener más personas hablando de usted y pensando acerca de su idea empresarial.

Muy pocas personas envían agradecimientos manuscritos personalizados. Muchas personas dan las "gracias" pero no lo escriben. Un "gracias" verbal permanece por unos momentos en el aire y luego se evapora. Algunos envían un correo electrónico pero no una nota escrita. Un correo electrónico es impersonal. Los agradecimientos plasmados con tinta se quedan permanentemente en el papel y después pueden ser:

a. Mostradas a otros en la oficina, casa y club.
b. Se clavan en el pizarrón de avisos del destinatario.
c. Utilizada como porta vasos.

Sin importar en dónde finalmente quede su nota manuscrita de agradecimiento, usted habrá:

a. Creado una impresión duradera
b. Incrementado *considerablemente* sus oportunidades de que alguien más conozca su idea. Y tal vez ésta será la persona que le ofrezca verdaderamente un consejo valioso o mejor aún, invierta dinero en su compañía. Y dado que las notas de agradecimiento deben de enviarse en un sobre, significa que puede agregar también un plan de mercadeo de una página.

Algunos ejemplos de notas de agradecimiento cortas que puede utilizar se mencionan a continuación.

Cuando verdaderamente aprecia la ayuda que recibió:

Querido Emeric,

Gracias por tu tiempo de la semana pasada. Tus sugerencias, especialmente la relacionada a la llamada al banco con el Sr. Thomson, fueron de mucha utilidad. Después de que hable con ellos, te informaré cual será mi siguiente acción.

Cuídate,
Miguel

Dear Andrew,

Thanks a million for the pep talk. There's no better medicine for the "entrepreneurial blues" than having lunch with you. When I meet with Shawn next week, I'll bring up your idea of having the product manufactured in Glasgow. I think it's a great solution to our problem.

Thanks again,

Emeric

When you may not appreciate the help you (didn't) receive, but want to be courteous:

Dear Stephen,

I'm so in love with my idea, it was hard for me to hear that you didn't love it as much as I do. Though you may be right that I am underfinanced, I'm still going forward. But because of your candid, objective appraisal, I'll be moving with both eyes open rather than just one. Thank you for helping me get my feet back on the ground. (Well at least my toes).

Wishing you the best,

Mike

When your objective is to maintain contact:

Dear Richard,

Thanks for meeting with me last Friday.

I'm sorry that we couldn't come to an agreement on my offer. I went as far as I could go without jeopardizing my other investors. Though we couldn't make this deal work, I'd like to keep you in mind for future ones. I appreciate your approach: direct and no game-playing.

Have a nice holiday,

Emeric

Querido Andrés,

Un millón de gracias por la conversación. No hay mejor medicina para la "nostalgia empresarial" que el haber comido contigo. Cuando me reúna con Shawn la próxima semana, mencionaré tu idea de fabricar el producto en Glasgow. Pienso que es una gran solución a nuestro problema.

Gracias nuevamente,

Emeric

Cuando no aprecie la ayuda que (no) recibió, pero quiere ser cortés:

Querido Esteban,

Estoy tan encantado con mi idea, y me fue difícil escuchar que a ti no te gustara tanto como a mí. Aunque puede que tengas razón en cuanto a que no tengo el suficiente capital, seguiré adelante. Pero debido a tu sincera y objetiva evaluación, continuaré con ambos ojos bien abiertos y no solo uno. Gracias por ayudarme a poner los pies en la tierra. (Bueno, por lo menos los dedos de mis pies).

Deseándote lo mejor,

Miguel

Cuando su objetivo es mantener contacto:

Querido Ricardo,

Gracias por haberte reunido conmigo el viernes pasado.

Lamento que no hayamos podido llegar a un acuerdo sobre mi ofrecimiento. Hice lo más que pude sin exponer a mis otros inversionistas. Aunque no pudimos hacer que esta negociación funcionara, me gustaría mantenerte en mente para futuras oportunidades. Aprecio tu enfoque directo y serio.

Feliz día de descanso,

Emeric

And for seemingly minor things which allow you to stand out as someone who appreciates help:

Dear Sergio,

Thanks for mentioning my name to Richard. Even thought it didn't work out, I really appreciate the referral.

Hope all is well with you,

Emeric

You will share your idea with friends, acquaintances, and family. We mentioned earlier that friends may not share their true feelings. Michael O'Malley states in his booklet, <u>We Want You to Be a Successful Entrepreneur</u> *"Most entrepreneurs don't go it alone. Most entrepreneurs can't go it alone. The challenges you face are too great. So you seek people who can help. Who can work with you. Who can lend you money. Who can become our partner. You seek people you trust, who are comfortable with you, who just like you. These people are your family and friends. Family and friends are good to have. If you have them you don't have to eat alone, go to the movies by yourself, you don't have to find strangers in a bar to talk to. If you have them you have someone to send a card to at Christmas, on birthdays and on Mother's Day. It also means you have someone to call the moment you sign your first big contract, and the moment you lose your first big contract. Family and friends are great but they have one flaw. They're not computers, they're human. And since they're humans they have two sets of feelings towards you:"*

Y para cosas aparentemente sin importancia que le permitirán destacar como alguien que aprecia la ayuda:

Querido Sergio,

Gracias por mencionarle mi nombre a Ricardo. Aunque no funcionó, verdaderamente aprecio la recomendación.

Espero que todo esté bien.

Emeric

Usted compartirá su idea con amigos, conocidos, y familiares. Ya mencionamos anteriormente que puede que los amigos no compartan sus verdaderos sentimientos. Michael O'Malley dice en su libro: "We Want You to be a Successful Entrepreneur" (Nota del traductor: "Deseamos Que Sea Un Empresario Exitoso"). *"La mayoría de los empresarios no lo hacen solos". La mayoría de los empresarios no van solos. Los retos que se enfrentan son muy grandes. Así que busque personas que le puedan ayudar. Que puedan trabajar con usted, que le puedan prestar dinero, que puedan convertirse en sus socios. Busque gente en la que confíe, que se sientan cómodos con usted, a quien usted le caiga bien. Esta gente son su familia y sus amigos. Es bueno tener familia y amigos. Si los tiene no tiene que comer solo, ni ir al cine solo, no tiene que buscar a extraños para platicar en un bar. Si los tiene, tiene a alguien a quien enviarle una tarjeta de Navidad, en los cumpleaños y en el día de las Madres. También significa que hay alguien a quien llamar en el momento en que firme su primer gran contrato, y en el momento en que pierda su primer gran contrato. La familia y los amigos son grandiosos, pero tienen un defecto. No son computadoras, son humanos. Y como son humanos tienen dos tipos de sentimientos hacia usted:*

Friends and Family – Happy & Supportive Feelings (Set No. 1)

If they have set No. 1 feelings, Family and Friends will say things like:

- *"You're doing great!"*
- *"Don't give up."*
- *"How can I help you?"*

If they have set No. 1 feelings, Family and Friends will do things like:

- *Lend you money.*
- *Offer encouragement.*
- *Spend hours helping paint your new office walls.*
- *Lend you their truck and help you move furniture to your office.*

Friends and Family – Unhappy & Unsupportive Feelings (Set No. 2)

If they have Set No. 2 feelings, Family and Friends will say things like:

- *"I'm going to sue you."*
- *"I hope you end up selling pencils on the corner."*
- *"I wish you were never born."*

If they have Set No. 2 feelings, Family and Friends will do things like:

- *Call in the loan they made to you before the due date.*
- *Try to sell their minority interest to your competitor down the street.*
- *Spray graffiti on your new painted walls.*
- *Use their truck to haul away their belongings and maybe your new furniture*

Amigos y Familia – Sentimientos Felices y de Apoyo (Tipo No. 1)

Si ellos tienen el tipo No.1, la Familia y los Amigos dirán cosas como:

- *"¡Lo estás haciendo muy bien!"*
- *"No te des por vencido."*
- *"¿Cómo te puedo ayudar?"*

Si ellos tienen este tipo de sentimientos No. 1, la Familia y los Amigos harán cosas como:

- *Prestarle dinero.*
- *Brindarle apoyo.*
- *Pasarán horas ayudándole a pintar las paredes de su oficina.*
- *Le prestarán su camión y le ayudarán a mudar los muebles a su oficina.*

Amigos y Familia – Sentimientos Negativos (Tipo No. 2)

Si ellos tienen sentimientos del tipo No.2 la Familia y los Amigos dirán cosas como:

- *"Te voy a demandar"*
- *"Espero que termines vendiendo lápices en la esquina."*
- *"Quisiera que nunca hubieras nacido."*

Si tienen el tipo de sentimientos No. 2, la Familia y los Amigos harán cosas como:

- *Intentarán cobrarle el préstamo que le dieron antes de la fecha de vencimiento.*
- *Tratan de venderle su parte minoritaria al competidor de la esquina.*
- *Rayarán con graffiti las paredes recién pintadas de su oficina.*
- *Usarán su camión para llevarse sus pertenencias y probablemente sus muebles nuevos.*

"Most of us prefer our family and friends to have happy and supportive (Set No. 1) feelings about us. These feel good. These feelings encourage us. Usually, when we first ask them to help us in our entrepreneurial quest they do support us, and have Set No. 1 feelings. But unfortunately after they have been part of the quest many family and friends end up having Set No. 2 feelings about us. These feelings are bad. One of the keys to becoming a successful entrepreneur is to make sure family and friends have Set No. 1 feelings towards you, and there are several simple rules to help make this possible."

Four Reminders For Building Your Business With Your Spouse

1. *Put as much thought into choosing your spouse as a partner in business as you did in choosing him or her as a partner in life.*

2. *The things you love in your spouse may be the things that drive you crazy in a business place.*

3. *Building a life together is not the same thing as building a business together.*

4. *When you work with your spouse, all the things you love about him or her will still be there. Some days, however, they may be harder to see.*

Four Rules For Borrowing Money From Family and Friends

1. *Never borrow more money from family or friends than you can pay back in one year. Why? Just because they lent it to you doesn't mean they don't want it back.*

2. *If you do borrow money, pay it back on time. Why? Family and friends will hate to remind you that you owe them money. It's embarrassing, and they feel that you've taken advantage of them.*

"La mayoría de nosotros prefiere que nuestra familia y amigos tengan sentimientos felices y de apoyo hacia nosotros. (Tipo No. 1) Estos nos hacen sentir bien. Estos sentimientos nos alientan. Normalmente, cuando les pedimos ayuda en nuestra aventura empresarial nos apoyan, y tienen sentimientos del tipo No.1. Pero desafortunadamente después de que han sido parte de la aventura muchos familiares y amigos terminan con sentimientos del tipo No. 2 hacia nosotros. Estos son sentimientos malos. Una de las claves para ser un empresario exitoso es asegurarse que su familia y sus amigos tengan sentimientos del tipo No. 1 hacia usted, y hay varias reglas sencillas que le ayudarán a hacer esto posible."

Cuatro Recordatorios Para Construir Su Negocio Con Su Cónyuge

1. *Dedique tanto tiempo a pensar al elegir como socio(a) a su cónyuge en un negocio, como lo hizo al escogerlo(a) como compañero(a) en la vida.*

2. *Las cosas que usted ama de su cónyuge pueden ser las cosas que lo vuelvan loco en el lugar de trabajo.*

3. *Construir una vida juntos no es lo mismo que construir un negocio juntos.*

4. *Cuando trabaje con su cónyuge, todas las cosas que ama usted de él o ella seguirán ahí. Algunos días, sin embargo, serán más difíciles de ver.*

Cuatro Reglas Para Pedir Prestado Dinero a la Familia y los Amigos

1. *Nunca pida prestado más dinero a su familia o amigos   del que pueda pagar en un año. ¿Por qué? El hecho de prestárselo no quiere decir que no quieran que se los devuelva.*

2. *Si pide dinero prestado, páguelo a tiempo. ¿Por qué? La familia y los amigos odiarán recordarle que usted les debe dinero. Es vergonzoso y sienten que usted se ha aprovechado de ellos.*

> 3. When you ask family or friends for money, **always** say "please." Whether or not they give you what you want **always** say "thank you." Why? It's easy to get lazy and forget good manners when you're with family and **friends**.
>
> **4. Put in writing all the agreements you make with family and friends about money. Why? Times change. People forget. Writing endures.**

Regardless of how your idea was received, it is critical to test your idea with people who are not emotionally involved with the idea. This idea testing is crucial to the early part of the business process and is a natural bridge between your perception of the idea and other's. It also allows us to introduce an extremely important business concept. There are many principles that have grown out of my experience in business, and I refer to them as "Emeric-ian Principles." The principles are not numbered because there is no order of priority – each is important, each is a virtual "law of business." We will introduce it by asking a simple question.

> **What is the single most important ingredient for a successful business?**

Is it money? No, many great businesses were started with little or no money.

Is it planning? While planning is important, it is not the most important. Many successful businesses did not have a formal plan.

Is it a good product or service? A good product or service is important, but not the most important.

The single most important ingredient to having a successful business is the *customer*. A customer is the individual who purchases your product or service, and, by purchasing your product or service, provides the money that enables your business to continue. A customer will often provide you the idea for a product or service that makes your business better. Customers are the life blood of your business. You must first be able to identify *the* customer, and then you must get to know *your* customer.

> 3. *Cuando les pide dinero a la familia o los amigos, **siempre** diga "por favor". Ya sea que le den o no lo que usted quiere, **siempre** diga "gracias". ¿Por qué? Es fácil relajarse y olvidar los buenos modales cuando esté con la familia y los amigos.*
>
> 4. *Ponga por escrito todos los acuerdos de dinero que haga con su familia y sus amigos. ¿Por qué? Los tiempos cambian. La gente olvida. Lo escrito perdura*

Sin importer como sea recibida su idea, es crucial que pruebe su idea con personas que no están emocionalmente involucradas con la idea. Esta prueba de la idea es crucial a la parte inicial del proceso del negocio y es un puente natural entre tu percepción de la idea y la de otros. También nos permite introducir un concepto extremadamente importante del negocio. Hay muchos principios que he desarrollado de mi experiencia en los negocios, y me refiero a ellos como "Principios Eméricos". Los principios no son numerados porque no hay orden prioritario, cada uno es importante, cada uno es "una ley de los negocios". Los presentaremos formulando una simple pregunta.

¿Cuál es el ingrediente más importante para un negocio exitoso?

¿Es el dinero? No, muchos grandes negocios iniciaron con poco o sin dinero.

¿Es la planeación? Aunque la planeación es importante, no es la más importante. Muchos negocios exitosos no tuvieron un plan formal.

¿Es un buen producto o servicio? Un buen producto o servicio es importante, pero no es lo más importante.

El ingrediente más importante para tener un negocio exitoso es el *cliente*. Un cliente es el individuo que compra su producto o servicio, y al comprar su producto o servicio, le provee del dinero que permite que su negocio continúe. El cliente muchas veces le proporcionará la idea de un producto o servicio que haga que su negocio sea mejor. Los clientes son la sangre de su negocio. Primero debe identificar *al* cliente, y entonces debe conocer a *su* cliente.

Section 5: The Customer

If you are going to build a successful business, you must know and understand your customer. You know yourself and you've assessed your abilities and entrepreneurial tendencies. You also know your idea. You've tested your idea and verified that the idea is right for you. What about the individual who will pay you for the product from your idea? Do you know your customer? You have a fantastic idea that you know will be the foundation for a successful business that will allow you to live your dreams. But, how well do you know the customer that will pay his or her hard-earned money to allow this all to happen?   People purchase things for various complex reasons, many of which are difficult to understand. You must try to understand your customer from several perspectives. There is a very simple tool to make sure you consider the important issues. Consider your customer and answer: *"Who, What, Where, When, Why and How."*

Getting to Know Your Customer

Who: To Identify "who" your customer will be, you must be able to identify the people who will be making the decision to purchase your product. This is not as simple as it sounds. Consider the vehicle, your little automobile. Not all people drive, and among those who do drive, not all will purchase your automobile. Focusing on the specific customer (called the target market) is a very critical marketing concept because it allows us to focus our planning and advertising strategies. Target markets are usually identified with very specific information, either industry and location (for commercial products), or demographic information (for consumer products). To understand who your customer will be, you must first study the industry, then research and understand the market, then compare yourself to the competition (direct and indirect), and finally assemble a profile of the target market; your customer.

What: Exactly what are you selling? While keeping our automobile in mind, consider this question: Are you selling an automobile, or are you selling transportation, convenience, independence, and comfort? In every business, the product or service is not the only item being sold. I want to make an important point here.

Sección 5: El Cliente

Si usted va a construir un negocio exitoso, debe conocer y entender a su cliente. Usted se conoce a sí mismo, ha evaluado sus habilidades y sus tendencias empresariales. Conoce su idea, la ha probado y ha verificado que sea la adecuada para usted. ¿Qué hay con el individuo que pagará por el producto que surgió de su idea? ¿Conoce a su cliente? Usted tiene esta fantástica idea; sabe que es el fundamento de un negocio exitoso que le permitirá realizar sus sueños. Pero, ¿qué tan bien conoce al cliente que pagará con su dinero, ganado con mucho esfuerzo, el cual permitirá que todo esto suceda? La gente adquiere cosas por diferentes y complejas razones, muchas de las cuales son difíciles de entender. Usted debe tratar de comprender a su cliente desde varias perspectives. Existe una herramienta muy sencilla para estar seguro que ha considerado los aspectos importantes. Piense en su cliente y responda: *"Quién, Qué, Dónde, Cuándo, Por qué y Cómo."*

Conociendo a su cliente

Quién: Para identificar "quién" será su cliente, deberá identificar a la gente que tomará la decisión de comprar su producto. Esto no es tan simple como parece. Considere el vehículo, su pequeño automóvil. No todas las personas manejan, y entre las que sí manejan, no todas comprarían su automóvil. Enfocarse en el cliente específico (llamado el mercado objetivo) es un concepto muy crítico de mercadeo porque nos permite enfocar nuestras estrategias de planeación y publicidad. Los mercados objetivo normalmente se identifican con información muy específica, ya sea por industria y de ubicación (para productos comerciales), o información demográfica (para productos de consumo). Para entender quien será su cliente, debe estudiar primero la industria, posteriormente investigar y entender el mercado, después compararse contra la competencia (directa o indirecta), y finalmente armar un perfil del mercado objetivo: su cliente.

Qué: ¿Qué es exactamente lo que está vendiendo? Teniendo en mente nuestro automóvil, ¿Está vendiendo un automóvil, o está vendiendo un medio de transporte, conveniencia, independencia, comodidad? En cada negocio el producto o servicio no es lo único que se vende. Quiero destacar un punto importante aquí.

When we are speaking of the "what," we are speaking of what *you are selling*. This is entirely from your perspective, which may or may not agree with the customer's. We'll look at it from the customer's perspective shortly. You must thoroughly understand what you are selling and also recognize which of these things is the most important. If the convenience and economy of your automobile are more important, then these are the factors that must be emphasized and managed in your business. If the customer values comfort and dependability, they must be emphasized and managed.

When: Man is a creature of habit. We are accustomed to eating at certain times of the day. A restaurant will not be successful unless it has the capacity to handle crowds during these times, yet it must be able to pay the costs of being empty the remainder of the day. The time of purchase includes not only the time of day but also factors of seasonality and frequency. Ski clothing is purchased just before or during winter. People purchase food more often than they purchase automobiles.

Where: In retail, three (3) keys for success are: location, location, location. This means finding a location that is convenient to shoppers. In addition, location is affected by derived traffic – being around other businesses that draw in large numbers of customers. Remember, though, that location and cost are related. Generally speaking, the more desirable locations are more costly. For this reason, you may be tempted to locate at a less expensive site. Be cautious. While the lower expense can be seen as helpful, it may cost you more money to attract the customer. The choice of location also affects service businesses, manufacturers, construction firms, and any other business to some extent. You must remember to focus on the habits of the customer, and offer your product or service at a location that is convenient to the customer.

Why: Earlier, when we looked at the "what," we focused on your perspective. The "Why" is solely from the perspective of the customer and looks at the specific reasons for a customer to purchase your product rather than something else.

Cuando estamos hablando del "qué", estamos hablando de *qué está vendiendo*. Esto es totalmente desde su propia perspectiva, la cual puede coincidir o no con la de su cliente. Lo veremos desde la perspectiva del cliente brevemente. Usted debe entender completamente lo que está vendiendo y también reconocer cual de estos aspectos es la más importante. Si la conveniencia y economía de su automóvil son lo más importantes, esto es lo que debe ser enfatizado y controlado en su negocio. Si el cliente valora la comodidad y su confiabilidad, esto debe enfatizarse y controlarse.

Cuándo: El hombre es una criatura de hábitos. Estamos acostumbrados a comer a ciertas horas del día. Un restaurante no sería exitoso a menos que tenga la capacidad de manejar multitudes durante estas horas, sin embargo, debe ser capaz de pagar los costos de permanecer vacío el resto del día. El momento de la compra no solamente incluye las horas del día sino que también incluye factores de estacionalidad y frecuencia. La ropa para esquiar se adquiere justo antes o durante el invierno. Las personas compran con más frecuencia comida que automóviles.

Dónde: Al menudeo, existen 3 claves para el éxito: ubicación, ubicación y ubicación. Esto significa encontrar un local que sea conveniente para los compradores. Además, la ubicación es afectada por el tránsito derivado: estar cerca de otros negocios que atraen grandes cantidades de clientes. Recuerde, sin embargo, que la ubicación y el costo están relacionados. En términos generales, los locales más deseados son los más costosos. Por esta razón, puede estar tentado a ubicarse en un sitio menos costoso. Sea precavido. Aunque un costo más bajo puede parecer una ayuda, le puede costar más dinero el atraer a los clientes. La elección del local también afecta a las empresas de servicios, fábricas, constructoras, y a cualquier otro negocio en cierta medida. Debe recordar centrarse en los hábitos del cliente, y ofrecer su producto o servicio en un lugar que sea conveniente para él.

Por qué: Anteriormente, cuando vimos el "Qué", nos enfocamos en su perspectiva. El "Por qué" se refiere exclusivamente a la perspectiva del cliente y considera las razones específicas por las que un cliente adquiere su producto en vez de alguna otra cosa.

From an economic standpoint, it is relatively easy to categorize a product as either a necessity or a luxury, but this doesn't explain why a customer would choose to purchase bread (a necessity) from one baker rather than another. There are two basic approaches to the "why" question. The first is to attempt to understand the primary motivations behind customers' purchases, and then to appeal to these motivations with marketing and advertising. The second approach is to attempt to create a reason for people to want to buy a product. This approach pulls in customers. Marketing and advertising seek to create market demand rather than responding to an existing demand. While understanding why people buy things may be impossible, experience and research will help you to understand. This is one reason why previous experience in the industry is helpful for starting your business.

How: How do people buy your product? The quick answer is "of course, with money!" It is not that simple. Will you extend credit? Will you allow the customer to pay with a credit card? Will you allow the customer to pay with an exchange of some kind, with barter? Each of these considerations will have an impact on your business. There are additional costs associated with extending credit or allowing customers to pay by credit card. At the same time, if you do not allow credit cards you will be excluding many customers who might otherwise purchase from you

Now that you've identified your customer's motivations, it will be necessary for you to communicate with your customer. My native language is Hungarian, but I also speak English. This is well and good, but if you speak Albanian, we would have difficulty communicating. This is common sense in communication. But communication, the process of exchanging what we think and mean, involves more than the dialogue. Beyond the language, you must be able to communicate with your customers in their language. This doesn't mean English or Albanian, it means having the same understanding. The same words may have different meanings. The same idea can be expressed in different ways. If you and your customers don't fully understand each other, you will not be able to sell to them and they will not buy from you.

Desde un punto de vista económico, es relativamente fácil catego-
rizar un producto como una necesidad o como un lujo, pero esto no
explica por qué un cliente elegiría comprar pan (una necesidad) de
una panadería en vez de otra. Existen dos enfoques básicos para
responder "Por qué". Lo primero es intentar entender los motivos
primarios detrás de las compras de los clientes, y entonces hacer
atractivos estos motivos con mercadotecnia y publicidad. El
segundo enfoque es intentar crear una razón para que las personas
quieran comprar un producto. Este enfoque "jala" clientes. La
mercadotecnia y la publicidad pretenden crear la demanda del
mercado en lugar de reaccionar a la ya existente. Aunque entender
por qué las personas compran cosas puede ser imposible, la
experiencia y la investigación le ayudarán. Esta es una razón del
por qué la experiencia previa en la industria es útil para iniciar un
negocio.

Cómo: ¿Cómo compran las personas su producto? La respuesta
inmediata es "¡por supuesto, con dinero!" Esto no es tan simple.
¿Otorgará crédito? ¿Permitirá que sus clientes le paguen con tarjeta
de crédito? ¿Permitirá que sus clientes paguen en especie, con un
trueque? Cada una de estas consideraciones tendrá un impacto en
su negocio. Hay costos adicionales asociados con el otorgamiento
de crédito o el permitir que los clientes paguen con tarjeta de
crédito. Al mismo tiempo, si no permite el uso de las tarjetas de
crédito, estará excluyendo a muchos clientes que podrían de esta
forma comprarle a usted.

Ahora que usted ha identificado las motivaciones de su cliente,
será necesario que se comunique con él. Mi idioma natal es el
húngaro, pero también hablo el inglés. Esto está bien y es bueno,
pero si usted habla albano, tendremos dificultades para comunicar-
nos. Esto es de sentido común en la comunicación. Pero la comunicación, el proceso de intercambiar lo que pensamos y queremos
transmitir, involucra más que el diálogo. Más allá del lenguaje,
usted debe de ser capaz de comunicarse con sus clientes en su
idioma. Esto no significa inglés o albano, sino entender lo mismo.
Una misma palabra puede tener diferentes significados. La misma
idea se puede expresar en diferentes formas. Si usted y sus clientes
no se entienden completamente entre sí, no les venderá y ellos no le
comprarán.

According to Michael O'Malley, *"All of your customers will use certain words and phrases to describe what they need. Over and over again they use the same, specific language to say what they want, what they like, what they value, and what they are willing to pay for. It's their own language. It is as personal to them as their names. And if you want them to buy from you, you've got to speak their language. But some entrepreneurs fail to speak their customers' language because they're so wrapped up in their own language. You get so excited about what you've created that you don't listen to what the customers have to say. You expect them to learn your language. You forget to learn theirs. And if you do, they'll buy from someone else, someone they can talk to. Speaking your customer's language isn't hard. All you have to do is know what to listen for."*

Understanding the Customer's Language

Customer's language: *"...we need dependable drivers and reliable deliveries..."*

Entrepreneur not speaking Customer's language: *"...I can offer the very latest equipment –nobody else has this state-of-the-art refrigeration..."*

Words the Entrepreneur could have used: *"responsible" "trustworthy" "steady" "only certified drivers" "disciplined" "driver bonuses based on delivery schedules" "monthly customer service surveys"*

Learning and Speaking the Customer's Language

1. Collect all the written materials produced by the buyer. Look for advertisements, brochures, reports, or anything that may give you insight into the customer's language. Highlight the key words and phrases the buyer uses to describe themselves and their products.
    a. What words do they use to sell themselves?
    b. What words do they use to define themselves?
    c. What words do they use to distinguish themselves?

Look for words which show up repeatedly. Look for closely related words.

De acuerdo a Michael O'Malley, *"Todos sus clientes utilizarán ciertas palabras y frases para describir lo que necesitan. Una y otra vez utilizarán un mismo y específico lenguaje para decir lo que desean, lo que les gusta, lo que valoran, y aquello por lo que están dispuestos a pagar. Es su propio lenguaje. Es tan personal para ellos como sus nombres. Y si usted quiere que le compren, tendrá que hablar ese lenguaje.Pero algunos empresarios no logran hablar el idioma de sus clientes porque están envueltos en el propio. Usted se emociona tanto con lo que ha creado que no escucha lo que los clientes tienen que decir. Usted espera que ellos aprendan su lenguaje y se olvida de aprender el de ellos. Y si hace esto, ellos le comprarán a alguien más, a alguien con quien puedan hablar. Hablar el lenguaje de los clientes no es difícil. Todo lo que tiene que hacer es saber qué escuchar."*

Entendiendo el lenguaje de su cliente

Lenguaje del cliente: *"...necesitamos choferes seguros y entregas confiables..."*

El empresario que no habla el lenguaje del cliente: *"...Yo le puedo ofrecer lo último en equipo, nadie más tiene esta refrigeración tan avanzada..."*

Palabras que el Empresario pudo utilizar: *"responsable" "confiable" "estable" "sólo choferes certificados" "disciplinado" "bonos a choferes basados en programaciones de entregas" "encuestas mensuales de servicio a clientes."*

Aprenda y hable el lenguaje de su cliente

1. Reúna todos los materiales escritos elaborados por su comprador. Busque anuncios, folletos, reportes, cualquier cosa. Destaque las palabras clave y las frases que su comprador use para describirse a sí mismo y sus productos.
   a. ¿Qué palabras usan para venderse a sí mismos?
   b. ¿Qué palabras usan para definirse a sí mismos?
   c. ¿Qué palabras usan para distinguirse a sí mismos?

Busque palabras que se repitan. Busque palabras relacionadas entre sí.

2. Speak with people who have worked with the buyer. Ask them what they heard about the buyer's current concerns and priorities.

    a. What was the "hot" language?
    b. What words and phrases did the buyer use that they remember?

3. Write down two or three of the things that your customers most want and need, using the specific language you've gathered. Remember, use their exact language. Don't re-phrase into your own language.
4. Re-write the single paragraph describing your product or service (originally assigned in Section #3, page 50)

Section 6: The "Plan," or the process of convincing yourself and others.

For the past 25 years, there has been a concerted effort by academics and authors to emphasize the "Business Plan" as necessary. It is not. It can, however, help you succeed in your business efforts. You must understand that my experience and my personality support the benefits of planning, but evidence shows that many successful businesses had little or no planning prior to starting.

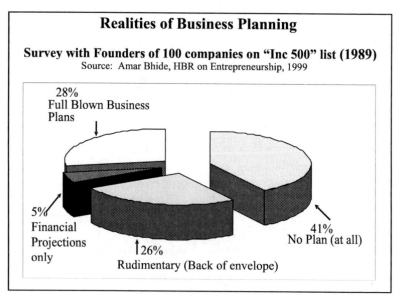

Realities of Business Planning

Survey with Founders of 100 companies on "Inc 500" list (1989)
Source: Amar Bhide, HBR on Entrepreneurship, 1999

28% Full Blown Business Plans

5% Financial Projections only

26% Rudimentary (Back of envelope)

41% No Plan (at all)

2. Hable con gente que haya trabajado con su comprador. Pregúnteles que han escuchado respecto a las preocupaciones y prioridades actuales de su cliente.
    a. ¿Cuál fue el lenguaje del momento?
    b. ¿Qué palabras y frases recuerda que el comprador utilizó?

3. Escriba dos o tres cosas que sus clientes más quieren y necesitan, utilizando el lenguaje específico que haya logrado reunir. Recuerde, utilizar exactamente su lenguaje. No parafrasee en sus propias palabras.

4. Reescriba en un solo párrafo la descripción de su producto o servicio (originalmente asignado en la Secci'n #3, página 50).

Sección 6: El "Plan", o el proceso de convencerse a usted mismo y a otros.

Durante los últimos 25 años, ha habido un esfuerzo concertado entre académicos y autores para enfatizar el "Plan de Negocio" como algo necesario. No lo es, sin embargo le ayudará a tener éxito en sus esfuerzos de negocios. Usted debe entender que mi experiencia y personalidad dan apoyo a los beneficios de la planeación, pero la evidencia muestra que muchos negocios exitosos tuvieron poca o ninguna planeación antes de su inicio.

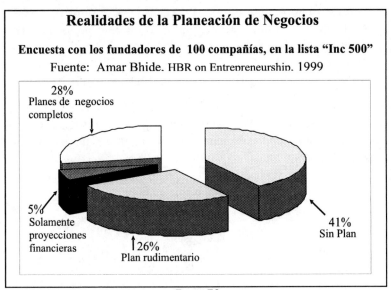

Realidades de la Planeación de Negocios

Encuesta con los fundadores de 100 compañías, en la lista "Inc 500"

Fuente: Amar Bhide. HBR on Entrepreneurship. 1999

28% Planes de negocios completos

5% Solamente proyecciones financieras

26% Plan rudimentario

41% Sin Plan

Consider, for a moment, that over half of the most successful companies began with either no planning or with a very basic plan.

It has taken 25 years for some of the "experts" to finally recognize what businesses have known – it's not the plan itself, it's the process of planning. It's not how long and detailed the plan is, it's how well you've thought out the issues.

One of the most widely read authors about business plans, David Gumpert, recently stated that he *"discovered that the plans were widely ignored by investors,"* and that entrepreneurs would push their plans *"for a few months, and then give them up."* The reality is that most experts emphasized the business plan as a way to seek and obtain money – forgetting that the principal objective of the business plan is to document everything about your business so that you and anyone else can understand. The self-assessment and feasibility plan's objective is to convince yourself that the business is viable. The business plan's objective is to demonstrate how you will do it. There are four reasons to draw up a business plan (and getting financing is the least important!)

Reasons for Creating a Business Plan

1. *Provide direction to the enterprise*. With challenges, obstacles and successes, it's easy to forget where you are going and why. The business plan becomes a virtual road map for your journey.

2. *Measure results* (forecasts / deviation). Management is a process of correcting errors. We manage deviations. No management is necessary if everything is working perfectly. The business plan provides a tool to measure how you are doing compared to what you forecast. *(Emeric-ian principle: Few things will happen quite like you planned that they would!)*

3. The plan provides a means of *communicating our ideas and projections*, and allows us to obtain support from friends, family, suppliers, and customers. It allows us to obtain partners and other resources.

Considere, por un momento, que más de la mitad de las compañías más exitosas comenzaron sin planeación o con un plan muy básico. Le ha tomado 25 años a algunos de los "expertos" reconocer finalmente lo que las empresas ya sabían: No es el plan en sí mismo, es el proceso de planeación. No es cuan largo y detallado sea el plan, sino que tan bien haya pensado en los temas.

Uno de los autores más leídos acerca de planes de negocios, David Gumpert, recientemente dijo que él *"descubrió que los planes son ampliamente ignorados por los inversionistas"* y que los empresarios insistirían en sus planes *"por algunos meses antes de abandonarlos"*. La realidad es que la mayoría de los expertos hacen énfasis en que el plan de negocios es un medio para buscar y obtener dinero, olvidándose del objetivo principal de que el plan de negocios era documentar todo acerca de su empresa para que usted y cualquier otro pudieran entenderlo. La auto-evaluación y el objetivo del plan de factibilidad, es convencerse a si mismo de que el negocio es viable. Hay cuatro razones para formular un plan de negocios (¡Y obtener financiamiento es el menos importante!)

Razones Para Crear un Plan de Negocios

1. *Proporciona orientación a la empresa.* Con los retos, los obstáculos y los éxitos, es fácil olvidar hacia donde se va y por qué. El plan de negocios se convierte en un mapa virtual de su viaje.

2. *Medición de resultados* (pronósticos / desviaciones). La administración es un proceso para corregir errores. Administramos desviaciones. No sería necesaria la administración si todo trabajara perfectamente. El plan de negocios es la herramienta que cuantifica como se está actuando en comparación con lo que se pronosticó. *(Principio Emérico: ¡Pocas cosas ocurrirán tal y como las planeó!)*

3. El plan proporciona un medio para *comunicar nuestras ideas y proyecciones*, y nos permite obtener el apoyo de amigos, familiares, proveedores y clientes. Nos permite obtener socios y otros recursos.

4. ***Obtain external financing.*** It is virtually impossible to obtain money from a bank or outside investor without a business plan. According to Ted Clark, *"Investors want to know three things: how much it will cost to get in; what's the cash flow; and when they will be repaid."*

Remember our vehicle? A car rests and travels on four wheels. There are four independent factors within the business plan, much like there are four wheels on an automobile. Each is independent, and yet each must work in harmony with the others.

The Four Factors (Wheels) of Your Business Plan

The People – Includes yourself as an individual and your "team" or the other people who will make the organization functional (the individual and collective knowledge, skills, abilities, and experiences).

The Opportunity – Includes the business itself, its profile, projections for its growth, its economies, obstacles, and mechanics.

The Context - Your business must survive and prosper within an environment that has many factors which will inevitably change, many factors which are outside of your ability to control, but which must be identified.

Risk and Reward - Many things may and will go right or wrong. You must identify what you can and prepare how you will respond. Many businesses fail because of unplanned success.

 These four wheels have tires on them, again, just like an automobile. On an automobile the tires are matched to the wheels, and the assembled tires and wheels are balanced together to give the vehicle a smooth ride. Each tire belongs with its specific wheel. Together, they provide a system allowing the vehicle to travel smoothly and to maintain direction.

4. ***Obtener financiamiento externo.*** Es virtualmente imposible obtener dinero de un banco o de un inversionista externo sin un plan de negocios. De acuerdo a Ted Clark, *"Los inversionistas desean saber tres cosas: cuanto costará entrar, cuál es el flujo de efectivo, y cuando se les pagará."*

¿Recuerda nuestro vehículo? Un auto descansa y viaja en cuatro ruedas. Hay cuatro factores independientes dentro de un plan de negocios, de manera semejante a las cuatro ruedas de un automóvil. Cada una es independiente, y aun así deben trabajar en armonía con las otras.

Los Cuatro Factores (Ruedas) de su Plan de Negocios

La gente. Usted como individuo y su "equipo" u otras personas quienes hacen que la organización funcione. El conocimiento individual y colectivo, destrezas, habilidades y experiencias.

La Oportunidad. La empresa misma; su perfil; proyecciones de crecimiento, sus economías, sus obstáculos y la mecánica.

El Contexto. Su empresa debe sobrevivir y prosperar en un ambiente que tiene muchos factores que cambiarán inevitablemente, muchos de los cuales están fuera de su capacidad para controlarlos, pero que deben ser identificados.

El Riesgo y Recompensa. Muchas cosas pueden y van a salir bien o mal. Usted debe identificar cuanto pueda y prepararse para responder. Muchas empresas fracasan porque el éxito no se planeó.

 Estas cuatro ruedas tienen neumáticos montados en ellas, otra vez, igual que en un automóvil. En un automóvil los neumáticos están a la medida de las ruedas, y se balancean para darle al vehículo una marcha suave. Cada neumático pertenece a su rueda específica. Y juntos constituyen un sistema que permite que el vehículo viaje suavemente y que mantenga la dirección.

In the same way, your business plan focuses on (or rides on) four things at all times:

The Four Focii (Tires) of Your Business Plan

Individual(s). The individual tire is mounted on and balanced with the people wheel. You must focus on your collective experience in the industry, managerial experience and abilities, achievement, risk tolerance, perceptions of control, attitude towards independence, ability to lead, etc. This includes willingness to work hard, your personal attributes (e.g. need for knowledge, skills, abilities, business and technical experience and expertise).

The Business - The idea of 3-E's was identified earlier. This tire is mounted on and balanced with the Opportunity wheel. The business tire focuses on what you are good at, the 3-Es (exceptional aspects) of your business, and your resource capabilities.

The Industry and approach to the customer You must understand your competition, the nature of the industry, and its trends. Is the industry declining or growing? How do others approach the customer? What are their 3-E's and what must you seek to overcome?

The customer's motivation, the market We've discussed the "who, what, where, when, why, and how." This tire focuses on the availability of the market and how you will satisfy the customer's motivation – remember that it must be in the customer's language!

Research has shown consistency in the problems faced by new businesses. Being aware of the problems allows you to anticipate your weaknesses, and therefore provide a plan to overcome them. This is an important consideration when beginning your business planning.

De la misma manera, su plan de negocios se enfoca (o rueda sobre) cuatro cosas en todo momento:

Las Cuatro Llantas de su Plan de Negocios

Individuo(s). La llanta-individuo se monta y se balancea junto con la rueda / gente. Usted debe mantenerse enfocado en su experiencia colectiva en la industria, experiencia y habilidades gerenciales, necesidad de logro, tolerancia al riesgo, percepciones de control, actitud hacia la independencia, capacidad de liderazgo, etc. Esto incluye su disposición de trabajar duro, sus atributos personales (p.ej. conocimiento, habilidades naturales y aprendidas, pericia y experiencia de negocios y técnica).

La Empresa. La idea de las 3-E's se mencionó anteriormente. Esta llanta se monta y se balancea con la rueda de la Oportunidad. La llanta "empresa" se enfoca en aquello para lo que usted es bueno, las 3-E's (aspectos excepcionales) de su negocio y sus capacidades disponibles.

La Industria y el enfoque al cliente. Usted debe entender a su competencia, la naturaleza de la industria y sus tendencias. ¿La industria está declinando o creciendo? ¿Cómo otros abordan a sus clientes? ¿Cuáles son las 3-E's de sus competidores y qué debe usted hacer para de superarlos?

Las motivaciones del cliente y del mercado. Hemos discutido el "quién, qué, dónde, cuándo, por qué, y cómo". Esta llanta se enfoca en la disponibilidad del mercado y como satisfará las motivaciones de su cliente. ¡Recuerde que esto debe expresarlo en el lenguaje de su cliente!

La investigación ha mostrado consistencia en los problemas que enfrentan los nuevos negocios. Estar consciente de los problemas le permite anticipar sus debilidades, y por lo tanto idear un plan para superarlos. Esta es una importante consideración cuando esté iniciando la planeación de su negocio.

Major Problems in Starting a Business

- Lack of sufficient "business" training.

- Lack of applied "technical" expertise to support the product/service.

- Lack of "finance" ability and experience, particularly in getting enough money to begin the business.

- Lack of "marketing" ability, or failure to properly understand the market.

- Lack of support systems, mentors, or role models.

As we develop the body and interior of the business plan, it is important to remember that the business plan must be appropriate for its intended purpose. For most purposes, a properly written 10 page plan is as good as, or better than a book. The actual contents are more important than their order, but they should progress logically. Each section should build upon the previous section to guide your reader to a thorough understanding of your business.

Elements in a Business Plan

- Executive summary (The attention getter! – but it's *written last!*).

- A brief, concise description of the business, focusing on the product or service.

- Description of the Industry, trends in the industry, and likely competition.

- The general market, the target market, and how you will get the customer to buy your product or service.

- Your financial plan, including financial projections and cash flow.

- Your production plan – how you plan on producing your product or service.

- Your plan for organizing the business, the strengths and weaknesses of all the people on your "team."

- Your operational and contingency plan.

Los Principales Problemas al Iniciar una Empresa

- Entrenamiento insuficiente en los negocios.

- Falta de experiencia técnica aplicada para apoyar el producto / servicio.

- Falta de experiencia y habilidad "financiera", particularmente para obtener el dinero suficiente para iniciar la empresa.

- Falta de habilidad de "mercadeo", o fracaso al entender el mercado adecuadamente.

- Falta de sistemas de apoyo, mentores, o ejemplos a seguir

Mientras desarrollamos el cuerpo y el interior del plan de negocios, es muy importante recordar que el plan de negocios debe ser apropiado para el propósito a alcanzar. En la mayoría de los casos, un plan de 10 páginas apropiadamente escrito es tan bueno o mejor que un libro. El contenido real es más importante que el orden, pero deberán fluir lógicamente. Cada sección se apoyará en la sección anterior para guiar al lector para una comprensión plena de su negocio.

Elementos de un Plan de Negocios

- Resumen ejecutivo (¡Es el gancho de atención! ¡Pero se *escribe al final!*)

- Una descripción breve, concisa del negocio, enfocándose en el producto o servicio.

- Una descripción de la industria, tendencias y la probable competencia.

- El mercado en general, el mercado objetivo y cómo convencerá a sus clientes que compren su producto o servicio.

- Su plan financiero, incluyendo proyecciones y flujo de efectivo.

- Su plan de producción: Cómo piensa producir su producto o servicio.

- Su plan para organizar la empresa, las fuerzas y debilidades de toda la gente en su "equipo".

- Su plan de operación y el plan de contingencia.

The executive summary is a short summary of the most important information in your business plan. This is the key to how your business plan will be received by others. Imagine using a key in the ignition of your automobile? What happens if there is no "spark?" You turn the key, and the motor grinds but does not start. A well-written summary captures the attention of the reader just like a hot spark and makes the person want to continue reading; it gets the reader excited about your business idea.

We've already worked on the brief description of your business idea. We began by using your words and later asked you to re-write it using your customer's language. Here, we want to polish it. This is like putting a wax polish on your automobile. Make it shine! What is your business idea and what makes it exceptional? Remember the 3-E factors; they are the reasons that you will be able to make your business succeed. While you do not have to include all of the information (only the most important), there are questions you might consider, to make certain that you haven't forgotten something that might be important.

Describing your Business

1. What is your objective in the business; why are you starting it, and why will you succeed?

2. What have you already done to build your business?

3. What are your product(s) and/or service(s)? How is it (are they) exceptional? What are your 3-E factors?

4. Where will your business be located? Why locate it there? Do you own/rent the building? Do you have to remodel the building?

5. What equipment, machinery, and technology will you be using?

6. Do you have other people? Is this a team? Or are you doing this entirely on your own?

7. What experience, knowledge, skills, and ability do you have to be able to make this plan work?

El resumen ejecutivo es un breve sumario de la información más importante de su plan de negocios. Esta es la clave de cómo su plan de negocios va a ser recibido por otros. ¿Imagínese usando la llave de encendido de su automóvil? ¿Qué pasa si no hay "ignición"? Gira la llave, y el motor se mueve pero no enciende. Un resumen bien escrito capta la atención del lector como si fuera un chispazo y hace que la persona desee continuar leyendo; emociona al lector con su idea de negocios.

Ya trabajamos en una breve descripción de su idea de negocios. Comenzamos por utilizar sus palabras y posteriormente le pedimos que lo re-escribiera utilizando el lenguaje de sus clientes. Aquí deseamos pulirlo. Esto es igual que encerar y pulir su automóvil. ¡Hágalo brillar! ¿Cuál es su idea de negocios y que la hace excepcional? Recuerde los factores 3-E; estas son las razones que permitirán que su negocio tenga éxito. Aunque no tiene que incluir toda la información (únicamente lo más importante), hay preguntas que pudiere considerar para asegurarse de que no ha olvidado algo que pueda ser crítico.

La Descripción de su Empresa

1. ¿Cuál es el objetivo de la empresa? ¿Por qué la está iniciando y por qué tendrá éxito?

2. ¿Qué ha hecho hasta ahora para construir su empresa?

3. ¿Cuáles son sus productos y/o servicios? ¿En qué son excepcionales? ¿Cuáles son sus 3 factores E?

4. ¿Dónde se ubicará su empresa? ¿Por qué ahí? ¿Renta o es el dueño del inmueble? ¿Tendría que remodelar el inmueble?

5. ¿Qué tipo de equipo, maquinaria, tecnología va utilizar?

6. ¿Tiene otras personas? ¿Es un equipo? ¿O lo hará usted solo?

7. ¿Qué experiencia, conocimientos, habilidades y destrezas necesita para hacer que funcione este plan?

You must be honest with yourself with this last question. Remember, we began by asking you to come up with 5 ideas for your business? That was the easy part! You may think that having the inspiration or coming up with the idea for your business is difficult; I assure you that it is the easy part. The real challenge is in making the idea work. Translating an idea into a profitable business requires knowledge, skill, ability, and a lot of determination and persistence. We explore the nature of these requirements by developing a business plan. The rest of the business plan requires more work than we have performed so far. We will explore each section and the information that it should contain.

Section 6a: The Industry, and the "environmental" analysis.

Your business will not be alone. It is important to show that you understand how your business fits in. All "vehicles" provide some form of transportation, but an airplane is different than an automobile. Identifying the industry that you will be operating in provides a context. It is important to understand the industry's past as well as its future trends. Any forecasts from either the industry association or the government should be included. Your offering has 3 exceptional factors, but what about your competitors? What are the emerging trends? What new products are appearing in the marketplace? Who will be your competitors? Each major competitor should be identified, including direct competitors (offering the same product or service), or indirect competitors (offering another choice for the customer's money). The competition's strengths and weaknesses, as well as their probable reaction to your business, should be understood. As we said earlier, positioning your business in an industry that is growing is favorable. Some critical questions to be answered in the industry analysis include:

Usted debe ser honesto consigo mismo con la última pregunta. ¿Recuerda usted que iniciamos solicitándole que se le ocurrieran 5 ideas para su negocio? ¡Esa fue la parte sencilla! Usted puede pensar que tener la inspiración o que se le ocurrieran ideas para su negocio era difícil; le aseguro que esa es la parte fácil. El verdadero reto es hacer que la idea funcione. Convertitr una idea en un negocio rentable requiere de conocimientos, experiencia, habilidad, mucha determinación y perseverancia. Exploramos la naturaleza de estos requerimientos desarrollando un plan de negocio. El resto del plan de negocios requiere más trabajo del que hemos realizado hasta ahora. Exploraremos cada sección y la información que deberá contener.

Sección 6a: La Industria y el análisis "ambiental"

Su negocio no estará solo. Es importante demostrar que entiende como su empresa se adapta al entorno. Todos los "vehículos" proporcionan una medio de transporte, pero un avión es diferente que un automóvil. Identificar la industria que estará operando proporciona un contexto. Es importante entender el pasado de la industria, así como las tendencias futuras. Cualquier pronóstico ya sea de la asociación industrial o del gobierno deberá incluirse. Su propuesta tiene 3 factores excepcionales, pero ¿qué pasa con sus competidores? ¿Cuáles son las tendencias emergentes? ¿Cuáles son los nuevos productos que están apareciendo en el mercado? ¿Quiénes serán sus competidores? Cada uno de los principales competidores deberá ser identificado, incluyendo los directos (que ofrecen el mismo producto o servicio), o los indirectos (ofrecen otra opción por el mismo dinero de los clientes). Deberá entender las fortalezas y debilidades de sus competidores, así como la probable reacción a su negocio. Como ya comentamos anteriormente, posicionar su negocio en una industria en crecimiento es favorable. Algunas preguntas críticas a responder en el análisis de la industria incluyen:

Issues in the Industry / Environment Analysis
(adapted from Hisrich & Peters, "Entrepreneurship" 2002, Prentice Hall)

1. Which industry are you part of?

2. What have been the sales for each of the past five years? Which direction are they moving?

3. What are the major economic, technological, legal, and political trends in a regional, national, and international level?

4. How many new businesses have entered this industry in the past three to five years?

5. What new products or enhancements have been introduced?

6. Who will be your major competitors?

7. Are your competitors' sales increasing? Decreasing? Staying the same?

8. What major changes have your competitors made in the past two years?

9. What are your competitors good at? What are they weak at doing? (Strengths, weaknesses)

10. How will your business be better, different, and more suitable than theirs?

11. What characterizes your market, what are the trends in the marketplace?

12. What is your target market? How is your target market different than the competition?

Temas de la Industria / Análisis Ambiental

(adaptado de Hisrich & Peters; "Entrepreneurship"; 2002; Prentice Hall)

1. ¿En qué rama industrial estará participando?

2. ¿Cuánto han sido las ventas de cada uno de los últimos cinco años? ¿En qué dirección se están moviendo?

3. ¿Cuáles son las principales tendencias económicas, tecnológicas, legales y políticas, a nivel regional, nacional e internacional?

4. ¿Cuántas empresas nuevas han entrado a la rama industrial en los últimos tres a cinco años?

5. ¿Qué productos nuevos o mejoras se han lanzado?

6. ¿Quiénes serán sus principales competidores?

7. ¿Las ventas de sus competidores aumentan, disminuyen o permanecen igual?

8. ¿Qué cambios significativos han hecho sus competidores en los últimos dos años?

9. ¿En qué son buenos sus competidores? ¿En que son débiles? (Fortalezas y debilidades)

10. ¿En qué será su empresa mejor, diferente, más adaptable que las de ellos?

11. ¿Qué caracteriza a su mercado? ¿Cuáles son las tendencias?

12. ¿Cuál es su mercado objetivo? ¿En qué es diferente su mercado objetivo al de la competencia?

Section 6b: The Marketing Plan – Why will the customer buy from you?

In Section 5 we focused on the customer. The customer is the most important consideration in your business. The marketing plan details how your product or service will be presented to your customer and why they will purchase from you. You show your understanding of the customer by being able to describe the market and customer in their own language, and by using data to support your views. This section naturally flows from the industry analysis, since you will be using forecasts and trends to describe the current and future market conditions. The marketing section outlines your strategy for distributing, pricing, and promoting your product. Marketing professionals call the "4-P's" – Product, Placement (how you deliver the product to the customer), Pricing, and Promotion (how you convince the customer to purchase from you). Remem-ber that the principle reason for having a business plan is to give you and your business direction and to allow you to measure your results, to assess your progress. The marketing plan is one of the things that you will have to look at regularly (weekly or monthly) and revise at least once a year. Your marketing plan should be as comprehensive as possible. Your business is the vehicle; the marketing plan is the road map. You must be able to identify new roads, closed roads and roads under construction. The purpose of your marketing plan is to define your strategy and the specific actions you will take to attract customers to your product, to convince customers to purchase your product, and to satisfy their continuing desire for, or need for your product. One of the most critical aspects is this last point – creating a relationship with your customers. You must understand your customers' wants and needs, and by meeting them, give your customers a reason to be loyal to you and to continue buying from you. The critical questions to address in your marketing plan are identified below.

Sección 6b: El Plan de Mercado: ¿Por qué le comprará el cliente a usted?

En la Sección 5 nos enfocamos en el cliente. El cliente es la consideración más importante en su negocio. El plan de mercadotecnia detalla como su producto o servicio será presentado a sus clientes y por qué le comprarán a usted. Usted muestra su comprensión del cliente con la capacidad de describir al mercado y al consumidor en su propio lenguaje, y utilizando datos que apoya sus puntos de vista. Esta sección fluye naturalmente del análisis de la industria, ya que estará utilizando los pronósticos y tendencias para describir las condiciones actuales y futuras del mercado. La sección de mercadotecnia esboza sus estrategias para la distribución, precios, y promoción de su producto. Los profesionales de la mercadotecnia lo llaman las **"4-P's"**: Producto, Plaza (cómo entregará el producto al cliente), Precios y Promoción (como convencerá al cliente de que le compre a usted). Recuerde que la razón principal de tener un plan de negocios es darle a usted y a su negocio dirección y a su vez, le permitirá medir los resultados, para evaluar sus progresos. El plan de mercado es una de las cosas que tendrá que mirar regularmente (semanal o mensualmente) y revisarlo al menos una vez al año. Su plan de mercado deberá ser lo más completo posible. Su negocio es el vehículo; el plan de mercadotecia es el mapa del camino. Deberá ser capaz de identificar nuevos caminos, rutas cerradas y vías en construcción. El propósito de su plan de mercado es el definir su estrategia y las acciones específicas que tomará para atraer a los clientes hacia su producto, para convencer a los clientes de comprarlo, y de satisfacer su deseo continuo por, o la necesidad de, su producto. Uno de los aspectos más críticos en este último punto: Crear una relación con sus clientes. Deberá entender sus deseos y necesidades, y a través de reunirse con ellos, darles una razón para que sean leales y que le sigan comprando. Las preguntas críticas a tener en cuenta en su plan de mercadotecnia son las cuales siguientes:

Issues in the Marketing Plan

1. Who, What, Where, When, Why and How? (from Section 5)

2. How much and from whom do they purchase? How often? (How effective is your competition?)

3. What are the opportunities in the marketplace? What needs are not being met?

4. What are the threats in the marketplace? What are the trends and tendencies?

5. How have marketing, advertising and promotions been conducted by others? Were they effective?

6. What form of marketing has been most effective? Least effective? (What works, what doesn't?)

7. What are the current pricing patterns? Have they been rising? Declining? Staying the same?

8. Does a distribution system exist? Is it effective? Can you use it?

9. How will you get your product/service to the market-place? (Control the distribution!)

10. How will you price your product/service? Above the market? At the market? Below the market? Why?

11. How will you adapt to changes in the market? Can you meet increasing demand? Can you survive decreasing demand?

Conceptos del Plan de Mercadotecnia

1. ¿Quién, Qué, Dónde, Cuándo, Por qué y Cómo? (De la Sección 5)

2. ¿Cuánto y a quién le compran? ¿Con qué frecuencia? (¿Qué tan efectiva es su competencia?)

3. ¿Cuáles son las oportunidades en el mercado? ¿Qué necesidades no están satisfechas?

4. ¿Cuáles son las amenazas en el mercado? ¿Cuáles son las modas y tendencias?

5. ¿Cómo han conducido los demás sus campañas de mercadeo, publicidad y promoción? ¿Fueron efectivas?

6. ¿Qué forma de mercadotecnia ha sido la más efectiva? ¿La menos efectiva? (¿Qué funciona, que no?)

7. ¿Cuáles son los actuales patrones de precios? ¿Han aumentado, disminuído o permanecido igual?

8. ¿Existe un sistema de distribución? ¿Es efectivo? ¿Lo puede usted utilizar?

9. ¿Cómo hará llegar su producto / servicio al mercado? (¡Controle la distribución!)

10. ¿Cómo determinará el precio de su producto / servicio? ¿Por arriba del mercado, debajo o nivel de mercado? ¿Por qué?

11. ¿Cómo se adaptará usted a los cambios del mercado? ¿Podría satisfacer una demanda creciente? ¿Podría sobrevivir una demanda decreciente?

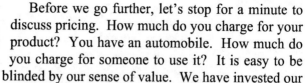 Before we go further, let's stop for a minute to discuss pricing. How much do you charge for your product? You have an automobile. How much do you charge for someone to use it? It is easy to be blinded by our sense of value. We have invested our time, our talent, our energy, our sweat and our tears into making this product. It is our "baby." It is very valuable … to us! But how much will a customer pay? We price our product because we understand our customer, the market, and the competition. There is an adage that the definition of a "fair" price is the price agreed to between a willing buyer and a willing seller. This relies on the reality of pricing; it doesn't matter what it costs you to make the product. It doesn't matter what your value is, or how valuable you think it is. The only two things that matter are 1) How much the customer wants our product (the demand), and 2) How many alternatives the customer has to satisfy his wants and needs (supply and competition). If your product is wanted by the customer and

> **Demand:** The willingness and ability of the people within a market area to purchase particular amounts of goods or services at different prices during a specified time period

there is no other business that sells it, your price will be high. If the customer really doesn't need or want your product and there are many other similar products, you may not be able to sell your product at any price. There are two economic "laws" that must be considered in your pricing decision.

Antes de ir más adelante, detengámonos por un minuto para discutir precios. ¿Cuánto cobrará por su producto? Usted tiene un automóvil ¿Cuánto le cobra a alguien por utilizarlo? Es muy fácil cegarse por nuestro sentido del valor. Hemos invertido nuestro tiempo, nuestro talento, nuestra energía, nuestro sudor y lágrimas para crear este producto. Es nuestro "bebé". ¡Es muy valioso… para nosotros! Pero, ¿cuánto pagaría un cliente? Le damos un precio al producto porque entendemos a nuestro cliente, al mercado, y a la competencia. Existe un adagio que dice que la definición de un precio "justo" es el precio acordado entre un comprador dispuesto y un vendedor dispuesto. Esto se basa en la realidad de la determinación del precio; no importa cuánto haya costado elaborarlo. No importa cual es su valor, o qué tan valioso usted piensa que es. Las dos únicas cosas que importan son 1) Cuanto desea nuestro cliente el producto (la demanda), y 2) Cuantas alternativas tiene el cliente para satisfacer sus deseos y necesidades (oferta y competencia). Si el producto es deseado por su cliente y no hay otro negocio que lo venda, su precio será

> **Demanda:** La disposición y habilidad de la gente en un mercado determinado a adquirir cantidades particulares de bienes o servicios a diferentes precios durante un período de tiempo específico.

alto. Si el cliente realmente no lo necesita o desea su producto y hay muchos otros similares, no podrá vender su producto a ningún precio. Hay dos "leyes" económicas que deberán ser consideradas en su decisión de establecimiento del precio.

Think of yourself as a customer. You want to purchase petrol – gasoline for your vehicle. What quantity of petrol will you purchase? Your quick answer might be however much you need, but we need to think this out a little more thoroughly. To really answer this question, we must assume that you (the customer) buy/demand petrol, and that there are businesses (sellers) that offer petrol for sale within this market

We will begin with certain specific assumptions:

1. You have a given amount of money (say $10)

2. The prices of substitutes (petrol-subs) are held fixed at $5 per piece

3. Price of a toll charge for the highway is held fixed at $1 per trip

4. Petrol can be bought in full measure or fractions of a litre (quantities.)

5. You have a small tank; nothing can be stored for tomorrow.

6. Your need for petrol is high, constant/given.

7. Your expectations about future price(s) are also constant/given.

With these assumptions, the demand curve represents a plan for how much petrol you might purchase.

Your plan: If the price of petrol exceeds $10, I am not going to buy any of it. If the price of petrol is $9, I am going to buy 1 unit of it. If the price of petrol is $4, then I am going to buy 2 units of it..........if the price of the petrol is 1, I am going to buy 9 units of petrol. The plan (or the demand curve) specifies the relationship between price of petrol and quantity of petrol demanded, given this data (the planned assumptions).

Lección Básica de Economía para Determinación de Precios
(Adaptada de Subhra Saha; Ohio State University; Conferencias sobre principios de Micro-Economic; 2003)

Imagínese usted mismo como cliente. Usted quiere comprar gasolina para su vehículo. ¿Qué cantidad de gasolina va usted a comprar? Su respuesta inmediata podría ser: Tanto como necesite, pero necesitamos pensar esto un poco más cuidadosamente. Para verdaderamente responder esta pregunta debemos suponer que usted (el cliente) compra / demanda gasolina. Y que hay empresas (vendedoras) que la tienen en venta en este mercado.

Empezaremos con ciertos supuestos especificos:

1. Usted tiene una cantidad determinada de dinero (Digamos $10)

2. Los precios de los substitutos (gaso-subs) se mantienen fijos a $5 por unidad.

3. El precio de un peaje en una carretera se mantiene fijo a $1 por viaje.

4. La gasolina se puede comprar por enteros o por fracciones de un litro (cantidades)

5. Usted tiene un tanque pequeño; no puede almacenar nada para mañana.

6. Su necesidad de gasolina es alta y constante / se da por hecho.

7. Su expectativa del precio futuro de la gasolina también es constante / se da por hecho.

Con estos supuestos, la curva de la demanda representa un plan de cuánta gasolina usted podría comprar.

Su plan: Si el precio de la gasolina excede $10, no compraré. Si el precio de la gasolina es $9, voy a comprar 1 unidad. Si el precio de la gasolina es $4, entonces compraré 2 unidades... si el precio de la gasolina es $1, compraré 9 unidades. El plan (o la curva de la demanda) especifica la relación entre el precio de la gasolina y la cantidad demandada. Considerando estos datos (los supuestos planeados).

Now this relationship need not be negative always, or be represented by this straight line. But for now, we are going to maintain these assumptions always. A negatively sloping demand line shows that we want to buy less as price increases and a straight demand line means that if price changes by one unit, then quantity demanded will change by the same unit for all prices and quantities (the slope of demand curve remains same for all price and quantities, since it is a straight line).

petrol Qty *Demand*	*Price* of petrol
0	>$10.00
1	$9.00
2	$5.00
3	$3.00

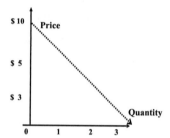

If the price of the petrol drops from $5 to $3, do you have to make a new plan? No! That is because, in the consumption plan, you already have anticipated how much to demand when the price of petrol is $3. Your consumption plan does not change, and the demand line (curve) doesn't shift. A change in the price of petrol causes movement along the demand curve. It shows the corresponding change in quantity of petrol demanded because of change in petrol prices.

Now think of an increase (decrease) in the prices of the toll you must pay to use a road. Are you going to stay with your original plan? No!!! Because something has changed that was not accounted for in the original plan. Now, for any price of petrol, you will be buying less (more) of petrol, since you must pay the toll whenever you use your vehicle, which is when you use petrol. If the toll prices have increased (decreased), you cannot (can) afford to have as much petrol now. Any change that leads to an altering in the consumption plan leads of a shift to the demand curve inward or leftward (outward or rightward).

Ahora, esta relación no tiene que ser negativa siempre, o estar representada por esta línea recta. Pero por ahora, mantengamos estos supuestos constantes. Una línea de demanda con pendiente negativa muestra que queremos comprar menos conforme el precio se incrementa y una demanda en línea recta significa que si el precio cambia por una unidad, entonces la cantidad demandada cambiará por la misma unidad para todos los precios y cantidades (la pendiente de la curva de la demanda se mantiene igual para todos los precios y cantidades, ya que es una línea recta)

Cantidad de Gasolina Demanda	Precio De la Gasolina.
0	>$10.00
1	$9.00
2	$5.00
3	$3.00

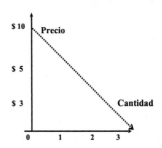

Si el precio de la gasolina cae de $5 a $3, ¿Tendría que hacer un plan nuevo? ¡No! Porque, en el plan de consumo, usted ya ha anticipado cuánto demandar cuando el precio de la gasolina es $3. Su plan de consumo no cambia, y la línea de la demanda (curva) no se desplaza. Un cambio en el precio de la gasolina causa un movimiento a lo largo de la curva de demanda. Esto muestra el cambio correspondiente en cantidad de gasolina demandada debido a un cambio en los precios de la gasolina.

Ahora piense en un incremento (disminución) en los precios del peaje que usted debe pagar por usar una carretera. ¿Se quedaría usted con su plan original? ¡¡¡No!!! Porque algo ha cambiado, que no estaba considerado en el plan original. Ahora, para cualquier precio de la gasolina, usted comprará menos (o más) gasolina, ya que usted debe pagar el peaje cada vez que use su vehículo, que es cuando utiliza gasolina. Si los precios del peaje se han incrementado (disminuido), usted no (si) puede comprar tanta gasolina ahora. Cualquier cambio que lleve a una alteración en el plan de consumo, provoca un desplazamiento en la curva de demanda: hacia dentro o hacia la izquierda (hacia afuera o hacia la derecha).

What are some of the other ways that the demand curve may shift?

- If price of substitutes (think of taxi fares) increase (decrease), the demand curve for petrol is going to shift. If taxis become less expensive, we shift left, demanding less petrol. If taxis become more expensive, we shift right, demanding more petrol.

- If price of complements (toll) increase (decrease), the demand curve for petrol is going to shift. We have a leftward (rightward) shift of the demand curve for petrol

- If our need, taste for, or want of petrol increases (decreases), we will have a rightward (leftward) shift in the demand curve for petrol.

- If our income increases (decreases), we will have a rightward (leftward) shift in the demand curve for Petrol.

Elasticity is a measure of sensitivity. *If price changes by one percent, how much will demand for that product change?* This is the question answered by elasticity measures. There are several factors which affect the price elasticity of demand which must be considered in any pricing decision:

1. Availability of substitutes: the more possible substitutes, the greater the elasticity. Note that the number of substitutes depends on how broadly one defines the product.

2. The degree of necessity or luxury: luxury products tend to have greater elasticity – the demand will be more sensitive to price and other influences. Some products that initially have a low degree of necessity are habit forming and can become "necessities" to some consumers.

3. The proportion of the purchaser's budget consumed by the item: products that use a large portion of the purchaser's budget tend to have more sensitivity - greater elasticity.

4. The time period: elasticity tends to be more pronounced over the long run because customers have more time to adjust their behavior.

¿Cuáles son algunas otras maneras en que la curva de la demanda pueda desplazarse?

- Si el precio de los substitutos (piense en el costo de un taxi) se incrementaran (disminuyeran), la curva de la demanda por gasolina se va a desplazar. Si los taxis se abaratan, la curva se mueve a la a izquierda, demandando menos gasolina.

- Si el precio de los complementos (peajes) se incrementan (disminuyen), la curva de la demanda se va a desplazar. La curva de la demanda se moverá a la izquierda (derecha)

- Si nuestra necesidad, gusto o deseo por gasolina se incrementa (disminuye), tendremos un desplazamiento a la derecha (izquierda) en la curva de la demanda.

- Si nuestro ingreso se incrementa (disminuye), tendremos un desplazamiento a la derecha (izquierda) en la curva de la demanda.

La elasticidad es una medida de sensibilidad. *"Si el precio cambia en uno por ciento ¿Cuánto cambiará la demanda de ese producto?"* Esta es una pregunta que tiene que ser respondida a través de medidas de elasticidad. Hay varios factores que afectan la elasticidad de precios de la demanda, los cuales deben ser considerados en cualquier decisión de determinación de precios:

1. Disponibilidad de substitutos: A mayor cantidad de substitutos posibles, mayor elasticidad. Observe que el número de substitutos depende de qué tan ampliamente se define el producto.

2. El grado de necesidad o lujo: Los productos de lujo tienden a tener mayor elasticidad, la demanda será más sensible al precio y a otras influencias. Algunos productos que inicialmente tienen un grado bajo de necesidad pueden formar hábitos y convertirse en "necesidades" para algunos consumidores.

3. La proporción del presupuesto del comprador, que el artículo consume: Los productos que requieren una porción grande del presupuesto del comprador tienen mayor sensibilidad, mayor elasticidad.

4. El período de tiempo: La elasticidad tiende a ser más pronunciada en el largo plazo por que los consumidores tienen más tiempo para ajustar su conducta.

5. The timing or a price change, whether it is permanent or temporary: a one-day price reduction will cause different responses than a permanent price decrease.

6. Price points: decreasing the price from $2.00 to $1.99 may elicit a greater response than decreasing it from $1.99 to $1.98

Section 6c: The Finance Plan – Where is the money coming from? Where is it going?

The Financial plan is used to test and prove that the business is economically feasible. At the very beginning, I promised to try to keep this simple. I remember that promise. The financial section, the financial issues of a new business, causes more problems for new businesspeople than any other area in the business plan. Many people are uncomfortable working with numbers. Let's begin by discussing a basic financial framework, providing basic definitions, and proceeding from there.

Your ability to establish a successful business is directly affected by your business strategies, your financial strategies and by how you match your financial needs with a financial strategy.

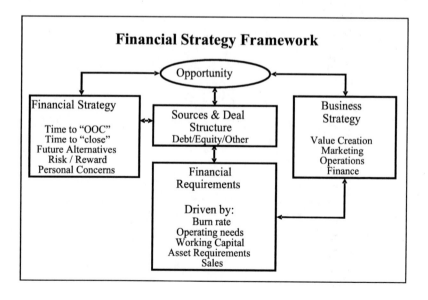

5. El factor tiempo o un cambio de precio, ya sea permanente o temporal: Una reducción de precio de un día causará diferentes respuestas que una reducción de precio permanente.

6. Puntos del precio: Reducir un precio de $2.00 a $1.99 puede generar una respuesta mayor que reducirlo de $1.99 a $1.98

Sección No. 6c: El Plan Financiero: ¿De dónde proviene el dinero? ¿A dónde va?

El plan Financiero se utiliza para verificar que el negocio es económicamente factible. Al inicio prometí tratar de hacer esto fácil. Recuerdo esa promesa. La sección financiera, los aspectos financieros de un nuevo negocio, causan más problemas para los empresarios nuevos que cualquier otra área del plan de negocios. A mucha gente le incomoda trabajar con números. Comencemos comentando un marco financiero básico, proporcionando definiciones elementales, y continuemos a partir de ahí.

Su habilidad para establecer una empresa exitosa está afectada directamente por sus estrategias de negocios, sus estrategias financieras y qué tanto empatan sus necesidades financieras con la estrategia financiera.

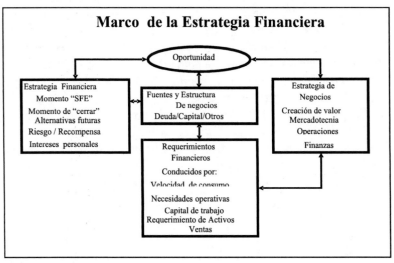

Marco de la Estrategia Financiera

Your need must be based on your plan, and your plan must be based on your need. Your financial strategy is shaped by how soon you will be "out of cash" (OOC), how long it will take to actually get more money (to close), whether you have financial alternatives, how well you can tolerate risk, and any other personal concerns. Your financial strategy is also affected by how you structure your ability to get money (which is also driven by your financial needs), and it focuses on what you will give in return to someone providing you with money. You may agree to a loan or accept debt. You may also surrender part ownership of the business (called equity). There are other alternatives, but we won't address them at this point.

Your Business Strategy is affected by how you intend on building the business – your marketing, operations and production plans, which are influenced by your financial needs to meet those plans. You cannot produce, market, or sell without money. How fast you use money is called the "burn rate." Working capital is the amount of money you have available. Asset requirements are any non-monetary items (such as equipment) that you must have which cost money. Your financial requirements are always related to your level of sales. Together, all these issues influence how you will be able to develop your business opportunity and idea.

Before we jump into financial planning, let's talk about "Profit." I want you to think about a very important Emeric-ian principle: **Profit is a good thing**! There is nothing evil about profit. The basic definition of profit is the difference between the costs of producing your product and your income from the product. When you start your business, you have some money. You use that money to produce a product to sell to others. If, you have been selling your product for a period of time, and you have more money than you started with, you have earned a profit. If you have less, you have lost money. The idea of profit is to make money from your knowledge, skills, ability, and effort. The opposite of profit is loss. If you don't seek to make money, you are seeking to lose money.

Sus necesidades deben basarse en su plan, y su plan debe basarse en sus necesidades. Su estrategia financiera esta determinada por qué tan pronto "se quedará sin flujo de efectivo" (SFE), cuanto tiempo le tomará obtener más dinero (antes de cerrar), si tiene alternativas financieras, qué tan bien tolera el riesgo, y cualquier otra preocupación personal. Su estrategia financiera también está afectada por cómo estructura su habilidad para obtener dinero (que también está impulsada por sus necesidades financieras), y se enfoca en qué dará a cambio a quién le proporcione el dinero. Puede acordar un préstamo o aceptar deuda. También puede entregar parte de su propiedad del negocio (llamado capital). Hay otras alternativas, pero no las trataremos en este punto.

Su Estrategia de Negocios se afecta por como trata de construir el negocio: sus planes de mercadotecnia, operaciones y producción, estarán influídos por sus necesidades financieras para satisfacer esos planes. No se puede producir, comercializar o vender sin dinero. Que tan rápido usted utiliza el dinero lo llamaremos "Velocidad de Consumo". El capital de trabajo es la cantidad de dinero que tiene disponible. Los requerimientos de activos son cualquier partida no monetarios (tal como equipo) que usted necesita y que cuesta dinero. Sus requerimientos financieros están siempre relacionados con su nivel de ventas. Juntos todos estos aspectos influyen en como podrá desarrollar su oportunidad de negocios y su idea.

Antes de que pasemos a la planeación financiera, hablaremos de la "Utilidad". Quiero que piense en un importante principio Emérico: *¡La Utilidad es buena!* No hay nada perverso con hacer utilidades. La definición básica de utilidad es la diferencia entre el costo de producción de su producto y el ingreso que obtiene por el mismo. Cuando inicia su empresa, usted tiene algo de dinero. Usted utiliza ese dinero para elaborar un producto y vendérselo a otros. Si vendiendo su producto por un cierto lapso tiene más dinero que cuando comenzó, ha ganado utilidades. Si tiene menos, habrá perdido. La idea de la utilidad es generar dinero de su conocimiento, destreza, habilidad y esfuerzo. Lo opuesto de utilidad es pérdida. Si no busca hacer dinero, está buscando perderlo.

Profit is not made by deceiving others, but by doing something different, by creating something of value to others (the customer) that did not exist before. The customer pays money. Money is required to support your life. Money results in increasing wealth. The increase in wealth through entrepreneurial businesses, production, and trade adds to the quality of life.

Primer on Profit

(Adopted from http://www.teachnet-lab.org/london/dsalbstein/profit/profit.htm)

What is profit?

- Profit is basically defined as revenue minus costs. It is the difference between bow much the business gets from selling its product and the amount it spent. This is measured over a period of time, usually a year.

Revenue

- Revenue is the income of the business, usually resulting from sales. When we look at the profit and loss account, we usually call it sales for turnover. A simple definition of revenue:

$$Revenue = Price \ x \ Quantity$$

In other words, the value of the sales made by a business is equal to the price of its product multiplied by the quantity sold. If a hairdresser charged $11.00 for a haircut and sold 7 haircuts, her revenue would be $77.00.

Costs

- Also known as **expenses**, this is the money the business spends on a variety of things. We focus on two types of costs – cost of sales and overhead costs.

  $ Cost of sales refers to how much was spent actually making the product and focuses on the direct physical inputs (e.g., the bricks and cement needed to build a house). These can be thought of as direct or variable costs – as the business produces more, it will have to raise its spending in these areas. Revenue minus cost of sales is known as gross profit.

La utilidad no se hace engañando a otros, sino haciendo algo creando creando algo de valor para otros (el cliente) que no existía antes. Los clientes pagan dinero. El dinero se requiere para mantener su vida. El dinero resulta en incremento de la riqueza. El incremento de la riqueza a través de los empresas, producción y comercio, aumenta la calidad de vida.

El Manual de las utilidades
(Adaptado de http://www.teachnet-lab.org/london/dsalbstein/profit/profit.htm)

¿Qué son las utilidades?

- Las utilidades son básicamente definidas como ingresos menos costos. Es la diferencia entre cuanto obtiene el negocio de la venta del producto y la cantidad que gastó. Se mide a través del tiempo, generalmente en un año.

Ingresos

- Los Ingresos son el dinero recibido por el negocio. Normalmente resultante de las ventas. Cuando vemos un Estado de Resultados, aparece normalmente como ventas netas. Una definición simple de Ingreso es:

$$Ingreso = Precio \; x \; Cantidad$$

En otras palabras, el valor de las ventas efectuadas por un negocio es igual al precio de su producto multiplicado por la cantidad vendida. Si un estilista cobra $11.00 por un corte y vende 7 cortes, su ingreso sería $77.00.

Costos

- También conocidos como gastos, esto es el dinero que el negocio utiliza en una variedad de aspectos. Nos enfocamos en dos tipos de costos: costo de venta y gastos operativos.

$ Los costos de venta se refieren a cuánto se requirió para hacer el producto y se enfoca en los insumos físicos directos (por ejemplo: Los ladrillos y cemento necesarios para construir una casa). Se puede pensar en estos como costos directos o variables, a medida que el negocio produzca más, tendrá que incrementar su gasto en estas áreas. El Ingreso menos el costo de ventas son conocidos como utilidad bruta.

$ Overhead costs refer to other costs associated with business activity such as wages paid to workers, electric and telephone bills, etc. They are all important items that are needed if production is to take place but they are not actual raw materials or inputs. These are often referred to as indirect or fixed costs - if production increases, these costs may remain unchanged or increase slightly (depending upon the extent of the increase in production). ***Revenue minus cost of sales and overhead costs is net profit.***

If revenue is greater than costs, the business is making a profit. If, however, costs are greater than revenue, you (the business) are making a loss. You want more profit as it can be used to expand the business, or to increase income as well as the income of your other investor's. There are two ways of increasing profit:

Increase revenue   Decrease costs

Both are perhaps more easily said than done and managers face tough decisions if they are to achieve either of these effectively.

Raising Revenue

- How will the quantity of products you sell change if you cut your price? Will consumers rush to buy more as you are cheaper than your competitors? Will they carry on buying the same quantity? Will they see your product as cheap and inferior and buy less?

  $ Will an advertising campaign targeted at a particular market segment boost sales? What will be the effect on overheads?

Cutting Costs

- What might happen if you reduce the pay to your employees? What would be the effect if you increased responsibilities? What if you duplicated efforts? Would efficiency change if you stopped improving the technology you use? How might your customers react if you bought cheaper raw materials? Can your business afford not to run a website?

$ Los gastos operativos se refieren a otros gastos asociados con las actividades del negocio tales como salarios a los trabajadores, recibos de teléfono y luz, etc. Todos son artículos importantes que son necesarios si se va producir, pero estos no son materias primas o insumos. Con frecuencia se refiere a ellos como costos indirectos o fijos: si la producción incrementa, estos costos pueden permanecer sin cambio o aumentar ligeramente (dependiendo del grado de incremento de la producción). *Los ingresos menos los costos de ventas y los gastos operativos es la utilidad neta.*

Si los ingresos son mayors que los costos, el negocio esta generando utilidades. Sin embargo, si los costos son mayores que la ingresos, usted (el negocio) están perdiendo. Usted quiere más utilidades que puedan ser utilizadas para expandir el negocio, o para incrementar su ingreso personal y el de de los demás inversionistas. Hay dos formas de incrementar la utilidad:

Incrementar los ingresos   Disminuir los costos

Quizás en ambos casos es más sencillo decirlo que hacerlo y los gerentes deben enfrentar decisiones dificiles si quieren lograr cualquiera de ambas efectivamente.

Aumentando ingresos

- ¿Cuánto cambiará la cantidad de productos que vende si redujera el precio? ¿Se apresurarían los consumidores para comprar más, ya que están más baratos que los de la competencia? ¿Seguirán comprando la misma cantidad? ¿Verán su producto como barato e inferior y comprarán menos?

$ ¿Una campaña de publicidad que enfocada a un segmento particular del mercado, incrementará las ventas? ¿Cuál será el efecto en los gastos operativos?

Recortando Costos

- ¿Qué sucedería si redujera el sueldo de sus empleados? ¿Cuál sería el efecto si aumentara sus responsabilidades? ¿Qué pasaría si duplicara los esfuerzos? ¿Cambiaría la eficiencia si dejara de mejorar la tecnología que utiliza? ¿Cómo reaccionarían sus clientes si comprara materia primas más baratas? ¿Se puede permitir su empresa no tener un sitio en la red?

- You can see that making decisions needed to boost profit can be difficult and each choice will present possible undesirable consequences. We can use the profit and loss account to focus on the activities of the business and consider what might be causing problems and what could be done to solve them.

Uses of Profit

- Once a business has made a profit, it can be used for three different purposes:

  $ Payment of taxation - a sole trader or partnership will pay income tax on net profit made. A limited company will pay corporation tax. This is, of course, a legal requirement.

  $ Payment of owners/shareholders - sole traders and partners can claim profit in the form of drawings. Shareholders can be paid a dividend

  $ Retained profit - the business can use the profit to finance future activities such as expansion, marketing, etc or it can save it as a reserve for a 'rainy day.'

Profit is not included in the amount of money which you pay yourself. Many new entrepreneurs forget to count the cost of their time, and do not take out a regular salary. When there is no money available, your own salary will probably not be paid.

- Usted puede observar que tomar las decisiones necesarias para incrementar la utilidad pueden ser difíciles y cada elección podría presentar consecuencias indeseables. Podemos usar el Estado de Resultados para enfocarnos en las actividades del negocio y considerar qué puede estar causando problemas y qué podría hacerse para solucionarlos.

Usos de las Utilidades

- Una vez que un negocio ha obtenido utilidades, se puede utilizar para tres propósitos diferentes:

$ Pago de impuestos: Un persona física con actividades empresariales pagará impuestos sobre las ganancias netas obtenidas. Una sociedad mercantil pagará impuesto sobre la renta a personas morales. Esto es, por supuesto, un requerimiento legal.

$ Pagos a propietarios / accionistas: La propietarios pueden disponer de sus utilidades en forma retiros. En el caso de los accionistas, éstos se llaman dividendos.

$ Utilidades retenidas: El negocio puede usar las utilidades para financiar actividades futuras, tales como la expansión, mercadotecnia, etc. O pueden guardarlas como reserva para "una época de vacas flacas."

En las utilidades no está incluida la cantidad de dinero que usted se paga a sí mismo. Muchos empresarios nuevos olvidan considerar el costo de su tiempo, y no reciben un salario regular. Cuando no hay dinero disponible, muy probablemente no se pagará su propio salario.

Now that we understand what profit is and, hopefully, agree that the purpose of business is to generate a profit, we will proceed with the issues of financial planning. There are basic tools for determining your financial requirements. These tools include budgets, break even calculations, and projected financial statements. The budget is a detailed summary of expenses and income for a specific period of time, and implies that you have a specific plan for meeting your expenses. The ability to make an accurate budget is related to your experience and knowledge. If you have experience in the industry and with the product, you will have historic data and a better understanding of what is required. Think in terms of what expenses you might expect the first year you have an automobile. List them.

$_____ $_____

$_____ $_____

$_____ $_____

$_____ $_____

$_____ $_____

$_____ $_____

$_____ $_____

$_____ $_____

How many items did you think of? Did you think of every possible item? Compare your answers to someone who's never owned an automobile. What are the differences in your lists? Now, put a cost next to each item. Again, how much of a difference does it make if you have not owned an automobile? Do you know how much insurance costs? Do you know how much to put aside for repairs? For maintenance? For taxes?

Ahora que entendemos que son las utilidades y, ojalá estemos de acuerdo que el propósito del negocio es generar utilidades, continuaremos con los aspectos de la planeación financiera. Existen herramientas básicas para determinar sus requerimientos financieros. Estas herramientas incluyen presupuestos, calculos del punto de equilibrio, y estados financieros proyectados (Nota del traductor 3). El presupuesto es un resumen detallado de los gastos e ingresos para un período de tiempo específico, e implica que tiene un plan específico para cubrir sus gastos. La habilidad para hacer un presupuesto exacto se relaciona con su experiencia y conocimiento. Si usted tiene experiencia en la industria y con el producto, tendrá información histórica y un entendimiento mejor de lo que se necesita. Piense en términos de qué gastos puede esperar el primer año que tenga un automóvil. Enlístelas.

$_____ $_____

$_____ $_____

$_____ $_____

$_____ $_____

$_____ $_____

$_____ $_____

$_____ $_____

$_____ $_____

¿En cuántas partidas pensó? ¿Pensó en todas las posibilidades? Compare sus respuestas con alguien que nunca haya tenido automóvil. ¿Cuáles son las diferencias en sus listas? Ahora, asigne un costo a cada partida. Una vez más, ¿Qué tanto diferencia hace si usted nunca ha tenido un automóvil? ¿Sabe cuánto cuestan los seguros? ¿Sabe cuánto guardar para reparaciones o mantenimiento? ¿Para impuestos?

This exercise gives you an idea of one side of the budget. The other side of the budget is your business income, the sales generated by your business. If you work for someone else, you are paid on a regular basis and probably can predict your income accurately. Can you accurately predict how many customers will purchase your product and how many of each they will purchase? This is the basis for predicting your sales.

The basic concept of a budget is the framework from which you will prepare your projected (called pro-forma) financial statements. All financial planning requires information. This information can be from your own experience, published data (industry averages), other experts, or lacking any substantial experience, your best estimate. Let's return to the image of our business as a vehicle - an automobile. Remember, at the beginning, we said that money was like the petrol that the automobile used to travel. Imagine trying to list each and every component in the automobile that affects how the petrol is used in the automobile? Tank and piping, correct, but don't forget the fill-spout, hoses, fuel pump, injectors, or the wiring to feed the electronics allowing it to work. In addition to thinking about all of the parts and pieces, you must keep in mind the context – your specific product, how you plan on producing it, and link this to the marketplace and viability.

Budgets are used for both planning and for managing your business. They should be prepared for everything you use in your business. They should be calculated annually, and reviewed monthly. This includes all of your resources: materials, labor, money (and the cost of getting more money), time, and the technology you are using. You must always focus on the most critical resource, the resource that helps maintain your 3-E factors. Usually, all budgeting is done "financially," since that is the only way of measuring all resources in the same method. Your focus should be on profitability and cash flow (we'll talk more about cash flow later). Your budgeting process should identify not only which items are most sensitive (where a slight change can have a major impact on your business), but also where you may have surplus, or slack resources that can be used elsewhere.

Este ejercicio le da una idea de una parte del presupuesto. La otra es el ingreso de su negocio, las ventas generadas por su empresa. Si usted trabaja para alguien más, se le paga regularmente y probablemente puede predecir su ingreso con precisión. ¿Puede con exactitud predecir cuantos clientes comprarán su producto y cuántas unidades comprarán cada uno? Esta es la base para predecir sus ventas.

El concepto básico de un presupuesto es el marco a partir del cual preparará sus estados financieros proyectados. Toda planeación financiera requiere de información. Esta información puede ser de su propia experiencia, de datos publicados (promedios de la industria), de otros expertos, o a falta de cualquier experiencia importante, su mejor estimado. Regresemos a la imagen de nuestro negocio como un vehículo: un automóvil. Recuerde, al principio dijimos que el dinero era como la gasolina que el automóvil necesita para viajar. ¿Trate de imaginar una lista de todos y cada uno de los componentes del automóvil que afectan como se utiliza la gasolina? Tanque y tubería es correcto, pero no olvide la toma, mangueras, bomba de combustible, inyectores, o el cableado para alimentar las partes electrónicas que le permiten funcionar. Además de pensar en todas las partes y piezas, debes tener en mente el contexto: su producto específico, cómo planea producirlo, y vincularlo al mercado y viabilidad.

Los presupuestos se utilizan para planear y administrar su negocio. Se deben preparar para todo lo que se utilice en su empresa. Se deben calcular anualmente, y revisarse mensualmente. Esto incluye todos sus recursos: materiales, mano de obra, dinero (y el costo de la obtención de más dinero), tiempo, y la tecnología que está utilizando. Debe enfocarse siempre en el recurso más crítico, el recurso que ayuda a mantener sus factores 3-E. Normalmente, todos los presupuestos se hacen "financieramente," ya que es la única manera de medir los recursos utilizando el mismo método. Su foco debe ser la rentabilidad y el flujo de efectivo (hablaremos del flujo de efectivo posteriormente). Su proceso de presupuesto debe identificar no solamente cuales partidas son las más sensibles (en donde un ligero cambio puede tener un gran impacto en su negocio), sino también donde pueda tener excedentes, o recursos holgados que pueden utilizarse en otro lado.

The budget process begins with identifying each activity that your product or service requires. What tasks must be performed? What materials are needed for each and every component? From this list you will prepare individual forecasts, and then integrate them into the overall budget. Budgets should be prepared with the most accurate information possible. When available, use "historic" information. When actual information is not available, use industry averages or average costs for similar items. If neither of these are available, you will have to use "expert opinion," which is the judgment of a person with a lot of knowledge in that specific area. Remember though, that it is still an opinion, not fact. Budgeting is more of an art than a science. It is relative – each item relates to everything else. For this reason, it is useful to identify the relationships by percentage. For instance, the material cost for a fuel system for our automobile, might look like this table. We can immediately recognize that the tank and the fuel pump are the major items. Any unexpected changes in the cost of these items will have major consequences on our total cost. As you gain experience in budgeting, you will become better, and your budgets will become more reliable.

Fuel Assembly Budget Example	Cost	% of Total Cost
Tank	$150.00	52.8%
Fill Nozzle Assembly	$7.00	2.5%
Copper piping	$12.00	4.2%
Fuel Pump	$75.00	26.4%
Injector Assembly	$40.00	14.1%
Total Cost	$284.00	100.0%

Considerations for Preparing a Budget

1. **Income and Sales**
   a. Cash? Credit? Barter?
   b. Money owed to you by others by extending credit?
   c. Sale of property or equipment? (not the product itself)
   d. Other sources of money coming in to the business?

2. **Purchases**
   a. How purchase values arrived at? (What is the source of your information?)
   b. Impact of purchases (volume, storage, etc.)?

El proceso del presupuesto comienza por identificar cada una de las actividades que su producto o servicio requiere. ¿Qué tareas se deben realizar? ¿Qué materiales son necesarios para cada uno de los componentes? De esta lista usted preparará pronósticos individuales, y después los integrará en el presupuesto general. Los presupuestos deberán prepararse con la información más precisa posible. Cuando la tenga disponible, use información "histórica". Cuando la información real no esté disponible, use promedios de la industria o costos promedio para partidas similares. Si ninguno de estos dos está disponible, tendrá que usar "la opinión de un experto", que es el juicio de una persona con mucho conocimiento en esa área específica. Recuerde, sin embargo, que esta es una opinión, no un hecho. Presupuestar es más un arte que una ciencia. Es relativo: Cada partida se relaciona con todo lo demás. Por esta razón, es útil identificar las relaciones con porcentajes. Por ejemplo, el costo de material para el sistema de combustible de nuestro automóvil, se vería como esta tabla. Podemos reconocer inmediatamente que el tanque y la bomba de gasolina son las partidas

Ejemplo de presupuesto Ensamblaje para el combustible	Costo	% del Costo Total
Tanque	$150.00	52.8%
Toma de llenado	$7.00	2.5%
Tubería de cobre	$12.00	4.2%
Bomba de Gasolina	$75.00	26.4%
Inyectores	$40.00	14.1%
Costo Total	$284.00	100.0%

principales. Cualquier cambio inesperado en el costo de estos artículos tendrá grandes consecuencias en nuestro costo total. Conforme gane experiencia en presupuestar, usted será mejor, y sus presupuestos serán más confiables.

Consideraciones para Preparar un Presupuesto

1. **Ingresos y Ventas**
   a. ¿De contado? ¿A crédito? ¿Trueque?
   b. ¿Otros le deben dinero por créditos otorgados?
   c. ¿Venta de propiedades o equipo? (no del producto comercial)
   d. ¿Otras fuentes de dinero que llegan a la empresa?

2. **Compras**
   a. ¿Cómo se determinaría el valor de las compras? (¿Cuál es la fuente de información?)
   b. ¿Impacto de las compras (volumen, almacenaje, etc.)?

        c.   Purchase or lease of equipment, building, major items?
        d.   Taxes, tax consequences of financial planning?

3.   **Expenses**
        a.   Fixed, variable, short term, long term? (all expenses)
        b.   Expert, outside help? (e.g. attorney, accountant?)

4.   **Cash flow**
        c.   Timing of money coming in and going out.

Continuing with the idea that all items within a budget are related to each other, we will now explore the concept of a ***break-even analysis***.   Break-even calculations are useful for individual products, for parts of a business (called a business unit), or for the entire business. They explore the relationships between cost and the volume of sales, within a specified period of time (again, usually one year).   The ability to perform these calculations requires that you have information about all costs, and assumes that your costs and selling prices will remain relatively stable over this period of time and within the range of production. Break-even calculations are never precise, and should always be considered approximate, since it is impossible to have all of the information exactly correct in advance.   Three elements are necessary to calculate break-even costs. First, you must know your fixed costs. As discussed earlier, these are costs that are relatively stable over time and are not affected by production: your building, for instance. Even if you do not produce a product, you must pay for your building. The second item you must know is your variable costs. These are the costs that change in relation to your production. This will include the materials and labor that are used to produce your product. Frequently, these variable costs are called costs of sales. Finally, you must determine your selling price for each unit of production. With these three elements, we can prepare a simple break-even calculation for a toy automobile.

Continuando con la idea de que todos los elementos que integran un presupuesto se relacionan unos con otros, ahora exploraremos el concepto de un *análisis del punto de equilibrio.* Los calculus del punto de equilibrio son de utilidad para productos individuales, para partes del negocio (llamados unidades del negocio), o para empresas completas. Exploran la relación entre los costos y el volumen de ventas, dentro de un período de tiempo específico (otra vez, normalmente un año). La capacidad para realizar estos cálculos requiere que tenga información sobre todos los costos, y suponga que sus costos y sus precios de venta se mantendrán relativamente estables dentro de este período de tiempo y dentro del rango de producción. Los cálculos del punto de equilibrio nunca son precisos, y siempre deberán ser considerados como aproximados, ya que es imposible tener toda la información exactamente correcta por adelantado. Se necesitan tres elementos para calcular el costo de equilibrio. Primero, debe conocer sus costos fijos. Estos, como dijimos antes, son costos que son relativamente estables en el tiempo y no están afectados por la producción: Su inmueble por ejemplo; aún cuando no produzca, debe de pagar por éste. El segundo aspecto que debe conocer, es el costo variable. Estos costos son los que cambian en base a la relación con la producción. Esto incluirá los materiales y la mano de obra que se utilizan para fabricar el producto. Frecuentemente, a estos costos variables se les llama, costo de ventas. Finalmente, debe determinar el precio de venta para cada unidad producida. Con estos tres elementos, podemos preparar un cálculo simple del punto de equilibrio para un automóvil de juguete.

Break Even Analysis Example

Formula =	**FC / SP-VC = Break even quantity**		
Product: Toy Automobile			
FC: Fixed Costs	$10,000	$10,000	
VC: Variable Costs	$75	—————————	= 400 cars
SP: Selling Price	$100	$100 - $ 75	

For demonstration purposes, I have set our fixed costs (building, insurance, advertising, and other costs) at $10,000 and our material and labor costs (which vary based on production) at $75 for each and every automobile made. If we sell each automobile for $100.00, we must sell approximately 400 of these automobiles to break even. This means that we have not made any profit until we have sold over 400. This is a very important point. It is easy to forget about the fixed costs and think that you are making $25 on each automobile (called the contribution margin) – the difference between what the customer pays and what it costs you. However, this is overlooking the fact that there are other costs which must be paid. After you have achieved break-even your profit is the $25 for each automobile, not the $100 selling price. It will still cost you $75 for each one that you produce. This method of calculating break even is based on producing a product. It can be used for more than one product, combining each individual calculation based on how many of each will be produced, but that process is more involved than is necessary for introducing you to the concept of break-even. It is, however, necessary to introduce you to the possibility of calculating break-even for a service or retail business, or any operation that has a complex combination of products.

Complexity can make it unreasonable to use the simple "per-unit of production" method of determining your break even point. The method for calculating break-even in complex circumstances is based on the ratio of the average contribution margin to your fixed costs. If, instead of making a single automobile, we had a dealership that sold a variety of automobiles as well as parts, each of their products would be different.

Ejemplo de Análisis del Punto de			
Fórmula =	**CF / (PV-CV) = Cantidad de Equilibrio**		
Producto: Auto de juguete			
CF: Costos Fijos	$10,000	$10,000	
CV: Costos	$ 75	————————	= 400 carritos
PV: Precio de Venta	$100	$100 - $75	

Con propósitos de demostración, hemos establecido nuestros costos fijos (inmueble, seguro, publicidad y otros costos) en $10,000, y nuestros costos de materiales y costos laborales (que son variables en base a la producción) en $75 para todos y cada uno de los automóviles fabricados. Si vendemos cada coche en $100, debemos aproximadamente vender 400 de ellos para estar en el punto de equilibrio. Esto significa que no hemos tenido ninguna utilidad hasta haber vendido 400. Esto es un punto muy importante. Es fácil olvidarse de los costos fijos y pensar que está obteniendo $25 en cada automóvil (llamado contribución marginal): la diferencia entre lo que el cliente pagó y lo que le cuesta a usted, pero esto es ignorar el hecho de que hay otros costos que se deben pagar. Después de que ha logrado el punto de equilibrio, su utilidad es de $25 por cada automóvil, no los $100 del precio de venta. De todas formas le va a costar $75 producir cada uno. Este método para calcular el punto de equilibrio se basa en la producción de un artículo. Se puede utilizar para más de un producto, combinando cada cálculo individual basado en cuantos de cada uno se fabricarán, pero ese proceso es más complicado de lo necesario para explicarle el concepto de punto de equilibrio.

Sin embargo, es necesario profundizar en la posibilidad de calcular el punto de equilibrio para un negocio de servicio o de ventas al detalle, o cualquier operación que tenga una combinación compleja de productos. La complejidad puede hacer que carezca de sentido utilizar el método simple "por unidad de producción" para determinar su punto de equilibrio. El método para calcular el punto de equilibrio en circunstancias complejas, se basa en la relación de la contribución marginal promedio respecto a los costos fijos. Si, en lugar de fabricar un solo automóvil, tenemos una concesionaria que vende una variedad de automóviles así como refacciones, cada uno de sus productos serían diferentes.

Each would have different costs and unit selling prices, making the process of calculating break-even based on the product totally impractical. It would be unrealistic to know what our production levels would be for each item. If, however, we know that the average (or overall) contribution margin (the difference between our variable costs and our total selling prices) was 33%, the calculation becomes easy. Instead of the calculation informing us of the quantity to be produced, it informs us of the total sales volume that must be met. From this example, we can see that to break-even, to cover our fixed costs of $10,000, we must generate over $30,300 in sales. Again, remember that these numbers are always approximate, and will vary. When you perform your calculations, be certain to look for all costs.

We combine this information (budgeting and break-even calculations) in our *financial reporting*. Financial reporting is

Break Even Analysis Example - Sales			
Formula =	**FC / CM% = Break even level of sales**		
Product: Toy Automobile (300 various models)			
FC: Fixed Costs	$10,000	$10,000	
CM: Average Contribution Margin	33%	$\dfrac{\$10{,}000}{33\%}$ =	$30,303

made possible by the use of accounting tools. The numbers generated by these accounting tools, or accounting itself, is a universal language of business. There are slightly different techniques and forms, but these are more like differing dialects than separate languages. The process of accounting is as old as recorded history – a process of recording transactions. Modern accounting, which allows one party to owe money to another (as opposed to cash transactions) requires trust. Transactions are recorded in either a debit or a credit entry – items of value coming in to the firm, items of value leaving the firm.

You, your investors, partners, customers, and the general public make decisions based upon these financial statements, and therefore expect them to accurately reflect the true financial condition of the business. Remember that profit is the difference between income (value coming in to the firm) and expenses (items of value leaving the firm).

Cada uno tendría diferentes costos y precios unitarios de venta, haciendo el proceso de calcular el punto de equilibrio con base en el producto, totalmente impráctico. Sería poco realista saber cual sería nuestro nivel de producción para cada artículo. Sin embargo, si sabemos que la contribución marginal promedio (o global), es decir, la diferencia entre nuestros costos variables y nuestros precios de venta totales, fue de 33%, el cálculo se hace sencillo. En vez de que el cálculo nos indique la cantidad a producir, nos dirá el volumen total de ventas a alcanzar. De este ejemplo, podemos ver que para estar en equilibrio, para cubrir nuestros costos fijos de $10,000, debemos generar sobre $30,300 en ventas. Nuevamente, recuerde siempre que estos números son aproximados y variarán. Cuando realice sus calculus, asegúrese de considerar todos los costos.

Combinamos esta información (presupuestos y cálculos de punto de equilibrio) en nuestros *reportes financieros.* Los reportes

---

Ejemplo de Análisis del Punto de Equilibrio - Ventas

Fórmula =   **CF / CM% = Nivel de ventas de equilibrio**

Producto: Auto de juguete (300 modelos)

CF: Costos Fijos $10,000

CM%: Contribución Marginal Promedio   33%

$$\frac{\$10,000}{33\%} = \$30,303$$

---

financieros se elaboran utilizando herramientas de contabilidad. Los números generados por estas herramientas contables, o la contabilidad misma, son un idioma universal de los negocios. Existen técnicas y formas ligeramente diferentes, pero estas son más parecidas a variantes en dialectos que idiomas distintos. El proceso contable es tan antiguo como la historia documentada: Un proceso de registrar transacciones. La contabilidad moderna, que considera el dinero adeudado por una parte a otra, (opuesto a transacciones en efectivo), requiere de confianza. Las transacciones se registran ya sea como un débito o un crédito: partidas de valor que entran a la firma, partidas de valor que salen.

Usted, sus inversionistas, socios, clientes, y el público en general toman decisiones basados en los estados financieros, por lo tanto esperan que estos reflejen con precisión la verdadera condición financiera del negocio. Recuerde que la utilidad es la diferencia entre los ingresos (valor que entra en la firma) y los gastos (partidas de valor que salen).

To ensure the trustworthiness of the reports, they should be prepared according to generally accepted accounting practices (GAP). GAP does not, however, specify how sophisticated or complex your accounting system should be. The sophistication and complexity of your accounting system is based upon the size of your business, the number of transactions you will have, how far you (as the owner) are removed from the actual activities, your goals and values for the firm, and the capabilities of the employees that are recording the information. There are two basic forms of accounting: cash and accrual. Either one can be recorded in a simple paper format.

Cash basis accounting only records activities when money changes hands. A cash system cannot record future obligations.

Journal for ABC Auto detailing - Cash basis				
Date	Description	Post Ref.	Expense	Income
13-Jan-03	Product Sales			$500.00
15-Jan-03	Supplies		$500.00	
31-Jan-03	Salary draw for January		$700.00	
	Total to date		$1,200.00	$500.00

The advantage of this is its simplicity. There are no accounts payable or accounts receivable. Future time is irrelevant; only the present time is important in this instance. Another advantage is that the cash position of the business is always evident, without any further calculations to be performed. The disadvantage of a cash based system is that it does not allow for any form of credit sales or purchasing, which can seriously limit the company's capabilities to acquire materials and may limit customers that can purchase from you (remember the "how" in knowing the customer?)

Most businesses use accrual based accounting. Transactions are recorded when the obligation occurs, without needing to wait for the money to be exchanged. As an accounting system, the accrual based system used to be more complicated.

Para garantizar la confiabilidad de los reportes, deben ser preparados de acuerdo a las principios de contabilidad generalmente aceptados (PCGA). Los PCGA'S sin embargo, no especifican que tan sofisticado o complejo debiera ser su sistema contable. La sofisticación y complejidad de su sistema de contabilidad estará basado en el tamaño de su negocio, el número de transacciones que realizará, qué tan lejos (como propietario) se mantendrá de las actividades, sus metas y valores para la firma, y la capacidad de los empleados que están registrando la información. Existen dos formas básicas de contabilidad: dinero en efectivo, o en base a devengado. Cualquiera de ellas puede registrarse en un formato sencillo.

La contabilidad basada en efectivo únicamente registra actividades cuando el dinero cambia de manos. Este sistema no puede

Libro Diario de la Agencia de Autos ABC – Base Efectivo				
Fecha	Descripción	Referencia	Gasto	Ingreso
13-Ene-05	Ventas de Productos			$500.0
15-Ene-05	Suministros		$500.0	
31-Ene-05	Retiro por salarios de Enero		$700.0	
	Total a la fecha		$1,200.0	$500.0

registrar obligaciones futuras y la ventaja de esto es su simplicidad. No hay cuentas por pagar o por cobrar. El tiempo es irrelevante; únicamente existe el aquí y el ahora. Otra ventaja es que la posición del efectivo del negocio siempre es evidente, sin necesidad de efectuar cálculos adicionales. La desventaja de el sistema basado en el efectivo es que no permite ninguna forma de ventas o compras a crédito, lo que puede limitar seriamente la capacidad de la compañía para adquirir insumos y puede restringir a los clientes que pueden comprarle (recuerda usted el ¿"Cómo" en conociendo al cliente?).

La mayoría de los negocios utilizan la contabilidad basada en lo devengado. Las transacciones se registran en el momento en que ocurre la obligación, sin necesidad de esperar a que se intercambie el dinero. Como sistema contable, el basado en devengado solía ser más complicado.

Most entrepreneurs use accounting professionals to help set up the bookkeeping systems. The accrual based system allows all business transactions to be captured as they actually occur, allowing you to capture the timing of activities in an on-going basis. The bookkeeping technique is called double-entry because each transaction is recorded twice. The two entries, one a debit entry the other a credit entry, must be financially equal, and are made in different ledgers. For instance, if you order tires for your automobile on the 15th of January, you have obligated yourself to pay for those tires, but will not actually pay cash for them until they arrive. This requires one entry in your inventory ledger and a second entry to record the financial obligation in your accounts payable ledger. If they arrive on the 31st of January, you will pay the supplier, and again you will make two entries, one in the accounts payable ledger to show that the obligation was satisfied, and the other entry in the cash ledger to show that cash was removed to pay the obligation.

The accrual system allows all transactions to be recorded, and to measure the small details that might be lost in a cash accounting system.

Journal for ABC Auto detailing				
Date	Description	Post Ref.	Debits	Credits
13-Jan-03	Cash		$500.00	
	Product Sales			$500.00
	Received cash for detailing			
15-Jan-03	Supplies			$500.00
	Accounts payable		$500.00	
	Purchased supplies			
31-Jan-03	Cash			$1,200.00
	Accounts payable		$500.00	
	Paid supplier for supplies			
	Payroll		$700.00	
	Salary draw for January			
	Total to date		$2,200.00	$2,200.00

La mayoría de los empresarios utiliza a contadores públicos para ayudarles a establecer el sistema de contabilidad. El sistema de contabilidad basado en devengado requiere que todas las transacciones del negocio se capturen conforme ocurren, permitiéndole adelantarse en el tiempo a las actividades futuras sobre una base continua. La técnica de contabilidad se llama de partida doble porque cada transacción se registra dos veces. Las dos anotaciones, una de débito y la otra de crédito, deben ser financieramente iguales, y se hacen en diferentes cuentas de mayor (Nota del traductor 4). Por ejemplo, si usted ordena neumáticos para su automóvil el 15 de Enero, se ha obligado a pagarlos, pero no tendrá que pagar en efectivo hasta que se las entreguen. Esto requiere de un registro en sus inventarios y un segundo registro de la obligación financiera en la página de cuentas por pagar. Si llegan el 31 de Enero, usted le pagará al proveedor, y de nuevo, requerirá de dos registros, uno en la cuenta por pagar, para demostrar que su obligación fue cubierta, y la otra en la página o cuenta de Efectivo para demostrar que se utilizó dinero para pagar la obligación.

El sistema de contabilidad basado en devengado permite que todas las transacciones se registren y se consideren los pequeños detalles que se perderían en un sistema basado en efectivo.

Libro Diario de Agencia de Autos ABC – Base Devengado				
Fecha	Descripción	Referencia	Débitos	Créditos
13-Ene-05	Efectivo		$500.0	
	Ventas de Productos			$500.0
	Efectivo recibido por ventas			
15-Ene-05	Suministros		$500.0	
	Cuentas por pagar			$500.0
	Compra de suministros			
31-Ene-05	Cuentas por pagar		$500.0	
	Nómina		$700.0	
	Efectivo			$1,200.0
	Pago a proveedores por suministros			
	y salarios de Enero			
	Total a la fecha		$2,200.0	$2,200.0

Nota del traductor 4: La versión original se traduciría literalmente como "se hacen en diferentes libros contables". Para efectos de simplificar y utilizar el término correcto en español, utilizamos "cuentas de mayor", refiriéndonos al Libro Mayor en el que, cada página se utiliza para llevar un registro histórico de los movimientos que afectan a una cuenta. Así la primera página, sera para movimientos de caja, la segunda para cuentas por cobrar a clientes, habrá otra para registrar las ventas a crédito, etc.

While it does record all details effectively, there may be very little relationship between the profitability of the firm and its cash flow. To show a basic example, this table has three sets of transactions: A cash sale on the 13th, ordering our tires on the 15th, and paying for the tires and for payroll on the 31st.   You will note that the totals must always equal each other. Your accounting ledgers, or books, must always be in balance. This, however, does not reveal your actual cash position.   For this reason, separate calculations are required to accurately reflect the monetary position of the business. It's time now for one of the most important Emeric-ian principles: *Profit doesn't pay the bills, cash does* – *therefore,* *monitor and control the cash!*

You, as the entrepreneur that is building the business must decide on what information you will need, when and how it is to be captured, and design a system that will not only provide you the information you require but also be flexible enough to allow you to expand it as your business grows. You should also consider how the system is to be maintained to make sure it provides the information you require.   If the business you are building is relatively simple (think of a basic wagon), your accounting system may not be too complex. If, however, you are thinking of a fancy, elaborate vehicle, your accounting system will need to be more sophisticated. Whether simple or complex, all accounting systems record raw data, allow the data to be meaningfully organized, and permit you and others to know the condition of your firm. To function properly, all of the information must be timely, your system must be consistent, and it must be constantly reviewed to make sure it is appropriate for its use.

Accounting for Entrepreneurial Vehicles

Which will require a more complex system to record details, costs and operational data?

Aunque sí se registran todos los detalles, puede haber muy poca relación entre la utilidad de la empresa y su flujo de efectivo. Para mostrar un ejemplo básico, esta tabla tiene tres pares de transacciones: una venta de efectivo el 13, un pedido de nuestros neumáticos el día 15, y el pago por los neumáticos y la nómina el día 31. Notará que los totales deben ser siempre iguales. Sus libros de contabilidad, deben estar siempre balanceados. Esto, sin embargo, no le revela su posición real de efectivo y por esta razón, se requieren cálculos por separado para reflejar la posición monetaria del negocio con precisión. Es el momento para uno de los principios Emérico más importantes: *Las facturas no se pagan con la utilidad sino con el efectivo, por lo tanto: ¡Observe y controle el efectivo!*

Usted, como empresario que está construyendo el negocio debe decidir que información necesitará, cuándo y cómo debe de ser registrada, y diseñar un sistema que no solamente le provea de la información que requiere sino que sea lo suficientemente flexible para permitirle expandirlo conforme su negocio crezca. También debe considerar cómo dar mantenimiento al sistema para asegurar que le proporcione la información que usted require. Si el negocio que está construyendo es relativamente sencillo (piense en una carreta), su sistema de contabilidad puede no ser tan complejo. Sin embargo, si está pensando en un vehículo de lujo y elaborado, su sistema contable deberá de ser más sofisticado. Ya sean simples o complejos, todos los sistemas de contabilidad registran datos en bruto, permiten que estos datos sean organizados con sentido, y le facilitará a usted y a otros conocer la condición de su firma. Para funcionar apropiadamente, toda la información debe de ser oportuna, su sistema deberá de ser consistente, y se deberá revisar constantemente para asegurarse que es se conserva en estado adecuado.

Contabilidad para vehículos empresariales

¿Cuál necesitará un sistema más complejo para registrar detalles, costos y datos operativos?

While accounting is considered a language of trust, it is absolutely necessary to safeguard the quality of your information. While the business is small, you may be intimately involved with every aspect of the business, including the accounting. As your business grows, however, you will likely be using other people to perform accounting tasks. You should establish some procedures to ensure the trust. Controls do not indicate a lack of trust, they ensure it. As a basic guideline for establishing appropriate procedures, I suggest:

Accounting System Controls for Assuring Trustworthiness

1. Use competent, well trained people for accounting tasks.

2. Separate recording duties and custody. The person responsible for recording transactions (e.g. income, expense and deposit records) should not be the same person who has access to the bank accounts.

3. Especially in computerized systems, use proofs and other checking tools. These include periodic reports (e.g. trial balances).

4. Use security measures. Ensure the physical protection of records and items of value. Restrict access, and have regular back-ups for record systems.

5. Use an independent person to review your records at least once a year.

Personal computers have had a tremendous impact on small a businesses' ability to maintain sophisticated accounting systems with minimal outside help. Inexpensive yet powerful and capable software is readily available from a variety of sources. Some include considerable flexibility yet provide necessary checks and balances. As a businessman, I would not want to run a business today without some form of computerized record keeping.

Aunque la contabilidad es considerada como un lenguaje de confianza, es absolutamente necesario el salvaguardar la calidad de su información. Mientras el negocio es pequeño, usted puede estar íntimamente involucrado con cada aspecto del negocio, incluyendo la contabilidad. Conforme el negocio crece, sin embargo, será probable que utilice a otras personas para desempeñar estas actividades y deberá establecer algunos procedimientos para asegurar la confiabilidad. Los controles no indican la falta de confianza, sino que la aseguran. Como una guía básica para establecer procedimientos apropiados, les sugiero:

Controles del Sistema de Contabilidad para Asegurar Confiabilidad

1. Utilice gente competente y bien entrenada para las tareas contables.

2. Separe actividades de registro de las de custodia. La persona responsable de registrar las transacciones (p.ej. registros de ingresos, gastos y depósitos) no debe ser la misma persona que tiene acceso a las cuentas bancarias.

3. Especialmente en sistemas computarizados, utilice pruebas y otras herramientas de verificación. Estas incluyen reportes periódicos (p.ej. balanza de comprobación)

4. Utilice medidas de seguridad. Asegurese de que exista protección física de sus registros y artículos de valor. Restrinja el acceso y mantenga respaldos regulares de sus sistemas de registro.

5. Utilice a una persona independiente para revisar sus registros al menos una vez al año.

Las computadoras personales han tenido un tremendo impacto en la capacidad de los pequeños negocios de mantener sistemas de contabilidad sofisticados con una mínima ayuda externa. Hay disponible software barato, y aún así poderoso y capaz, de diversas fuentes. Algunos incluyen una considerable flexibilidad al mismo tiempo que proporcionan las verificaciones y balances necesarios. Como un hombre de negocios, yo no quisiera dirigir una empresa hoy en día, sin una forma computarizada de contabilidad.

Not only does it provide greater accuracy, but it uses less time (which is labor cost) to record transactions, and it permits a wide variety of reports without any time loss (further cost savings). Computers are only as good as the people using them, however. The old adage of "GIGO" (Garbage in, garbage out) is very true. As with any tool, a master will be more proficient than a beginner. As with any other aspect of your accounting system, its benefit is related to your intended purpose, and how well you can interpret the data from your record keeping.

Before we discuss some of the reports that you will be using, it might be helpful to mention another form of accounting, managerial accounting, and to compare it to financial accounting. Financial accounting refers to those activities which produce financial statements and reports. There are rules, procedures and generally accepted principles governing how those statements must be prepared. These principles have evolved over years to allow the information to be used for general purposes by a variety of individuals. This means that your financial statements can be understood by your banker, your suppliers, or any number of other people who rely on an understanding of your financial condition in order to make a business decision. Furthermore, since all firms are using the same rules, procedures and principles to prepare their financial statements, the financial condition of one firm can be compared to others to show how a business is performing within its industry and marketplace. Financial accounting produces information needed by you as the entrepreneur as well as by other people outside of your firm.

Managerial accounting, on the other hand, may use some or all of the tools of financial accounting, but is not restricted by the rules, procedures and principles of financial accounting since it is not used by anyone outside of the firm. Managerial accounting refers to those reports generated strictly for your use in making decisions about the firm. These reports can be prepared for any area and in any format considered meaningful. For instance, you may combine financial reports with non-financial information (such as customer satisfaction).

No solamente proporciona le mayor exactitud, sino que usa menos tiempo (que es costo de mano de obra) para registrar transacciones, y permite una amplia variedad de reportes sin pérdida de tiempo (mayores ahorros). Sin embargo, las computadoras solo son tan buenas como las personas que las utilizan. El viejo adagio "BABA" (Basura adentro, basura afuera) es muy cierto. Como con cualquier herramienta, un experto será más eficiente que un principiante. Como con cualquier otro aspecto de su sistema de contabilidad, su beneficio está relacionado con su propósito, y con qué tan bien puede usted interpretar los datos de la contabilidad.

Antes de discutir algunos de los reportes que estará usando, ayudará mencionar otra forma de contabilidad: la contabilidad gerencial, y compararla con la contabilidad financiera. La contabilidad financiera se refiere a aquellas actividades que producen estados y reportes financieros. Existen reglas, procedimientos y principios generalmente aceptados que gobiernan cómo deben prepararse esos estados. Estos principios se han desarrollado durante los años para permitir que la información sea utilizada para propósitos generales por una variedad de individuos. Esto quiere decir que tus estados financieros pueden ser entendidos por su banquero, sus proveedores, o cualquier otra persona, que confían en la comprensión de su condición financiera para poder tomar una decisión de negocios. Además, como todas las firmas utilizan las mismas reglas, procedimientos y principios para preparar sus estados financieros, la condición financiera de una firma puede ser comparada con otras para demostrar como una empresa se está desempeñando dentro de su industria y su mercado. La contabilidad financiera produce información necesaria por usted como empresario así como otras personas ajenas a su firma.

La contabilidad gerencial, por otro lado, puede utilizar algunas o todas las herramientas de la contabilidad financiera, pero no está restringida por las reglas, procedimientos y principios de la contabilidad financiera, ya que no la utiliza nadie fuera de la firma. La contabilidad gerencial se refiere a esos reportes generados estrictamente para su uso al tomar decisiones internas de la firma. Estos reportes pueden ser preparados para cualquier área y en cualquier formato que se considere significativo. Por ejemplo, usted puede combinar reportes financieros con información no financiera (tal como la satisfacción del cliente).

Examples of two different managerial reports that would be of benefit are delinquency reports (customers who are

late in making their payments) and inventory turnover and status reports. Managerial accounting must be done with consideration for the cost of gathering the data and making the reports versusthe benefit offered. If it does not allow you to make more informed and better decisions, it has little value. Don't waste your resources on something that doesn't produce value to the business.

Returning to financial accounting, you should generate at least three different reports on a regular basis. How often you choose to create these reports is based on a variety of factors, but I suggest you generate them on a monthly basis. While you may only require them once a year to pay your taxes, regular monitoring of your financial condition allows you to make necessary changes earlier. Effectively managing your small business requires you to know and understand your financial condition at all times.   This is not possible without three reports, the income statement, balance sheet and statement of cash flows.

The *income statement* is also known as the *profit and loss statement*, and identifies all of the income, expenses, and net income (or loss) from your business. Your profitability is determined by the net income (or loss), which is equal to your income minus your expenses. Your tax returns will be prepared using a very similar report, focusing on your potentially taxable income.

Ejemplos de dos reportes gerenciales diferentes que serían útiles, son los reportes de morosidad (clientes que están retrasados en sus pagos)

> **Contabilidad gerencial** versus **contabilidad financiera**: mismas herramientas - sin reglas

y reportes de rotación y estado del inventario. La contabilidad empresarial debe hacerse considerando el costo de reunir los datos y elaborar los reportes contra el beneficio ofrecido. Si no le permite tomar mejores decisiones y más informadas, tiene poco valor. No desperdicie sus recursos en algo que no agrega valor al negocio.

Regresando a la contabilidad financiera, usted deberá generar por lo menos tres diferentes reportes en forma regular. La frecuencia con que decida crear estos reportes se basa en diferentes factores, pero yo le sugiero que lo genere mensualmente. Aunque puede requerir de ellos una vez al año para pagar los impuestos, el control regular de su condición financiera le permite hacer cambios necesarios con anticipación. La administración efectiva de su pequeño negocio requiere que conozca y entienda su condición financiera en todo momento. Esto no es posible sin tres reportes: el estado de resultados, el estado de posición financiera y el flujo de efectivo.

El Estado de Resultados también se conoce como el Estado de Pérdidas y Ganancias, e identifica todos los ingresos, costos y gastos, y la utilidad (pérdida) neta de su negocio. Su rentabilidad es determinada por el ingreso neto (o pérdida), que es igual a su ingreso menos sus costos y gastos. Su declaración de impuestos se preparará usando un reporte muy similar, enfocado en sus de ingresos gravables.

The income statement shows your net profit. This, however, is different from your operating profit, since the income statement may not accurately reflect your cash position. Remember that most systems are accrual-

Emerician Auto-detailing Company		
Income Statement		
For the Year Ended December 31, 200X		
Sales		$462,452.00
Cost of Goods Sold		
Beginning Inventory	$27,335.00	
Add: Purchases	$235,689.00	
Less: Ending inventory	$32,090.00	
Cost of Goods Sold Total:		$230,934.00
Gross Profit (contribution margin)		$231,518.00
Expenses		
Advertising	$1,850.00	
Depreciation	$13,250.00	
Insurance	$5,400.00	
Payroll taxes	$8,200.00	
Rent	$9,600.00	
Repairs and maintenance	$13,984.00	
Utilities	$17,801.00	
Wages	$98,852.00	
Expenses Total:		$168,937.00
Net Income (or loss)		$62,581.00

based, meaning that the transaction is recorded when the obligation happens, not when the cash moves. For this reason, your income statement may show that you have a profit while in reality you may be unable to continue business. Your income statement records money owed to you by customers (called accounts receivable), and on paper, it will appear as though you are in a profitable position.

The concept of cash flow is one of the most important for a business person to understand and manage. Cash flow measures the money coming into and going out of the business. Most money coming into a small business comes from normal operations: cash sales and collections of money previously owed (receivables.) There may, however, be other sources of money coming to the business, such as pensions, investment income from interest or dividend income, borrowed monies, proceeds from a lawsuit, insurance payments, and a variety of other miscellaneous sources. Your cash is spent (called cash outflow) in various ways, including purchasing inventory and supplies, wages to yourself and employees, dividends, operating costs (utilities, insurance, maintenance, etc.), interest, deposits, and all taxes.

El Estado de Resultados muestra su utilidad neta. Esto, sin embargo, es diferente a su utilidad de operación, ya que el estado de resultados puede no reflejar con exactitud su posición de efectivo.

Compañía Emérica de Venta de Autos		
Estado de Resultados		
Por el año terminado el 31 de Deciembre de 200X		
Ventas		$462,452.00
Costo de ventas		
Inventario inicial	$27,335.00	
Más: Compras	$235,689.00	
Menos: Inventario Final	$32,090.00	
Total del Costo de ventas:		$230,934.00
Utilidad Bruta (contribución marginal		$231,518.00
Gastos		
Publicidad	$1,850.00	
Depreciación	$13,250.00	
Seguros	$5,400.00	
Impuestos derivados de nóminas	$8,200.00	
Renta	$9,600.00	
Reparaciones y mantenimientos	$13,984.00	
Energía Eléctica, gas, agua, etc..	$17,801.00	
Salarios	$98,852.00	
Total de Gastos:		$168,937.00
Utilidad neta (pérdida)		$62,581.00

Recuerde que la mayoría de los sistemas están basados en devengado, lo que significa que las transacciones se registran cuando se incurre en la obligación, no cuando el efectivo se mueve. Por esta razón, su estado de resultados puede mostrar que tiene una utilidad aunque en realidad puede que no pueda continuar con el negocio. Su contabilidad tiene un registro que un cliente le debe dinero (llamado cuentas por cobrar), y en papel, puede aparecer una posición con ganancias.

El concepto de flujo de efectivo es uno de los más importantes que un empresario debe entender y manejar. El flujo de efectivo mide el dinero que entra y sale del negocio. La mayoría del dinero que entra en un negocio pequeño proviene de las operaciones normales: ventas en efectivo y cobranza del dinero que se le debía (cuentas por cobrar a clientes). Puede haber, sin embargo, otras fuente de dinero que entra al negocio, tales como pensiones, ingresos por inversiones en la forma de intereses o dividendos, dinero presado, ganancias por un litigio, indemnizaciones de seguros, y una variedad de otras fuentes. Su efectivo se gasta (llamada salida de efectivo) en varias formas, incluyendo compras de inventario y suministros, sueldos para usted y sus empleados, dividendos, costo operativo (energía eléctrica, agua, seguros, mantenimiento, etc.), interés, depósitos, y todos los impuestos.

You have positive cash flow when there is more money coming into the business than there is going out. You have a negative cash flow when you have more money going out of the business than there is coming in.

I emphasized the Emeric-ian principle on monitoring and controlling the cash. There may be periods of time when you have a negative cash flow. A business can lose money and survive, *if* it is only temporary, and if cash is available to allow operations to continue. Retail stores generally have their largest income over a few months of the year. Seasonal businesses may indeed have a negative cash flow for several months, but no business can survive for long without having a positive cash flow. A healthy cash flow is almost as important as the customer. In fact, a healthy cash flow is more important than any individual customer. If you fail to satisfy one customer, you may lose *that* customer's business. You can, however, work harder to please the next customer, and may get the original customer to purchase from you again. If, on the other hand, you don't have enough cash to pay your suppliers, creditors, or your employees, you're out of business! You cannot have a successful business without managing your cash.

The cash flow statement is prepared from the income statement, and adjusts for any non-cash records. You adjust for any income that was not received in cash, and adjust for any expenses not paid in cash. There are a variety of techniques and worksheets available to help you prepare cash flow budgets and statements. The budget looks forward in time to help you plan; the statement looks at historic data and evaluates your performance. They have many important uses. The cash flow budget can predict your ability to pay for expansion or even to meet your expected expenses. It can gauge your business' cash inflows and outflows and predict your business' cash flow gaps — periods when cash outflows exceed cash inflows. It can also be used to prepare a formal cash flow budget to use when seeking money from a bank by showing how you will have the cash to repay the loan.

Usted tendrá un flujo positivo cuando entre más dinero al negocio que el que sale. Usted tendrá un flujo de efectivo negativo cuando salga más dinero que el que entra.

Ya enfaticé en el principio Emérico de observar y controlar el efectivo. Puede haber períodos en los que usted tenga flujo de efectivo negativo. Un negocio puede perder dinero y sobrevivir, *si* es sólo temporalmente, y si dispone de efectivo que le permita que las operaciones continúen. Las tiendas de menudeo generalmente tienen su mayor ingreso durante algunos meses del año. Los negocios de temporada efectivamente pueden tener un flujo de efectivo negativo por varios meses, pero ningún negocio puede sobrevivir por mucho tiempo sin tener un flujo de efectivo positivo. Un flujo de efectivo sano es casi tan importante como el cliente. De hecho, un flujo de efectivo sano es más importante que cualquier cliente individual. Si falla al satisfacer a un cliente, puede perder el negocio con ese cliente. Pero puede esforzarse más para complacer al siguiente, y puede lograr que el cliente original vuelva a comprarle. Si, por otro lado, no tiene suficiente efectivo para pagar a sus proveedores, acreedores, o a sus empleados, ¡tendrá que cerrar negocio! No puede tener un negocio exitoso sin administrar el efectivo.

El flujo de efectivo se prepara a partir del estado de resultados, y se ajusta con registros que no involucren efectivo. Se ajusta todo aquel ingreso que fue recibido en efectivo, y cualquier gasto que no fue pagado de igual manera. Existe una variedad de técnicas y hojas de trabajo disponibles para ayudarle a preparar presupuestos y estados de flujo de efectivo. El presupuesto se enfoca hacia tiempos futuros para ayudarle a planear; el estado de fluo de efectivo contempla los datos históricos y evalúa su desempeño. Ambos tienen usos muy importantes. El presupuesto de flujo de efectivo puede predecir su capacidad de pagar una expansión o aún para cubrir sus gastos esperados; puede medir las entradas y salidas de efectivo en su negocio y puede predecir faltantes: períodos cuando las salidas exceden a las entradas. También puede usarse para preparar un presupuesto formal de flujo de efectivo cuando haya que solicitar dinero a un banco, mostrando cómo obtendrá el efectivo para pagar un préstamo.

The balance sheet is also known as the statement of financial position. It captures your financial position in total at any given point in time. You can take a photograph of an automobile moving at a high rate of speed, and the image will capture the precise position of the car at that time. In the same way, the balance sheet identifies your financial standing. It lists your assets, your liabilities, and the difference between the two, which is your owner's equity, or net worth. The basic accounting equation (assets = liabilities + owner's equity) is the basis for the balance sheet.

Emerician Auto-detailing Company				
Balance Sheet				
For the Year Ended December 31, 200X				
Assets			**Liabilities and Capital**	
Current Assets			*Current Liabilities*	
Cash	12,000.00		Accounts payable	$10,500.00	
Accounts receivable	15,000.00		Wage payable	$11,500.00	
Inventory	25,000.00		Total Current Liabilities		$22,000.00
Prepais Insurance	2,500.00		Long-Term Liabilities		
Total Current Assets		54,000.00	*Bank Loan Payable*	$17,500.00	
Fixed Assets			*Total Long-Term Liability*		$17,500.00
Equipment	85,000.00		Total Liabilities		$39,500.00
Less: Accum Deprec.	-65,000.00		Capital		
Total Fixes Assets		20,000.00	*Emeric S., Capital*		$35,000.00
Total Assets		74,500.00	Total Liabilities/Capital		$74,500.00

I have presented this information on a general, instructional basis, assuming that you have historic data for completing the necessary statements. After your business has been operating for some time, you will have this data. The necessity for preparing these statements is equally important as planning for the start of your venture. As part of the business planning process, you combine your experience and historic, factual data with your best judgment and estimate. The statements reflect your projected, or anticipated, performance and are known as *pro-forma* financial statements. Prior to beginning your business, you will need this information to know where your income will be coming from, what cash will be available, what expenses you can anticipate, and the timing that that may be possible. The pro-forma financial statements will give you an advance look at the financial viability of your business. Once your business is operating, you will combine historic financials to measure your progress with pro-forma financial statements. This will enable you to plan for continued and future operations.

El estado de posición financiera también es conocido como balance general. Captura su situación financiera total en un momento dado. Puede tomar una fotografía de un automóvil en movimiento a gran velocidad, y la imagen capturará la posición precisa del coche en ese momento. De la misma manera, el balance general identifica su situación financiera. Lista sus activos, sus pasivos, y la diferencia entre los dos, lo que es su patrimonio o capital contable. Esta ecuación contable básica (activo = pasivos + capital) es la base del balance general.

Compañía Emérica de Venta de Autos

Estado de Posición Financiera (Balance General)
Al 31 de Diciembre de 200X

Activos			Pasivo y Capital		
Activos Circulantes			*Pasivo de Corto Plazo*		
Efectivo	12,000.00		Cuentas por pagar	$10,500.00	
Cuentas por cobrar	15,000.00		Salarios por pagar	$11,500.00	
Invetarios	25,000.00		Total Pasivo de C.P.		$22,000.00
Seguros prepagados	2,500.00		*Pasivos de Largo Plazo*		
Total Activos Circulantes		54,000.00	Préstamo Bancario	$17,500.00	
Activos Fijos			*Total Pasivo de L.P.*		$17,500.00
Equipo	85,000.00		*Total Pasivos*		$39,500.00
Menos: Deprec. Acum	-65,000.00		*Capital*		
Total Activos Fijos		20,000.00	*Capital Social*		$35,000.00
			Total Pasivo más		
Total Activos		74,500.00	*Capital*		$74,500.00

He presentado esta información en una base general y didáctica, suponiendo que se tienen los datos históricos para completar lo estados necesarios. Después de que su negocio haya funcionado por algún tiempo, tendrá estos datos. La necesidad de preparar estos estados es igual de importante para planear el comienzo de su empresa. Como parte del proceso de planeación del negocio, usted combina datos históricos y en base en su experiencia y con su mejor juicio y hará estimaciones. Los estados que reflejan su desempeño por anticipado son conocidos como estados financeros proyectados. Antes de comenzar su negocio, necesitará esta información para saber de donde provendrán sus ingresos, cuánto efectivo estará disponible, cuales gastos puede anticipar, y el momento en que ellos pueden ser posibles. Los estados financieros proyectados le darán una visión por adelantado de la viabilidad financiera de su negocio. Una vez que su empresa esté operando, combinará los datos financieros históricos para medir su progreso con los estados financieros proyectados y así planeará las operaciones continuas y futuras.

> **Numeracy = numeric literacy**
> The numbers you **must** know:
> $ Your cash flow
> $ Cost breakdown for everything
> $ Your Break-even
>   o   For each product
>   o   For your entire business

In closing this section on the financial portion of your business plan, I would challenge you to ask yourself where you would be right now if you were unable to read and write? Literacy is the ability to read and write, and it is essential for success. The ability to read and write in the language of business carries the same degree of importance. You will not succeed in business without being literate in the language of finance. According to Bob Reiss, editor of INC magazine, **Numeracy** - the literacy of numbers – is the absolute minimum that business persons must know to succeed with their businesses. This includes your cash flow, your cost structure, and your breakeven at all levels. It may be creative inspiration that gives you the idea for the business, and it may be technical skills that allow you to produce your product or to deliver your service. It will be managerial skill that enables you to establish and grow your business. You will not succeed without managing "by the numbers."

Section 6d: The Production Plan

The purpose of the production plan is to identify how you will produce your product or service. We have already identified all of the costs associated with the raw materials and labor. We have identified the finished product being provided to the customer. The production plan explains exactly how we convert the raw materials into the finished products. This section is necessary whether the business is based on a product or on a service. It may be called something else, but we will briefly explore various forms for analyzing your production. Beginning with basic definitions, we understand that manufacturing is the process of converting raw materials into usable products.

> **Numerismo = Alfabetismo Numérico**
> Los números que usted **debe** saber:
> $ Su Flujo de Efectivo
> $ Análisis de costos de todo
> $ Su punto de equilibrio
> o   Por cada producto
> o   Para el negocio

Para cerrar esta sección financiera de su plan de negocios, le reto a que se pregunte ¿en donde estaría ahora mismo si usted no pudiera leer ni escribir? El alfabetismo (nota del traductor 5) es la habilidad para leer y escribir y es esencial para tener éxito. La habilidad de leer y escribir en el lenguaje de los negocios conlleva el mismo grado de importancia. Usted no tendrá éxito en los negocios si no es letrado en el lenguaje financiero. De acuerdo a Bob Reiss, editor de la revista INC, *"Numerismo"* (nota del traductor 6): habilidad de leer y escribir números, es el mínimo absoluto que un empresario debe saber para tener éxito con sus negocios. Esto incluye su flujo de efectivo, su estructura de costo, y su punto de equilibrio en todos los niveles. Puede ser la inspiración creativa la que genere la idea para su negocio, y puede ser la habilidad técnica la que le permita producir su producto o entregar sus servicios; puede ser la destreza gerencial la que le permita establecer y hacer crecer su negocio. Pero no tendrá éxito sin la administración "por números."

Sección 6d: El Plan de Producción

El propósito del plan de producción es identificar cómo producirá su producto o servicio. Hemos identificado todos los costos asociados con la materia prima y la mano de obra. Hemos identificado ya el producto terminado que se proporciona al cliente. El plan de producción explica exactamente cómo convertimos la materia prima en productos terminados. Esta sección es necesaria ya sea si el negocio se basa en un producto o en un servicio. Se le puede llamar de cualquier otra manera, pero exploraremos brevemente algunas formas diferentes para analizar su producción. Empezando con definiciones básicas, entendamos que la manufactura es el proceso de convertir la materia prima en productos utilizables.

Nota del traductor 5: Palabra no reconocida oficialmente en el diccionario de la Real Academia Española. Término utilizado para describir la habilidad de leer y escribir, acuñada como antónimo de analfabetismo.

Nota del traductor 6: El original en inglés presenta el neologismo "Numeracy" y lo define como: "The literacy on numbers", es decir, la habilidad de leer y escribir números. Para este texto hemos acuñado el término "Numerismo" por analogía con alfabetismo.

Production refers to the process that is used. Many texts also define technology as the process of converting inputs into outputs. There are three basic types of production process: unit, batch, and continuous process. Imagine a craftsman carving a model car out of a block of wood. Each would be made individually, each would be unique. Now, imagine the same craftsman, having carved one model, making a series of molds. Each mold would be virtually identical. Now imagine him pouring plastic into 100 molds at a time. He would be producing a batch of products. A continuous process is best demonstrated by an oil refinery producing gasoline. A steady inflow of crude oil is processed continuously and consistently produces a steady outflow of finished product. As we plan our business, it is important to consider our production process – whether it will be unit, and therefore individualized, or batch and therefore continuous.

A second aspect to consider with our production process is whether you are producing a product or a service. While some texts argue for five differences between a product and a service offering, two of them are really significant to understand. One major difference between a product and a service is that a service is produced by the company and used by the customer at the same time. The customer is using (getting value) from the product at the same time that you are producing it. This means that the customer is not only involved in the process, but that each customer receives a unique product. The second major difference is that manufacturing produces a tangible product. A service firm produces what is called intangible output. Service often consists of information or knowledge rather than something you can hold in your hands.

Let's start with a business involving manufacturing. The production plan would explain the complete manufacturing process. This includes equipment, machinery, the physical plant, it's layout, and the work-flow. All of your major suppliers should be identified, as well as any risk of being restricted to one supplier for critical materials. If you subcontract parts of the process to others, subcontractors should be identified, including their location, how they were selected, costs, and contractual obligations between yourselves.

La "producción" se refiere al proceso productivo. Muchos textos también definen la tecnología como el proceso de convertir insumos en bienes y/o servicios. Existen tres tipos básicos de procesos de producción: Por unidad, en lotes, y procesos continuos. Imagine a un artesano esculpiendo un coche a escala a partir de un bloque de madera. Cada uno será fabricado individualmente y cada uno sería único. Ahora, imagine al mismo artesano, habiendo esculpido un modelo, creando una serie de moldes. Cada molde sería virtualmente idéntico. Ahora imagíneselo vertiendo plástico en 100 moldes al mismo tiempo. Estaría fabricando un lote de productos. Un proceso continuo se ejemplifica mejor por una refinería de petróleo produciendo gasolina. Un flujo estable de crudo, se procesa continua y consistentemente y genera un flujo estable de producto terminado. Al planear nuestro negocio, es importante considerar nuestro proceso de producción, ya sea que sea por unidad, y por lo tanto individualizado, o en lote y por consiguiente continuo.

Un segundo aspecto a considerar con nuestro proceso de producción es: Si se trata de un producto o un servicio. Aunque algunos textos argumentan cinco diferencias entre un producto y el ofrecimiento de un servicio, dos de ellos son verdaderamente importantes de entender. Una de las principales diferencias es que el servicio es creado por la compañía y es utilizado por el cliente al mismo tiempo. El cliente está usando (obteniendo valor de) el producto al mismo tiempo que usted se lo presenta. Esto quiere decir que el cliente no sólo está involucrado en el proceso, sino que cada cliente recibe un producto único. La segunda diferencia importante es que la manufactura crea un producto tangible. Una empresa de servicios elabora lo que se conoce como un bien intangible. El servicio a menudo consiste de información o conocimiento en lugar de algo que usted pueda tomar en sus manos.

Empecemos con un negocio que involucre la manufactura. El plan de producción explicaría el proceso completo de manufactura. Esto incluye el equipo, la maquinaria, la planta física, su distribución, y el flujo del trabajo. Se debe identificar a todos sus principales proveedores, así como cualquier riesgo de restricción por parte de un proveedor de materiales críticos. Si usted sub-contrata partes del proceso a otros, los subcontratistas deberán de ser bien identificados, incluyendo su ubicación, cómo fueron seleccionados, los costos, y las obligaciones contractuales entre ustedes.

Issues in the Production Plan

1. Will you be responsible for all or part of the manufacturing operation?

2. If some of the manufacturing is subcontracted, who will be the subcontractor(s)? Where are they located? How were they selected? What are the costs?

3. What is the physical layout of your facility? What is the production process layout?

4. What equipment will be necessary to support manufacturing? Is the equipment readily available? Is it technically current? Is it upgradeable?

5. What materials are necessary?

6. What are the sources of supply for the materials?

7. What is the availability of properly skilled and qualified labor?

8. What is your inventory control system?

9. What is your production control system to ensure quality?

10. What are the costs for manufacturing? What are your break-even quantities of production?

11. How will your production process be affected if production is increased? Decreased?

If your business is not manufacturing, but still dealing with products, such as a retail store, you must still have a production plan. Rather than focusing on how the products are made, your plan would focus on how the products are obtained, displayed, and managed. The production plan would actually be called a merchandising plan. The plan would identify how merchandise is purchased and inventoried, the control systems used, and any necessary storage. In both manufacturing and retail you can expect to have a proportionately high cost for materials.

Aspectos Importantes del Plan de Producción

1. ¿Sería usted el responsable de toda o parte de la operación de manufactura?

2. Si algo de la operación se subcontrata, ¿Quién(es) sería(n) el (los) subcontratista(s)? ¿Dónde se ubicarían? ¿Cómo se seleccionaron? ¿Cuáles serían los costos?

3. ¿Cuál sería la distribución física de su fábrica? ¿Cómo se distribuiría el proceso de producción?

4. ¿Qué equipo sería necesario para hacer posible la fabricación? ¿Está el equipo listo para funcionar? ¿Está tecnológicamente actualizado? ¿Se puede mejorar su capacidad?

5. ¿Qué materiales son los necesarios?

6. ¿Cuáles serían las fuentes de abastecimiento del materiales?

7. ¿Cuál es la disponibilidad de mano de obra calificada?

8. ¿Cuál es su sistema de control de inventarios?

9. ¿Cuál es su sistema de control de la producción para asegurar la calidad?

10. ¿Cuáles son los costos de fabricación? ¿Cuáles son las cantidades de producción de su punto de equilibrio?

11. ¿Cómo se afectaría su proceso de producción si aumentara o disminuyera el volumen?

Si su negocio no es de manufactura, pero aún así maneja productos, tal como una tienda de menudeo, de todos modos deberá tener un plan de producción. En lugar de enfocarse en como se elaborarían los productos, su plan se centraría en como los productos se obtienen, se exhiben y se administran. El plan de producción en realidad sería llamado "plan de mercadería". El plan identificaría como la mercancía se compra y se registra, los sistemas de control que se utilizan y cualquier almacenamiento necesario. En ambos procesos (de manufactura o menudeo) usted puede esperar tener un costo proporcionalmente alto de materiales.

When we spoke of budgets, I directed you to pay attention to the most critical resources. In a manufacturing operation, your production plan will, of necessity, focus on your equipment and material, the most critical resources. The production (merchandising) plan for a retail operation will focus on a retail operation's most critical resources and customer merchandise. A service business does not produce or sell a tangible product. Material costs are insignificant, and while equipment may be involved, labor costs are significantly higher. Nevertheless, a service business still must manage its process. Instead of the physical placement of the machinery, the location of personnel to the customer is of interest. A service business may not have a large building but may require specialized training and may have unique needs for coordinating across functional skill areas. For this reason, a service business' plan for producing its product will be incorporated within the operational plan rather than as a separate section.

Section 6e: The Organizational Plan - Why you? Who are you, and how are you organized?

The organizational plan may be the shortest but is a very important part of your plan. Remember when we did the feasibility assessment? We asked you to challenge yourself as to why you were uniquely suited to this idea. In the organizational plan section of the business plan you must demonstrate the managerial and organizational capabilities of making the business financially successful. This requires identifying yourself and everyone on your team to demonstrate the necessary knowledge, skills and abilities. You must then show how you will organize yourselves to accomplish your objectives.

A business can be organized under one of three forms: proprietorship, partnership, or corporation. There are many considerations governing which form is used, however the major considerations are liability, taxation, and ownership succession planning.

Cuando platicamos sobre presupuestos, le pedí que prestara atención a los recursos más críticos. En una operación de manufactura, su plan de producción se enfocará por necesidad, en su equipo y su material, los recursos más críticos. El plan de producción (mercadería) para una operación de menudeo, se enfocará en los recursos más críticos de la operación: la mercancía para el cliente. Un negocio de servicio no fabrica o vende un producto tangible. Los costos de materiales son insignificantes y aunque haya equipo involucrado, los costos de mano de obra son significativamente más altos. No obstante, un negocio de servicio deberá administrar sus procesos. En vez de la ubicación física de la maquinaria, lo que interesa es la ubicación del personal respecto al cliente. Un negocio de servicio puede no tener un gran edificio pero quizá requiera de entrenamiento especializado y puede tener necesidades únicas para coordinarse en áreas funcionales expertas. Por esta razón, el plan de una empresa de servicios para elaborar "su producto" se incorpora dentro del plan operacional en vez de ser una sección separada.

Sección 6e: El Plan Organizacional. ¿Porqué usted? ¿Quién es usted y cómo está organizado?

El plan organizacional puede ser el más corto, pero es una parte muy importante de su plan. ¿Recuerda cuando hicimos el análisis de factibilidad? Le pedimos que se preguntara por qué era usted particularmente apropiado para esta idea. En la sección del plan organizacional del plan de negocios debe demostrar las capacidades gerenciales y organizacionales para hacer que el negocio sea financieramente exitoso. Esto requiere de que se identifique usted y a cada uno de los miembros de su equipo para demostrar las habilidades, destrezas y conocimientos necesarios. Entonces deberá presenter como se organizarán para alcanzar sus objetivos.

Un negocio se puede organizar bajo una de estas tres formas: propiedad individual, sociedad civil o corporación (Nota del traductor 7). Hay muchas consideraciones que rigen la forma en que se utilice, sin embargo, las más importantes son las obligaciones, los impuestos y los planes de sucesión de la propiedad.

Nota del traductor 7: Las formas establecidas en el derecho mercantil mexicano equivalentes son: Proprietorship (propiedad individual) equivaldría a "Una persona física con actividades empresariales", Partnership (sociedad civil) es una entidad cuyo capital está representado por partes sociales, como por ejemplo una firma de profesionistas, y Corporation (corporación) equivale a las sociedades mercantiles cuyo capital se representa por acciones.

Generally speaking, there is no separation between an individual and the business if the business is organized as either proprietorship or partnership. This means that any liability for the business is also a liability for the individual(s). Any income from the business is taxed to the individual(s). The individual(s) and the business are essentially the same. There is no difference between the two.

Corporations, on the other hand, have a legal identity separate from the individual(s), protecting the individual(s) from business liability except in the case of negligence. The business, as a separate entity, pays taxes. The individual(s) pay taxes only on what income they receive from the business. Professionals such as doctors or lawyers cannot use the same corporate form as other businesses, but most states have a professional corporation form. Your choice of organizational form should be made carefully and should be discussed with your attorney and/or accountant to make sure it is the best choice for your circumstances.

A family business may present unique challenges in organizing since it is frequently difficult to separate personal from business issues. For the business to be successful, however, they should be addressed. Sometimes rivalry between family members can destroy the future of the business. Family businesses are different because the likelihood of disruptive conflict and competitiveness is increased. All businesses must face the issue of continuity – who will run the business when the founder no longer wants to actively run the business. Many businesses are built with the intention of passing them on to succeeding generations, yet two thirds of family businesses fail at this stage.

Your business plan should describe the organizational form, whether it is proprietorship, partnership, or corporation. If it is a partnership, each partner's ownership as well as the terms of the partnership should be clarified. If the business is a corporation, the legal conditions should be identified, including the number of shares and the name and background of each officer and director. In the case of a corporation (or a larger business at start-up), an organization chart showing authority, responsibility and accountability of the key members of the business is helpful.

En términos generales, no hay una separación entre el individuo y el negocio, si el negocio es organizado como de una persona por su cuenta o grupo organizado como sociedad civil. Esto significa que cualquier pasivo del negocio es también una pasivo de los individuos. Cualquier ingreso del negocio es gravable para el individuo, porque el individuo y el negocio son uno mismo. No hay diferencia entre ambos.

Las corporaciones o sociedades mercantiles, por otro lado, tienen una identidad legal distinta de los individuos, protegiéndolos de las obligaciones del negocio, excepto en caso de la negligencia. La empresa, como una entidad separada, paga sus impuestos y los individuos los pagan sólo por el ingreso que reciben del negocio. Los profesionistas, como los doctores o los abogados, no pueden utilizar la misma forma de organización que otro tipo de actividades, pero en la mayoría de los países existe una forma de asociación de profesionistas. Debe elegirse cuidadosamente la forma en que se va a organizar y debe discutirlo con su abogado y/o contador, para asegurarse que es lo mejor, dadas sus circunstancias.

Los negocios familiares presentan retos únicos en cuanto a su organización, ya que frecuentemente es difícil separar los asuntos personales de los de la empresa. Sin embargo, para que el negocio tenga éxito, esto se debe hacer. Algunas veces las rivalidades entre miembros de la familia pueden destruir el futuro del negocio. Las empresas familiares son diferentes porque la probabilidad de un conflicto paralizante y la competitividad aumentan. Todos los negocios deben enfrentarse con el problema de la continuidad: Quién manejará el negocio cuando el fundador ya no quiera dirigir activamente. Muchos negocios se crean con la intención de heredarlos a las generaciones posteriores, sin embargo, dos tercios de éstas fracasan en ese momento.

El elemento organizacional en su plan de negocios deberá describir la forma de la organización, así sea de propiedad individual, sociedad civil o corporación. Si es una sociedad civil, cada parte de los socios se debe aclarar, al igual que los términos de la sociedad. Si el negocio es una corporación, las condiciones legales deben identificarse, incluyendo el número de acciones, el nombre y antecedentes de cada funcionario y director. En el caso de una corporación (o un negocio más grande desde su inicio), será de gran ayuda un organigrama que muestre autoridad, funciones y responsabilidad de los miembros clave de la empresa.

Issues in the Organizational Plan

1. Who is, and what is the background (knowledge, skill, ability, experience) of each member of the management team?

2. How is the company organized? What is the form of ownership? Who owns how much?

3. What are the roles and responsibilities of each member of the management team?

4. Are there any directors or advisors who are not part of the management team?

5. What are the salaries, bonuses, or other forms of compensation for each member of management or each director?

6. Who has control of the critical resources in the firm?

Section 6f: The Operational/Contingency Plan – anticipating problems

A small business has a very simple management structure – the owner is the manager. If you are the owner, you are responsible for establishing the goals and direction for the firm. You are also responsible for ensuring that everyone in your business not only knows the objectives but also works to support them. Imagine for a moment that you are taking a road trip in your automobile. You have a brand new car and are want to drive from Mexico City to Chicago. You must be careful which route you travel. Some routes are more dangerous, some routes have few petrol stations with long lines, and some routes do not allow for rest. As the owner of the vehicle, you plan the route carefully and budget your money for the trip. You have two partners as passengers, each a fully qualified driver, each capable of performing minor mechanical repairs in the event that something happens to the car. Enthusiastically, you depart. In time, you become tired, and one of your partners takes the wheel to continue the journey.

Aspectos del Plan Organizacional
1. ¿Quienes y cuáles son las cualidades (conocimientos, destrezas, habilidades, experiencia) de cada miembro de su equipo gerencial?
2. ¿Cómo se organizaría la compañía? ¿Cómo está constituida legalmente? ¿Quién es dueño de cuánto?
3. ¿Cuáles son los roles y las responsabilidades de cada miembro del equipo gerencial?
4. ¿Existe alguno de los consejeros o asesores que no son parte del equipo gerencial?
5. ¿Cuáles serían los sueldos, bonos u otra forma de compensación de cada miembro de la gerencia o de cada consejero?
6. ¿Quién tiene el control de los recursos críticos de la empresa?

Sección 6f: El Plan Operacional / de Contingencia: previendo problemas

Un negocio pequeño tiene una muy simple estructura gerencial, el dueño es el gerente. Si usted es el dueño, usted es el responsable de establecer las metas y la dirección de la empresa, así como asegurarse de que todos en el negocio no solamente conozcan los objetivos, sino que trabajen para apoyarlos. Imagínese por un momento que iniciando un viaje en su automóvil. Tiene un nuevo auto y va a manejar de la Ciudad de México a Chicago. Debe de ser muy cuidadoso en qué ruta va a utilizar. Algunas rutas son más peligrosas, algunas rutas tienen pocas estaciones de gasoline durante largos intervalos, y algunas rutas no le permiten descansar. Como dueño del vehículo, usted planea la ruta cuidadosamente y presupuesta el dinero para el viaje. Digamos que tiene dos socios o pasajeros, los dos son conductores calificados, cada uno es capaz de realizar una reparación mecánica menor, en el caso de que algo ocurra en el coche. Con gran entusiasmo parten. Eventualmente, usted se cansará, y alguno de sus socios tomará el volante para continuar el viaje.

You go to sleep. Your driver, not knowing everything you know, misses a turn and travels down the wrong road. The automobile is moving, it may even be in the general direction you intended, but it is not going on the planned route. Does this sound possible? Have you been in an auto when the driver took the wrong turn? It can happen more easily in business than in an automobile, especially in a small business. You can concentrate on the road, steer the vehicle, and apply the brakes or the gas as needed to operate the automobile. But, unless you have planned your destination, mapped your route, and monitor your trip, you may not arrive on time, if at all. If you happen to fall asleep during your voyage, you may wake to find that you have traveled many miles in the wrong direction.

Most entrepreneurs plan their intended route before they begin the business. The earlier portions of the business plan have laid out your intended plans. This business plan is communicated to your partners and employees. Your method of organization has been discussed, and is similarly understood by all involved. The control system you intend to use to monitor your progress is important because you may  need to alter your plans for unexpected occurrences. This operational section begins by discussing your control systems: the processes you will use to monitor and measure progress as well as to make necessary course corrections. In a manufacturing firm, control of the assembly line requires achieving production levels while maintaining quality within a financial budget. In a retail operation, the merchandise and displays must be maintained to ensure adequate choice for the customer while minimizing waste and unnecessary storage. In a service firm, labor must be managed to ensure productivity and customer satisfaction. Each business requires a unique control system. If everything operates as planned, there is no further planning to do. If it's not broken, don't fix it! Management isn't required when everything is going well. Management is called for when things don't go according to plan when we've gotten off course.

Usted se duerme y su conductor, no sabiendo todo lo que usted sabe, se pasa de la salida correcta y continúa por el camino equivocado. El automóvil se está moviendo, puede ser que sea en la dirección general correcta, pero no va en la ruta planeada. ¿Le suena esto familiar? ¿Alguna vez ha estado en un auto cuando el conductor tomó un camino equivocadamente? Sucede más fácilmente en los negocios que en un automóvil, especialmente en negocios pequeños. Usted se puede concentrar en el camino, manejar el vehículo, y aplicar los frenos o acelerar conforme sea necesario para operar el automóvil. Pero a menos que haya planeado su destino, trazado la ruta y estar pendiente del viaje, tal vez no lleguaría a tiempo, eso si llega. Si se queda dormido durante el camino, puede que se despierte y descubre que han viajado muchos kilómetros en la dirección equivocada.

La mayoría de los empresarios planean su ruta, antes de que empiecen el negocio. Las primeras etapas del plan de negocios han descrito sus intenciones. Este plan se comunica a sus socios y empleados. Ha discutido su método de organización, y debiera ser entendido por todos los involucrados. El sistema de control que se pretende utilizar para vigilar su progreso es importante, porque puede necesitar alterar sus planes por situaciones inesperadas. Esta sección operacional comienza con la discusión de los sistemas de control: el proceso que utilizará para vigilar y medir el progreso, así como para hacer las correcciones necesarias en el trayecto. En una empresa manufacturera, el control de la línea de ensamble requiere de alcanzar ciertos niveles de producción, al mismo tiempo que se mantiene la calidad dentro de un presupuesto financiero. En una operación de menudeo, la mercancía y los exhibidores, deben arreglarse para asegurar que se presenten al cliente opciones adecuadas, al mismo tiempo que se minimiza el desperdicio y el almacenamiento de lo no necesario. En una firma de servicios, la mano de obra deberá de ser administrada para asegurar la productividad y la satisfacción del cliente. Cada empresa requiere de un sistema de control único. Si todo funciona como se espera, no se requieren más planes. ¡Si no está descompuesto, no lo arregles! La gerencia no es necesaria cuando todo funciona bien. La gerencia se requiere cuando las cosas no van de acuerdo al plan, cuando nos hemos salido del curso.

Entrepreneurship is risky. We've referred to your personal ability to accept risk. When we introduced the concepts of four wheels and four tires we said that it was necessary to identify risks. Before we proceed, let's clarify the difference between uncertainty and risk. You don't know? That's uncertainty. Do you have something to lose? Then it becomes risk. The difference between uncertainty and risk is whether or not you can recognize possible

outcomes, and by anticipating what might happen, insure against what you might lose. When you insure the possible loss you are managing the risk. Imagine for a moment that you are on the edge of a cliff – at night. You cannot see the other side. That is uncertainty. Would you jump? That would be foolish. Now, imagine it is daytime. This is risk. Why? Because you can see what might happen. Would you jump? Only if you thought you could make it to the other side. You might also build a bridge to carry you to the other side. This is a form of insuring the risk. All businesses face uncertainty. Some uncertainty can be recognized, or insured against; some cannot not. Risk management requires recognizing the hazards and potential losses facing your business and having a plan to minimize their likelihood. Risk management requires imagination, understanding, planning, and having accurate, complete and timely information.

Entrepreneurs do not seek out risk. Contrary to what you may have heard or though, they do not like to take big risks. They do, however, assume risks by nature of their activities. As we have discussed, most risks can be reduced by a combination of awareness and decision making. You must be fully aware of current and future market and economic conditions. You should consider the consequences of various alternatives, and make appropriate decisions in response to changing conditions. You can rely on the truth of another Emeric-ian principle, *everything will change when you lease expect it to.* Some risks are easier to manage than others, and change always presents risks.

La *empresariedad* es riesgosa. Nos hemos referido a su habilidad personal para aceptar riesgos. Cuando introdujimos los conceptos de cuatro ruedas y cuatro neumáticos, dijimos que era necesario identificar los riesgos. Antes de continuar, aclaremos la diferencia entre incertidumbre y riesgo. ¿No la sabe? Eso es incertidumbre ¿Tiene algo que perder? En ese momento se convierte en un riesgo. La diferencia entre incertidumbre y riesgo es si usted puede o no reconocer los posibles resultados, y anticipándose a lo que pudiera ocurrir, protegerse contra lo que pudiera perder. Cuando se asegura contra una posible pérdida, está administrando el riesgo. Imagine por un momento que está al borde de un precipicio, en la noche. No

 puede ver el otro lado: Eso es incertidumbre. ¿Saltaría? Eso sería una tontería. Ahora, imagine que es de día. Eso es riesgo ¿Por qué? Porque puede ver lo que podría ocurrir ¿Saltaría? Solamente si piensa que podría llegar al otro lado. También podría construir un puente para cruzar. Esta es una forma de protegerse o

asegurarse contra el riesgo. Todos los negocios afrontan incertidumbre. Algunas veces se puede reconocer o contratar un seguro para protegerse; algunas veces no. La administración de riesgos requiere del reconocimiento de peligros y pérdidas potenciales a los que se enfrenta su negocio y tener un plan para minimizar su probabilidad. La administración del riesgo requiere imaginación, entendimiento, planeación y tener información exacta, completa y oportuna.

Los empresarios no buscan riesgos. Contrariamente a lo que pudo haber escuchado o pensado, no les gusta tomar grandes riesgos. Sin embargo, los asumen por la naturaleza de sus actividades. Como lo hemos discutido, la mayoría de los riesgos pueden ser reducidos con una combinación de atención y toma de decisiones adecuadas. Usted debe estar totalmente consciente de las condiciones, actuales y futuras, del mercado y de la economía. Debe considerar las consecuencias de varias alternativas, y tomar las decisiones apropiadas respondiendo a condiciones cambiantes. Puede confiar en la veracidad de otro principio "Emérico": ***Todo cambiará cuando menos se lo espere.*** Algunos riesgos son más sencillos de manejar que otros, y el cambio siempre presenta riesgos.

There are four ways to respond to risk: Avoidance, reduction, transfer, and assumption. Risk avoidance eliminates the risk by avoiding or abandoning the activity that is risky. Risk reduction minimizes the risk by using various methods to either reduce the likelihood of a damaging event. Some risks cannot be avoided, but can be reduced by careful acts of prevention, such as using safety and protective measures when working with hazardous materials. Risk transfer is passing the effects of the risk to another person or organization outside of your business. Insurance, where another company pays you in the event of a loss, is the best known form of risk transfer. Finally, risk assumption involves accepting both the risk and the consequences of the event. Ideally, risk assumption is a planned and intended choice. Risk assumption is generally intended when either the risk of the possible loss is not financially significant to the business, or when the cost of insuring against the loss is too costly. In reality, however, any risk you do not recognize but manage is assumed, meaning, you must bear the full burden of any possible loss.

Four categories of risk that should be explored: operational, property, employee, and customer centered. Some of the risks can be identified, protected against, and insured to minimize your loss. Each category contains risks with loss potential that would devastate your business. Operational risks are those uncertainties the business face during normal operations. Effective management requires you to be aware of not only your environment and the conditions under which your business operates, but also those factors which could harm your firm if they changed. Operational risks range from macro-economic to micro-economic issues. This includes recession, legislative and market changes, product obsolescence, changes in competition, and the loss (or death) of key employees. Generally, these risks cannot be insured against. They can only be minimized by awareness and planning. This requires a constant monitoring of these areas and reacting quickly in the event of possibly harmful occurrences. Operational risk management is essentially applied common sense.

Existen cuatro formas de responder ante el riesgo: Evitarlo, reducirlo, transferirlo y aceptarlo. Evitar los riesgos significa eludir o abandonar la actividad riesgosa. La reducción de riesgo es minimizarlo, usando varios métodos para reducir la probabilidad de un evento dañino. Algunos riesgos no pueden ser evitados, pero pueden ser reducidos a través de actos preventivos cuidadosos, tales como el uso de medidas de seguridad y protección cuando se trabaja con materiales peligrosos. La transferencia de riesgo consiste un pasar sus efectos a otra persona u organización fuera de su empresa. Una póliza de seguros, con la que otra compañía le paga en el caso de una pérdida, es la forma más conocida de transferencia de riesgo. Finalmente, la aceptación del riesgo significa asumir tanto el riesgo como las consecuencias del evento. Idealmente, la aceptación del riesgo es una elección planeada e intencional. La aceptación del riesgo es generalmente intencional cuando el riesgo de la posible pérdida no sea financieramente significativo para la empresa, o cuando el costo del seguro contra la pérdida es demasiado alto. En la realidad, sin embargo, cualquier riesgo que no reconozca y administer, es aceptado. Lo que significa que deberá soportar el peso total de cualquier posible pérdida.

Existen cuatro categorías de riesgos que deben explorarse: Operacional, de propiedad, laboral y relacionadas con el cliente. Algunos de los riesgos pueden identificarse y protegerse contra ellos, y pagar un seguro para minimizar su pérdida. Cada categoría contiene riesgos con pérdidas potenciales que podrían devastar su negocio. Los riesgos operacionales todo lo incierto a lo que se enfrenta una empresa durante las operaciones normales. La administración efectiva requiere que usted esté consciente del entorno y de las condiciones bajo las cuales el negocio opera, o de aquellos factores que si cambiaran, podrían dañar su empresa. Los riesgos operacionales van desde los aspectos macro hasta microeconómicos. Esto incluye una recesión, cambios en las leyes y en el mercado, obsolescencia del producto, cambios en la competencia, o la pérdida (o muerte) de empleados clave. Generalmente, no existen seguros contra estos riesgos; sólo se pueden minimizar si se tienen presentes y se planean. Esto requiere de atención constante de dichas áreas, y de reaccionar rápidamente en el caso de que ocurra una posible situación dañina. La mayoría de las veces la administración de riesgo operacional consiste en aplicar el sentido común.

Proper diversification is one of the best protections against obsolescence, and it also provides protection against recessions, market, and competitive changes. A company with several product or service offerings is less vulnerable to external changes than a company with only one offering. A business does not have to be large in order to diversify. A company that services automobiles can also service tractors and wagons. Minimizing the risk of losing a key employee is good management. You should actively train people for multiple tasks, and should be continuously developing your employees for advancement. You can reduce the risk associated with the death of a key employee by insuring his/her life.

The step most often forgotten in a small business is protecting against the loss of the owner – yourself. True, you can purchase insurance for your life, or you may even believe that the business does not need to survive you. But, what if you were disabled for a period of time? Would there be someone else in the organization capable of running the business profitably? Would the business survive to see you return? The best way to handle operational risks is to anticipate what might happen, and to make a plan for how to handle it. This requires trying to visualize all reasonably possible occurrences, anticipating their effects on the firm, and formulating a plan in case they happen. This plan should be in writing and reviewed annually or as needed. Operational risks will constantly change and will always remain a challenge.

Most people think of property risks when risk management is mentioned. This is the potential destruction or loss of some physical asset of the business. Property loss is probably the easiest to protect and insure against. Whether it is fire protection, a security system, cash protection strategy, or computer security system, you must try to identify the potential hazards and develop a plan to reduce the risk exposure, including the risk of a total loss. For instance, a building can be insured against fire, but if your building burns down entirely, what else has been lost that will affect your operations?

La diversificación apropiada es una de las mejores formas de protegerse contra la obsolescencia, y también proporciona protección contra recesiones, y cambios en el mercado y el entorno competetivo. Una compañía que ofrece varios productos o servicios es menos vulnerable a los cambios externos que una compañía que solo hace ofrece una opción. Un negocio no tiene que ser grande para poder diversificarse. Una compañía que da servicio a automóviles, también se lo puede dar tractores y camionetas. Minimizar el riesgo de perder a un empleado clave es una buena decisión gerencial. Debe entrenar activamente al personal para desempeñar múltiples tareas, y deberá desarrollarlos continuamente para promoverlos. Puede reducir el riesgo de muerte de los empleados clave al contratar un seguro de vida.

La situación que con más frecuencia se olvida en una empresa pequeña, es protegerla contra la pérdida del propietario: usted mismo. Es verdad, usted puede comprar un seguro de vida, incluso pensar que el negocio no lo necesita para sobrevivir. Sin embargo, ¿qué pasaría si usted quedara incapacitado durante algún tiempo? ¿Habría alguien más en la organización capaz de manejar el negocio lucrativamente? ¿Sobreviviría el negocio hasta que usted regresara? La mejor manera para manejar los riesgos operacionales es anticiparse a lo que pudiera suceder, y hacer un plan sobre cómo enfrentarlo. Esto requiere que trate de visualizar todas las situaciones razonablemente posibles, anticipar sus efectos en la firma y tener un plan para el caso de que ocurran. Este plan deberá estar por escrito y revisarse cuando menos una vez al año, si es que no se puede con mayor frecuencia. Los riesgos operacionales constantemente cambiaran y siempre serán un reto.

La mayoría de la gente piensa en el riesgo de propiedad cuando se menciona la administración de riesgos. Éste se refiere a la destrucción o pérdida potencial de algún activo físico de la empresa. La pérdida de propiedad es probablemente la más sencilla contra la cual protegerse y asegurarse. Ya sea con protección contra incendios, un sistema de seguridad, una estrategia de protección del efectivo, un sistema de seguridad de su equipo de cómputo. Deberá identificar los peligros potenciales e idear un plan para reducir la exposición al riesgo, incluyendo la pérdida total. Por ejemplo, un edificio puede asegurarse contra incendios, pero si su edificio es reducido a cenizas, ¿qué más se perdería que afectaría sus operaciones?

Are your records and computer systems protected? Your contingency plan should contain specific actions in the event this, or any other major setback, occurs.

 Employee risks can easily be considered operational risks. Earlier we talked about the possibility of losing key employees. Employees are also involved with property risks. While we may not want to think about employee theft or vandalism, it does occur and must be guarded against. To a certain extent, employee risks can be insured against, either through bonding or insurance. The most effective means of protecting against employee centered risks is the careful selection and supervision of employees. As a business grows, it is necessary to find and train additional people. It becomes increasingly important that they are both capable and honest. We spoke earlier of the importance of your controls systems to your operational plan. One aspect of the control system is the mechanism you use for internal controls and the way you supervise your employees. This is like walking a tightrope. On one hand, your employees expect your trust and confidence in their abilities. On the other hand, you must monitor and control their activities to protect yourself and your business. This also relates to your employee relations program. Many entrepreneurs, however, do not recognize, or they minimize the importance of good employee relations. Your employees are a key resource and should be treated as such. Maintaining good relations with them will reduce your employee risk exposure.

An employee injured on the job constitutes another form of employee risk. A business is responsible for providing a safe working environment for employees. While all U.S. states and most countries have some form of worker's compensation to provide insurance coverage, a company may have risk exposure beyond what is covered by this type of insurance.

¿Están protegidos sus registros contables y sus sistemas de cómputo? Su plan de contingencia deberá contener acciones específicas en caso de que esto o cualquier otro contratiempo ocurra.

 Los riesgos laborales pueden fácilmente ser considerados como riesgos operacionales. Al principio hablamos de la posibilidad de perder empleados clave. Los empleados también están involucrados con los riesgos de propiedad. Aunque no queramos pensar en el robo por parte de los empleados o vandalismo, realmente sucede y debemos protegernos contra esto. Hasta cierto punto, los riesgos laborales se pueden asegurar, ya sea por medio de fianzas o seguros específicos. Los medios más efectivos de protección contra los riesgos relacionados a los empleados, es la selección cuidadosa y la supervisión. Conforme la empresa crece, es necesario encontrar y entrenar personal adicional. Se vuelve cada vez más importante que sean tanto capaces como honestos. Ya dijimos antes la importancia de sus sistemas de control para el plan operacional. Un aspecto del sistema de control es el mecanismo que se utiliza para los controles internos y la manera en que supervisa a sus empleados. Esto es como caminar en la cuerda floja. Por un lado, los empleados esperan que usted confíe y dé crédito a sus habilidades. Por otro lado, usted debe vigilar y controlar sus actividades para protegerse usted mismo y su empresa. Esto también se relaciona a su programa de relaciones laborales. Sin embargo, muchos empresarios no ven o minimizan la importancia de las buenas relaciones laborales. Sus empleados son un recurso clave y deberán ser tratados como tal. Mantener buenas relaciones con ellos reducirá su exposición a los riesgos laborales.

Otra forma de riesgo laboral es aquel en que el empleado sufre un accidente en el trabajo. La empresa es responsable de proporcionar un ambiente de trabajo seguro. Aunque en la mayoría de los países existe una forma de compensación al trabajador para proporcionarles la cobertura de un seguro, la compañía puede tener una exposición mas allá del riesgo que esté cubierto por estos seguros.

Customer centered risks can also occur in different forms. One clear risk which is generally covered by insurance is customer injury in your facility. Customer theft is highly possible in retail operations; however, it is related to property risk. The greatest risk associated with customers is in the area of product or service liability. Services must be provided with reasonable competency. Products must be fit for the intended purpose. Reducing the risk of product or service liability requires constantly monitoring the quality of your operations, effectively training your employees, and avoiding exaggerated claims in your advertising and promotion. The remaining customer risk emerges either when the customer stops purchasing from you, or when the customer does not pay for what was purchased. Customers are the life-blood of the business, but customers that do not pay are the worst – they siphon resources from your firm that could otherwise be productively used to service other customers. The only way this risk can be reduced is to qualify your customers and monitor them closely. Unfortunately, many growing businesses focus on increasing sales by getting new customers without focusing on customers' willingness and ability to pay. The potential loss of a customer is similar to the operational risk of product obsolescence. The best defense is diversification. The best means of protecting your business is to avoid being dependant on any one customer.

Throughout this section, we referred to insurance without going into any specific detail. There are various types of insurance. We are all familiar with life insurance and fire insurance. In addition, there are a variety of casualty, credit, business interruption, liability, surety and fidelity insurance coverage available. Insurance is complex and expensive and can take one of three possible forms: self-insurance, co-insurance, or full insurance. It is important to note, that while the risks of under-insuring is readily identifiable, over-insuring can also cause financial hardships. Self-insuring is the assumption of risk by the business without the involvement of an insurance company. It is the same as having no insurance. While many large businesses have enough cash reserves or assets to enable this, many small businesses do not.

Los riesgos relacionados con los clientes pueden ocurrir de formas diversas. Uno muy claro, que es generalmente cubierto por los seguros, es aquel en la que el cliente sufra un accidente en sus instalaciones. Para operaciones de venta al menudeo, el robo por parte de los clientes es muy posible, pero esto está relacionado al riesgo de propiedad. El mayor riesgo asociado con los clientes está en el area de responsabilidad por el producto o servicio. Los servicios deberán de proporcionarse con un nivel de competencia razonable; los productos deben ser adecuados para el uso propuesto. Reducir el riesgo de responsabilidad por el producto o servicio requiere de vigilar constantemente la calidad de sus operaciones, entrenar eficazmente a sus empleados, y evitar la exageración en su publicidad y promoción. El último riesgo relativo al cliente es aquel en el que éste deja de comprarle, o no le pague por lo se llevó. Los clientes son esencia vital de los negocios, pero los clientes que no pagan son los peores, absorben recursos de la empresa que se pudieran utilizar productivamente para dar servicio a otros clientes. La única forma en que este riesgo puede reducirse, es calificándolos y vigilándolos muy de cercana. Desafortunadamente, muchos negocios en crecimiento se enfocan en aumentar las ventas consiguiendo nuevos clientes sin considerar su disposición y habilidad para pagar. La pérdida potencial de un cliente es similar al riesgo operacional de obsolescencia del producto. La mejor defensa es la diversificación. El mejor medio de proteger su negocio es evitar ser dependiente de un solo cliente.

A lo largo de esta sección, nos referimos a los seguros sin entrar en detalles. Existen varios tipos de seguros. Todos estamos familiarizados con el seguro de vida y contra incendios. Existen además, gran variedad de coberturas disponibles: seguros de muerte accidental, crédito, interrupción del negocio, daños a terceros, garantía, fianzas de fidelidad. Los seguros son complejos y costosos y pueden presentarse en tres formas: auto-asegurado, cobertura limitada, y cobertura amplia. También es importante notar, que aunque los riesgos de no estar totalmente asegurado son fácilmente identificables, el pago de coberturas en exceso puede causar problemas financieros. Estar auto-asegurado es la aceptación del riesgo por la empresa sin involucrar a una compañía de seguros; Es lo mismo que no tener seguro. Muchas empresas grandes tienen las suficientes reservas de efectivo o activos para poder hacer esto, pero no las empresas pequeñas.

In reality, a risk that is neither recognized nor anticipated is self-insured. A co-insurance approach requires you to bear a pre-determined portion of the risk, usually in the form of a deductible. This means that you are responsible for paying the first portion of the loss.

As an entrepreneur, you will be seeking expert assistance in several managerial areas: most notably accounting, legal, and also insurance. Because insurance is a separate area of expertise, we will not be delving into the specifics, but rather, briefly introducing the area. Your operation plan should conclude by not only identifying significant foreseeable risks but also presenting your risk management strategy, insurance portfolio, and your contingency plan. The contingency plan should specify what steps will be taken to minimize risks on a regular and ongoing basis. This plan should identify actions to be taken in the event of significant, partial, or total losses. The plan does not need to be long. It does not need to identify every risk, but it should identify all major risks that could materially damage your business. It should be comprehensive, in writing, and regularly reviewed. The following contingency checklist distills the key areas of concern:

Contingency Plan Issues

1) Risk and risk mitigation areas
  a) Operational risks
    i) Diversification options
    ii) Cross training of employees
    iii) Key employee insurance
    iv) Protection of computer systems and records
 	
  b) Property risks
    i) Insurance options for natural disasters, theft and vandalism
    ii) Security systems for theft and vandalism
    iii) Obsolescence
 	
  c) Employee centered risks
    i) Careful selection, training and supervision of employees
    ii) Safe working environment
    iii) Internal control procedures
    iv) Employee relations

En realidad, cualquier riesgo que no se reconoce o se anticipa se está auto-asegurando. El enfoque de la cobertura limitada requiere que usted afronte una porción predeterminada del riesgo, normalmente en la forma de un deducible. Esto significa que usted es responsable de pagar la porción inicial de la pérdida.

Como empresario usted buscará consejo experto en varias áreas gerenciales: Principalmente en contabilidad, jurídica y también en seguros. Dado que es un área de especialidad específica, la mencinaremos b, pero no ahondaremos en cuestiones específicas. El plan operacional debería concluir no sólo identificando riesgos significativos anticipables, sino también presentando su estrategia de administración del riesgo, portafolio de seguros, y su plan de contingencia. El plan de contingencia deberá especificar que pasos se deberán tomar para minimizar los riesgos en una base continua y regular, así como identificar cuales acciones se deberán tomar en caso de pérdidas significativas, parciales o totales. El plan no necesita ser largo. No necesita que se identifiquen todos los riesgos, pero deberá identificar los riesgos más importantes que podrían dañar significativamente su negocio. Deberá de ser completo, por escrito, y revisarse regularmente. La siguiente lista de contingencias ennumera las principales áreas a cuidar:

Aspectos del Plan de Contingencia
1) Riesgo y áreas para mitigarlo

1) Riesgo y áreas para mitigarlo
  a) Riesgos Operacionales
    i) ¿Opciones de diversificación?
    ii) ¿Entrenamiento cruzado de los empleados?
    iii) ¿Seguros de hombre clave?
    iv) ¿Protección de los registros y sistemas computarizados?

  b) Riesgos de Propiedad
    i) ¿Opciones de seguros contra desastres naturales, robo y vandalismo?
    ii) ¿Sistemas de seguridad contra robo y vandalismo?
    iii) ¿Obsolescencia?

  c) Riesgos laborales
    i) ¿Selección, entrenamiento y supervisión cuidadosa de los empleados?
    ii) Ambiente seguro de trabajo.
    iii) ¿Procedimientos de control interno?
    iv) ¿Relaciones laborales?

d) Customer centered risks
   i) Customer injury
   ii) Product/Service liability issues
   iii) Customer credit and payment issues
   iv) Customer dependence issues

2) Breadth and depth of insurance coverage
   a) Cost effectiveness/value of insurance coverage

3) Comprehensive contingency plan
   a) Ongoing risk mitigation strategies
   b) Actions to be taken in the event of occurrence of loss (single or multiple events?)
   c) Actions to be taken in the event of a catastrophic (total) loss

Section 7: Gathering your resources, or "get, ready, get set...."

So far, all we have invested in our business is our creative energy, some time, and some planning. Our risk exposure is minimal. We don't, however, have a business yet. Remember that the objective of the first phase (self-assessment / feasibility) was to determine whether or not the idea was worth pursuing further. The objective of the second phase (business planning process) is to develop the idea into a viable commercial opportunity. If we cannot resolve product, market, and operational issues satisfactorily, we will not be able to proceed. We may develop the idea only to find that it is not feasible or profitable. It is far better that we invest a little time and energy and determine that it is not workable than proceed without preparation. Failure at that time would be more costly.

d) Riesgos relativos al cliente.
   i) ¿Accidente de los clientes?
   ii) ¿Daños a terceros relacionados con el Producto / Servicio?
   iii) ¿Cuestiones de crédito y cobranza de los clientes?
   iv) ¿Cuestiones de dependencia de los clientes?

2) Amplitud y profundidad de la cobertura dc los scguros
   a) ¿Valor / costo de la prima de seguros contra la cobertura?

3) Plan de contingencia completo
   a) ¿Estrategias continuas para mitigar los riesgos?
   b) ¿Acciones a tomar en el caso de pérdidas (Eventos individuales o múltiples)?
   c) ¿Acciones a tomar en el caso de pérdida catastrófica (total)?

Sección 7: Integrando sus recursos, o "en sus marcas, listos…."

Hasta ahora, todo lo que hemos invertido en nuestro negocio es nuestra energía creativa, algo de tiempo, y algo de planeación. Nuestra exposición al riesgo es minima. Nosotros, sin embargo, todavía no tenemos una empresa. Recuerde que el objetivo de la primera fase (auto-evaluación/factibilidad) era determinar si era digna o no de llevarse a cabo. El objetivo de la segunda fase (proceso de planeación del negocio) es desarrollar la idea y convertirla en una oportunidad comercial viable. Si no podemos resolver las cuestiones de producto, mercado y operacionales de manera satisfactoria, no deberíamos proseguir. Podemos desarrollar la idea sólo para descubrir que no es factible o rentable. Bien, es mejor que invirtamos un poco de tiempo y energía para determinar que no funciona, que continuar sin preparación: Fracasar en aquel momento puede ser más costoso.

Hopefully, we have at this point identified all the positive attributes of the idea and found ways to overcome weaknesses. We have developed a workable business plan for our vehicle. Our business plan gives us direction (we have our road map), and it provides a general listing of what we can expect on our journey. In

effect, our business plan is similar to an owner's manual for our business. Does this mean that we can now get behind the wheel and start our trip? I return to the imaginary trip from Mexico City to Chicago. We have a brand new automobile. We have capable, honest people to help us and have our route planned. Do we begin without making sure that we have everything we need for the trip? For taking such a trip, might we need extra clothing? Might we need extra money? Might we need a spare tire and some tools? Might we want to take along some food and water? Planning a trip involves more than merely drawing the route we intend to drive. In the same way, the business plan will have already identified what we need in the way of resources for our entrepreneurial vehicle.

Entrepreneurs are creative. An example of this is how they get resources to accomplish their objectives. Within the business plan you have already identified all of the important physical resources required: material, labor, technology, and money needed to get them. Before you can open the doors to your business, and before you can actually start your automobile, you must arrange for all the resources to be available at the appropriate times. If you already have enough money to acquire all of the resources, this phase is relatively simple. If, however, you are like most entrepreneurs, you will not have enough money for everything and may not even have enough for a serious beginning. Remember, you need enough petrol to get your auto to the fueling station.

Esperamos que para este momento ya se hayan identificado todos los atributos positivos de la idea y se hayan encontrado los medios para superar las debilidades. Hemos desarrollado un plan de negocios realizable para nuestro vehículo. Nuestro plan de negocios nos da dirección (tenemos nuestro mapa de la ruta), y nos proporciona una lista general de lo que podemos esperar en nuestro camino. En efecto, nuestro plan de negocios es similar al manual del propietario para nuestra empresa. ¿Significa que ahora podemos sentarnos al volante y arrancar? Regresemos al viaje imaginario de la Ciudad de México a Chicago. Tenemos un automóvil nuevo. Contamos con gente capaz y honesta para que nos ayude, y tenemos nuestra ruta planeada. ¿Comenzamos sin asegurarnos de que contamos con todo lo necesario? ¿Para realizar este viaje, necesitaríamos ropa adicional? ¿Necesitaríamos dinero extra? ¿Necesitaríamos una llanta de refacción y algunas herramientas? ¿Quisiéramos traer alimentos y agua? Planear un viaje involucra más que simplemente trazar la ruta que pretendemos recorrer. De la misma manera, el plan de negocios ya habrá identificado lo que necesitaremos en cuestión de recursos para nuestro vehículo empresarial.

Los empresarios son creativos. Una manera en la que expresan su creatividad es como obtienen recursos para alcanzar sus objetivos. Dentro del plan de negocios ya habrá identificado todos los recursos físicos importantes que necesita: materiales, mano de obra, tecnología y el dinero necesario para obtenerlos. Antes de que pueda abrir las puertas de su empresa, antes de que pueda arrancar su automóvil, debe asegurar que todos los recursos estén disponibles en los momentos apropiados. Si ya tiene el dinero suficiente para adquirir todos los recursos, esta fase es relativamente simple. Sin embargo, si usted es como la mayoría de los empresarios, no tendrá el suficiente dinero para todo y quizá no tenga lo suficiente para comenzar en serio. Recuerde, necesita la suficiente gasolina para que su auto llegue a la gasolinera.

You begin by identifying what resources you do have available. The details behind your idea and business plan supplies the information for listing of all the resources required. This list minus the resources you have available results in your *resource gap*. You

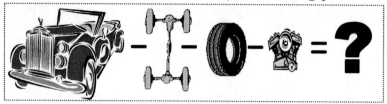

need to find ways to fill this resource gap at a minimal cost. This, usually, is a major challenge. Earlier in this process, we began by listing five ideas for a business that would help us achieve our goals. Now, for each of these ideas, identify the two or three most critical items that would be necessary but not in your possession or control. Now, imagine that you did not have the money to acquire them. Visualize being in business. Imagine that your life depends on your ability to get the necessary resources. How would you proceed? What might you do? Beg or borrow? (Please, do *not* say steal). There is not a businessperson alive who has not begged or borrowed. The lesson to learn from this example is that you do not start traveling on your voyage without making certain you have or can acquire everything you need by the time you need it to proceed further. After all, we certainly don't want to abandon our automobile in the mountains.

Section 8: Managing the Enterprise – "Go!"

Having thought and planned everything and having gathered the necessary resources, we are now ready to begin our entrepreneurial journey. Our automobile is full of petrol, the spare tire has been checked, and we have tools in the boot, spare provisions, luggage, and our qualified helpers. Once we start the auto, our journey has begun. Many would-be entrepreneurs think that the idea stage is the most difficult. When we began with the five ideas, I told you not to go any further if you could not come up with five ideas.

Comience identificando qué recursos tiene disponibles. Los detalles detrás de su idea, y el plan de negocios proporciona la información para hacer una lista de todos los recursos necesarios. Esta lista menos los recursos con los que ya cuenta, le indicará su *faltante de*

recursos. Necesita encontrar medios para llenar este faltante al mínimo costo. Esto normalmente es el principal reto. Anteriormente en este proceso, comenzamos listando cinco ideas para un negocio que nos ayudaría a alcanzar nuestras metas. Ahora, para cada una de estas ideas, identifique los dos o tres aspectos más críticos que serían necesarios, pero que no estén en su posesión o control. Ahora, imagine que no tiene el dinero para adquirirlas, visualícese en el negocio funcionando. Imagine que su vida depende de su habilidad para conseguir los recursos necesarios. ¿Cómo procedería? ¿Qué haría? ¿Rogaría o pediría prestado? (Por favor, no mencione robar). No existe un solo empresario vivo que no haya rogado o pedido prestado. La lección que aprendemos de este ejemplo, es que no puede comenzar su viaje sin tener claro que ya tiene o puede adquirir todo lo que necesite, en el momento en que se requiera para seguir adelante. Después de todo, en verdad no queremos abandonar nuestro automóvil en las montañas.

Sección 8: Administrando la Empresa: "…¡Fuera!"

Una vez que se ha pensado y planeado todo y habiendo reunido los recursos necesarios, estamos listos ahora para comenzar nuestra viaje empresarial. Nuestro automóvil tiene tanque lleno, la llanta de refacción ha sido verificada, tenemos herramientas en la cajuela, alimentos, equipaje, y nuestros ayudantes calificados. Una vez que arrancamos el auto, nuestro viaje ha comenzado. Muchos aspirantes a empresario piensan que la etapa de la idea es la más difícil. Cuando comenzamos con las cinco ideas, le pedí que no fuera más allá si no se le ocurrían.

Some of you may have thought that the process of developing a business plan was difficult. It is. I maintain, though, that the idea and planning stages are, in fact, the easiest parts of the entrepreneurial process. This is because you have very little at risk. You have the luxury of time to develop your thoughts and have very little to lose if you abandon the idea at any point in the idea and planning stages.

Once you launch the business, however, the real work begins. Now you have put your resources as well as your name and reputation at risk. If you don't succeed, you've failed. In many cultures failure is not tolerated. As a consequence, individuals might not take a risk that has a chance for failure. They might gamble with a roll of the dice and lose money. But this is not seen as personal failure, or as incompetence. It does not carry the same amount of social disgrace. This is a fundamental difference between the entrepreneurial culture of the United States and some other countries.

While an entrepreneurial culture is generally associated with the United States, I must emphasize that many nations and peoples exhibit the behaviors associated with entrepreneurial culture. While many cultural forces shape the likelihood of an entrepreneurial culture, three of them are most important. First, entrepreneurs must be able to act independently. They do different things, and they do them differently. This means that by definition, they are not like everyone else. Secondly, entrepreneurs believe in their ability to control the outcome of events that affect them. They are convinced that their efforts will have consequences, and that they can affect circumstances. In some cultures, there is a tendency to believe that the will of God, or fate, or circumstances govern regardless of, rather than in concert with, an individual's efforts. Think for a moment about the significance of this difference. If you believe that your efforts will have absolutely no effect, why should you try? If, on the other hand, you believe that your efforts do matter, why would you not try?

Algunos de ustedes pueden haber pensado que el proceso de desarrollar el plan de negocio era difícil. Lo es. Yo mantengo sin embargo, que la etapa de la idea y la planeación son, de hecho, las más sencillas del proceso empresarial. Esto se debe a que usted tiene poco que arriesgar. Puede darse el lujo de tomarse tiempo para desarrollar sus pensamientos y tiene muy poco que perder si abandona la idea en cualquier momento de estas etapas.

Sin embargo, sólo hasta que arranca el negocio comienza el trabajo real. Ahora ha puesto sus recursos, así como su nombre y reputación en juego. Si no tiene éxito, habrá fracasado. En muchas culturas el fracaso no se tolera. Como consecuencia, los individuos no corren riesgos cuando tienen alguna probabilidad de fallar. Pueden apostar a los dados y perder dinero, pero esto no se verá como un fracaso personal, o como incompetencia. Esto no representa el mismo nivel de desgracia social. Esta es una diferencia fundamental entre la cultura empresarial de los Estados Unidos y la de otros países.

Si bien una cultura empresarial se asocia generalmente con los Estados Unidos, debo enfatizar que muchas naciones y pueblos exhiben las conductas asociadas con la cultura empresarial. Aunque muchas fuerzas culturales moldean la probabilidad de una cultura empresarial, tres de ellas son las más importantes. Primero, los empresarios deberán de ser capaces de actuar independientemente. Hacen cosas diferentes, y de manera diferente. Esto significa que, por definición, no son como todos los demás. Segundo, los empresarios creen en su habilidad para controlar el resultado de los eventos que los afectan. Están convencidos que sus esfuerzos tendrán consecuencias, y que ellos pueden modificar las circunstancias. En algunas culturas, hay una tendencia de creer la voluntad de Dios, o el destino, o las circunstancias por sí mismas gobiernan sin importar el esfuerzo de un individuo en lugar de actuar en conjunción. Piense por un momento en la importancia de esta diferencia. Si usted cree que sus esfuerzos no tendrán ningún efecto ¿para qué intentarlo? Si, por otro lado, usted cree que sus esfuerzos importan, ¿porqué no intentarlo?

The third influential cultural difference is usually identified as an acceptance of failure. In reality, it's not that failure is acceptable. It is that people believe more strongly in the positive value of effort than in the loss of value due to failure. For many, like myself, the worst possible failure is from *not* trying, and the second worst failure is not trying with one-hundred percent effort. Might you fail? Yes! Most successful entrepreneurs have failed at some time but kept trying.

We have reached a point in our business planning process where we have chosen to proceed with the business. We have considered everything carefully and have reached a decision to invest ourselves. We must now do everything within our power to succeed. We must focus on minimizing the risk, maximizing the likelihood of success. We must not focus on failure itself, we must focus on our task at hand. Remember, earlier we learned that the majority of business failures are due to a combination of incompetence and lack of experience? In the first two phases of our business process, we've identified our experience. If we have no experience in the industry or in the business area, we should not be pursuing it. We've also identified our abilities and those abilities that will be necessary to successfully run the business. Hopefully, we will not be too proud to admit where we are weak and seek competent help. In this section, we will highlight some of the operational areas that you will have to manage.

Section 8a: Building an organization

Remember we began with a self-analysis? I asked you to consider yourself, your experience, your knowledge, your abilities and your personality? These factors affect your entrepreneurial tendencies and potential for success in starting the business – the equivalent of a "learner's permit" to drive the vehicle.

La tercera diferencia cultural que influye es normalmente identificada como la aceptación del fracaso. En realidad, no es que el fracaso sea aceptable. Es que las personas crean con más firmeza en el valor positivo del esfuerzo que en lo denigrante de un fracaso. Para muchos, como yo, el peor fracaso posible es por *no* intentarlo, y el segundo peor fracaso es no intentarlo con un esfuerzo al 100%. ¿Podría fracasar? ¡Si! La mayoría de los empresarios exitosos han fallado en algún momento pero siguieron intentándolo.

Hemos llegado a un punto en nuestro proceso de planeación del negocio en el que hemos decidido continuar. Hemos considerado cuidadosamente todo y hemos llegado a la decisión de involucrarnos. Ahora debemos hacer todo lo que esté a nuestro alcance para triunfar. Debemos enfocarnos en minimizar los riesgos, maximizando la probabilidad de éxito. No debemos enfocarnos en el fracaso en sí mismo, sino en la tarea inmediata. ¿Recuerda que con anterioridad aprendimos que la mayoría de los fracasos en los negocios fueron debido a la combinación de incompetencia y falta de experiencia? En las primeras dos fases de nuestro proceso de negocio, hemos identificado nuestra experiencia. Si no tenemos experiencia en la industria o en el área de negocios, no deberíamos proseguir. También hemos identificado nuestras habilidades y aquellas habilidades que serán necesarias para adminsitrar exitosamente la empresa. Esperemos que no seamos demasiado orgullosos para admitir aquello en lo que somos débiles y buscar ayuda competente. En esta sección, destacaremos algunas de las áreas operacionales que tendrá que administrar.

Sección 8a: Construyendo una organización

¿Recuerda que comenzamos con un auto-análisis? Le pedí que se auto-analizara, su experiencia, sus conocimientos, sus habilidades y su personalidad. Estos factores afectan sus tendencias empresariales y el potencial de éxito al comenzar el negocio: el equivalente a un "permiso para principiantes" para manejar un vehículo.

Are these the same types of abilities, experience, and knowledge that you will need to drive the vehicle as it grows? Would you have climbed behind the steering wheel of a bus immediately after getting your learner's permit? I don't think so. Just as your driving skills improve with experience, so will your managerial skills. There are some factors, however, that will

affect your business and the people you work with. As long as the business is small, you will most likely be doing everything. You will purchase the materials, do the production, sell to the customers, collect the money, make the bookkeeping entries; you even take out the trash. This is the nature of a small business. You will work 14 hours a day – because you cannot afford the money to hire someone else. With success, however, your business will grow. You will not be able to do everything. Now, you must begin to think of building more than a company, you must begin to think of building an organization. Most businesses do not plan for their organization; it just happens; it is a result of growth and circumstances. While many are able to build an organization this way, it is not the best way. The best results are obtained by anticipating and the need for growth and thinking out key issues.

The beginning point is yourself – your values, your goals and your objectives. This was the foundation behind your business idea, the basis for your business, and will be the framework for your organization. You would not knowingly hire people who have different values or goals than yours. Remember our trip from Mexico City to Chicago? Remember your two passengers? Both were qualified drivers. What if one of them wanted to go to Rome instead of Chicago, and the other one didn't care where, just so long as it wasn't Germany? As ridiculous as this may sound, some people build an organization without making certain that the major goals are shared. You will never have an organization where everyone agrees on everything, but the major values, major goals should be well understood and shared.

¿Será estos mismos tipos de habilidades y experiencia que necesitará para manejar el vehículo cuando éste crezca? ¿Se habría subido al volante de un autobús inmediatamente después de haber obtenido su licencia? Yo no lo creo. Así como su destreza para manejar mejora con la experiencia, así sucederá con sus habilidades gerenciales. Hay algunos factores, sin embargo, que afectarán su  negocio y a las personas con las que trabaje. Mientras el negocio sea pequeño, muy probablemente hará de todo. Comprará los materiales, fabricará, venderá, cobrará, hará el registro en la contabilidad; incluso tirar la basura. Así es la naturaleza de una pequeña empresa. Trabajará 14 horas al día – porque no tiene el dinero para pagar a alguien más. Con el éxito, sin embargo, su negocio crecerá. Y usted ya no podrá hacerlo todo. Ahora deberá comenzar a pensar en construir más que una compañía, deberá comenzar a pensar en construir una organización. La mayoría de las empresas no planean su organización, simplemente sucede; es el resultado del crecimiento y circunstancias. Aunque muchos pueden construir una organización de este modo, no es la mejor manera. Los mejores resultados se obtienen anticipándose a la necesidad de crecimiento y reflexionando sobre los aspectos clave.

El punto de partida es usted mismo, sus valores, sus metas y sus objetivos. Esto fue el fundamento detrás de su idea de negocios, la base de su empresa, y será el marco para la organización. No contrataría a sabiendas a personas que tengan diferentes valores o metas que las suyas. ¿Se acuerda de nuestro viaje de la Ciudad de México a Chicago? ¿Recuerda a sus dos pasajeros? Ambos eran conductores calificados. ¿Qué tal si uno de ellos quisiera ir a Roma en lugar de a Chicago, y al otro no le importara a donde, siempre y cuando no fuera a Alemania? Por ridículo que parezca, algunas personas construyen una organización sin asegurarse que se comparten las metas principales. Nunca tendrá una organización en la que todos estén de acuerdo en todo, pero lo que debe entenderse bien son: los valores más importantes y las metas principales.

The next step we've already mentioned – having to identify everything that must be done to convert your input into an output. But, more than merely producing your product, you must identify every task to be performed in the business, whether it is purchasing the products or taking out the trash. Once you have identified each and every task, you should think about how they are related to each other. How will the people working at different tasks communicate with each other? Who will have the responsibility, authority and accountability for each major task? What will be the line of authority, or a chain of command that must be followed? Will you trust the people to make decisions without having to run to you for each and every little thing? Will you have a management hierarchy? How will people involved in various tasks coordinate their duties with each other? These are some of the basic elements that help define the structure of an organization. In its early stages, the entrepreneurial business has a simple structure, but with growth, the characteristics of the organization itself need to be considered. Since this is an entirely separate field of study we will not discuss it here, but will present the principal issues that you should consider when you are planning for your organization's growth. As you think about the issues, you will begin to realize their impact on your organization. For instance, will you pay your workers a fixed wage, or will you pay them based upon the quality and quantity of their work? This choice will affect people who may, or may not be willing to work for your business.

Organizational Issues and Priorities

1) Core values, and objectives
    a) What are your personal and business goals?
 	
2) Intended Structure
    a) What are the tasks and how many jobs are to be performed?
    b) What is the relationship between the tasks?
    c) What will be the communication methods and routes?
    d) How will the people coordinate their duties and tasks?
    e) Who has responsibility, authority and accountability for major activities?
 	
3) Planning and monitoring philosophy and methods?

Ya hemos mencionado el siguiente paso: Tener que identificar todo lo que se debe hacer para convertir sus insumos en productos. Pero, más que solamente fabricar su producto, usted deberá identificar cada tarea que se realizará en el negocio, ya sea comprar los artículos o sacar la basura. Una vez que ha identificado todas y cada una de las tareas, debiera pensar cómo se relacionan entre sí. ¿Cómo se comunicarán las personas que realizan diferentes tareas entre sí? ¿Quién tendrá la obligación, la autoridad y la responsabilidad de cada tarea importante? ¿Cuál será la línea de autoridad, o cadena de mando que debe seguirse? ¿Confiará en las personas para tomar decisiones sin que tengan que correr hacia usted para todas y cada una de las pequeñeces? ¿Tendrá una organización jerárquica? ¿Cómo se coordinarán sus funciones las personas involucradas en varias tareas entre si? Estos son algunos de los elementos básicos que ayudan a definir la estructura de una organización. En las primeras etapas, la pequeña empresa tiene una estructura simple, pero con el crecimiento, las características de la propia organización deben ser consideradas. Dado que este es un campo totalmente aparte no ahondaremos en él aquí, pero presentaremos los aspectos principales que debe considerar cuando planee el crecimiento de su organización. Conforme piensa en estos aspectos, comenzará a darse cuenta de su impacto en su organización. Por ejemplo, ¿Les pagará a sus trabajadores un salario fijo, o les pagará con base en la calidad y cantidad de su trabajo? Esta elección afectará cuales personas querrán trabajar o no para su empresa.

Aspectos Organizacionales y Prioridades

1) Valores centrales y objetivos.
   a) ¿Cuáles son sus metas personales y de negocios?

2) Estructura deseada.
   a) ¿Cuáles son las actividades y cuántos puestos se necesitan?
   b) ¿Cuál es la relación entre las actividades?
   c) ¿Cuáles serían los métodos y vías de comunicación?
   d) ¿Como coordinaría la gente sus responsabilidades y actividades?
   e) ¿Quién tiene la responsabilidad, autoridad y rendirá cuentas de las actividades principales?

3) ¿ Planeación y vigilancia de la filosofía y los métodos ?

> a) What planning, measurement and control scheme(s) will you use?
>
> 4) Compensation and reward philosophy and system?
>   a) What is your pay philosophy?
>   b) How will you handle promotions, raises, bonuses, fringe benefits?
>
> 5) Workforce selection
>   a) What will be your criteria for selection at all levels within the organization (e.g., skills, or attitudes?)
>
> 6) Training and technological adaptation
>   a) Utilization of external "expertise"

Section 8b: Management style: or what kind of leader are you?

You will need certain behaviors and skills to build and successfully manage your organization. These will be different from what you initially needed to start your business. Building an organization requires managing people. Management is the process of accomplishing objectives with and through other people. This means that you must be able to *plan* what needs to be done; organize the material, tools and equipment; and also *organize* and *lead* people to accomplish those goals.

Generally speaking, there are two extremes of management style. Most managers are somewhere between them. On one extreme is dictatorial. They are considered the autocratic managers, who use their authority to make decisions and then tell others what to do and how to do it. The other extreme is known as "laissez-faire," where the employees are permitted freedom to make decisions and perform their duties within limits. Between the extremes are various levels of participatory forms, including more democratic styles where you share decision making and responsibility with your employees. In addition to your personality, your management style is affected by the trust you have in your employees, which is also affected by their abilities.

> a) ¿Cuál(es) esquema(s) de planeación, medición y con-
> trol utilizará?
>
> 4) ¿Filosofía y sistema de compensación y recompensas?
>   a) ¿Cuál sería su filosofía de forma de pago?
>   b) ¿Cómo manejaría las promociones, aumentos, bonos y
>   prestaciones?
>
> 5) Selección de la Fuerza de Trabajo
>   a) ¿Cuál sería su criterio de selección a todos los niveles
>   de la organización (p.ej. ¿destrezas o actitudes?)
>
> 6) Entrenamiento y adaptación a la tecnología.
>   a) Uso de "expertos" externos.

Sección 8b: Estilo gerencial: o ¿qué tipo de líder es usted?

Necesitará diferentes conductas y destrezas para construir y administrar exitosamente su organización de las que requirió para comenzar su negocio. Construir una organización requiere administrar gente. La gestión gerencial es el proceso de alcanzar objetivos con y a través de otras personas. Esto significa que debe poder planear lo que se necesita hacer, organizar el material, herramientas y equipo, y también organizar y dirigir a las personas para lograr esas metas.

En términos generales, hay dos extremos de estilo gerencial. La mayoría de los administradores están en algún lugar entre ellos. En un extremo está el dictatorial; se les considera como gerentes autocráticos, quienes utilizan su autoridad para tomar decisiones y después ordenar a otros qué hacer y cómo hacerlo. El otro extremo es conocido como "laissez-faire" (Nota del traductor 8) en la que los empleados tienen libertad para tomar decisiones y llevar a cabo sus obligaciones dentro de ciertos límites. Entre los extremos existen varios niveles de formas participativas, incluyendo estilos más democráticos donde se comparte la toma decisiones y responsabilidades con sus emplea-dos. Además de su personalidad, su estilo gerencial se verá afectado por la confianza que tenga en sus empleados, lo cual también es afectado por las habilidades de éstos.

Nota del traductor 8: En francés en el original: "Dejar Hacer"

Research has found that your effectiveness in leading people results from a combination of the tasks to be performed, the type of employees you have, your behavior, and the reward structure.

One of the most important issues is trust, not only how much you trust your employees, but how much your employees trust you and your ability to manage the organization. Your ability to trust your employees is directly affected by how you select your employees (which we will discuss in the next section). Whether or not your employees trust you is affected by five issues: your integrity, your competence, your consistency, your loyalty, and your openness.

Trust
- Integrity
- Competence
- Consistency
- Loyalty
- Openness

Integrity is demonstrated by being honest and truthful. If you are not honest, you cannot be trusted. Competence goes beyond the technical knowledge, skills, and abilities for the job that you are performing. Competence also involves having the knowledge and skill to be able to work with people – having managerial competence. Consistency is reliability and good judgment. If you are consistent, you are reasonably predictable. If you are unpredictable, you will not be trusted. Loyalty is more difficult to define, but is shown by your willingness to sacrifice yourself to protect others, your willingness to protect their image, to save face for them. Finally, openness is being willing to share your ideas and information freely. Together, these five things help us to understand trust and also show us why it is important to build good employee relations. Remember, good employee relations help reduce employee centered risk. Trust extends far beyond the relationship between ourself and our employees.

Our relationship with the customer also depends on trust. Our ability to get new customers relies on trust. Many businesses make the mistake of chasing an immediate profit at the expense of customer relations. This will certainly cause you to eventually lose your business. Your reputation, the ability of others to trust you, depends upon a reputation for ethical behavior.

La investigación ha descubierto que su efectividad para dirigir personas es el resultado de la combinación de las tareas a realizar, el tipo de empleados con los que cuente, su comportamiento propio, y la estructura de recompensas.

Uno de los aspectos más importantes es la confianza, no sólo cuanto confía usted en sus empleados, sino cuanto confían sus empleados en usted y su habilidad para dirigir la organización. Cómo selecciona a sus empleados afectará directamente su capacidad de confiar en sus empleados (lo que comentaremos en la próxima sección). El hecho que sus empleados confíen en usted o no, está afectado por cinco cuestiones: su integridad, su competencia, su consistencia, su lealtad, y su apertura.

Confianza

➤ *Integridad*
➤ *Competencia*
➤ *Consistencia*
➤ *Lealtad*
➤ *Apertura*

La integridad se demuestra siendo honesto y veraz. Si no es honesto, no se puede confiar en usted. La competencia va más allá del conocimiento técnico, destrezas, y habilidades para el trabajo que está desempeñando. La competencia también involucra tener conocimientos y destreza para poder trabajar con gente: tener competencia gerencial. La consistencia es confiabilidad y un buen juicio. Si usted es consistente, será razonablemente predecible. Si es impredecible, no será confiable. La lealtad es más difícil de definir, pero se demuestra por su deseo de sacrificarse a si mismo para proteger a otros, su deseo por proteger su imagen, de dar la cara por ellos. Finalmente, la apertura es estar deseoso de compartir libremente sus ideas e información. Juntas, estas cinco cosas nos ayudan a entender la confianza y también nos muestran porqué es importante construir una buenas relaciones con los empleados. Recuerde, las buenas relación con los empleados le ayudarán a reducir el riesgo laboral. La confianza se extiende más allá de la relación entre nosotros mismos y nuestros empleados.

Nuestra relación con el cliente también depende de la confianza. Nuestra habilidad para obtener nuevos clientes descansa en la confianza. Muchos negocios cometen el error de buscar ganancias inmediatas a costa de la relación con los clientes. Esta es una manera segura de perder su negocio. Su reputación, la habilidad de que otros confíen en usted, depende de ser conocido por una conducta ética.

You need good customer and public relations for your business to prosper. You are the role model for your employees. Your suppliers and business associates look to you, and your community expects you to operate in an ethical manner. It is not illegal to lie to customers by telling them what they want to hear, but it isn't good business. Being trustworthy in business means being ethical. While the standards of right and wrong conduct may not be universal, there are certain considerations that help you define your (and your business') ethical standards, and therefore communicate them to your employees, your customers, and your community.

Entrepreneurial Ethics Considerations

1) General principles for fair business practice

2) Cash and check responsibility and accountability

3) Accounting procedures for cash sales

4) Giving special considerations to friends, family and others

5) Giving gifts or special considerations in return for ex pected favors

6) Accepting gifts or special considerations in return for favors

7) Selling damaged or sub-standard merchandise

8) Merchandise return policies

9) Warranties on products and services

10) Method for handling dishonest employees and Customers

11) Advertising and marketing representations (honest advertising)

12) Customer support

13) Material receiving processes, procedures, responsibility and accountability

14) Maintaining safe, hazard free workplace

15) Employee relations (honest and consistent)

16) Customer relations (honest and consistent)

17) Method for handling problems

Usted es el modelo a seguir para sus empleados. Sus proveedores y sus socios de negocios le estarán observando, y su comunidad espera que opere de una manera ética. No es ilegal mentirles a sus clientes diciéndoles lo que ellos quieren escuchar, pero no es un buen negocio. Ser digno de confianza en los negocios significa ser ético. Aunque los estándares de buena o mala conducta no pudieran no ser universales, hay ciertas consideraciones que ayudan a definir sus estándares éticos (y los de su negocio), y por lo tanto a comunicarlos a sus empleados, sus clientes, y su comunidad.

Consideraciones de Ética Empresarial

1) Principios generales para la práctica justa de los negocio

2) Responsabilidad de rendición de cuentas del efectivo y de los cheques

3) Procedimientos contables para ventas en efectivo

4) ¿Daría consideraciones especiales a amigos, familia y otros?

5) ¿Daría regalos o consideraciones especiales a cambio de recibir ciertos favores?

6) ¿Aceptaría regalos o consideraciones especiales a cambio de favores?

7) ¿Vendería mercancía dañada o bajo los estándares?

8) Políticas de devolución de mercancías

9) Garantías de productos o servicios

10) Método para manejar empleados o clientes deshonestos

11) Presentación de la publicidad y mercadotecnia (Publicidad honesta)

12) Soporte a clientes

13) Procesos, procedimientos, responsabilidad y rendición de cuentas de recepción de materiales

14) Mantener un lugar de trabajo seguro y libre de peligros

15) Relaciones con los empleados (honestas y consistentes)

16) Relaciones con los clientes (honestas y consistentes)

17) Métodos para manejar problemas

Having presented this basic information about the considerations for both building an organization and your ability to manage it, I want to re-emphasize an early principle - *Manage the cash!* You begin the business with some money - your initial supply of  petrol. Your business will continue to use money just as an automobile continues to use petrol to operate. In business, there is a basic cash cycle. You begin with cash, which you use to buy materials, tools, and equipment. You hire labor, which also takes cash. With your labor and materials, you create a product, which you sell to your customer. Your customer pays you cash, and the cycle continues. Profit is generated when the cash you end up with is more than the cash you begin with. It is not sufficient to merely sell the product for more than your cost! Think about this for a moment. How can you sell your product for more than it cost and yet lose money? Easy! This occurs when you don't get the cash, or you waste or lose it once you've received it. With this background, let's briefly explore some of the areas where the cash is applied to make sure we're thinking properly.

Section 8c: Human Resources

As your business grows it will need more people. This is wonderful! This is also challenging. The reality is that you will be going into the labor marketplace to find workers and competing against other businesses to locate and hire the best people you can find for the money you can afford to pay. There are distinct advantages to working in a small business. Employees of a small business have more variety in their day to day duties. They generally are given more responsibility and have the opportunity to develop relationships and loyalty with one another. There are, however, some disadvantages. Because there are fewer positions in a small business, there are fewer opportunities for advancement without significant business growth. The small business has comparatively less time and money to search for people, and because of their size, may not have the specialized skills in human resource management. Let's cover some basic concepts to help you.

Una vez presentada esta información básica acerca de las consideraciones tanto para construir una organización y su habilidad para **manejarla, quiero** enfatizar un principio anterior: *¡Administre el efectivo!* Usted comienza el negocio con algo de dinero,

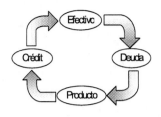

su abastecimiento inicial de gasolina. Su negocio continuará utilizando dinero así como el automóvil continúa utilizando combustible para operar. En los negocios, hay un ciclo básico de efectivo. Usted comienza con efectivo, que utiliza para comprar materiales, herramientas y equipo. Contrata mano de obra, lo cual también consume dinero. Con ella y los materiales, se crea un producto, el cuál venderá a sus clientes. Su cliente le paga con efectivo, y el ciclo continúa. La utilidad se genera cuando el efectivo con el que termina es mayor que el efectivo con el que comenzó. ¡No es suficiente simplemente vender el producto por más de lo que le costó! Piense en esto por un momento. ¿Cómo puede vender su producto por más de lo que le costó y aun así perder dinero? ¡Es fácil! Si no consigue el efectivo o si lo desperdicia o lo pierde una vez que lo consigue. Con este antecedente, enfoquémonos en algunas de las áreas en las que se aplica el efectivo para asegurarnos que estamos pensando apropiadamente.

Sección 8c: Recursos Humanos

A medida que su negocio crece necesitará más personas. ¡Maravilloso! Esto también es un reto. La realidad es que estará entrando al mercado laboral para encontrar trabajadores y competir contra otras empresas para localizar y contratar a la mejor gente que pueda encontrar por el dinero que puede pagar. Hay ventajas distintivas de trabajar en pequeñas empresas. Los empleados de un negocio pequeño tienen más variedad en sus responsabilidades del día a día. Generalmente se les asignan más responsabilidades y tienen la oportunidad de desarrollar relaciones y lealtad entre ellos. Por otro lado también hay algunas desventajas. Dado que hay menos puestos en un negocio pequeño, hay menores oportunidades de progresar si no hay un crecimiento significativo de la empresa. El pequeño negocio tiene menos tiempo y dinero para buscar personal, y por su tamaño, puede no tener la especialización en la administración de los recursos humanos. Cubramos algunos conceptos básicos para ayudarle.

As you began to think about your organization, remember that the second point was to focus on the specific tasks to be performed. Let's recall our car trip. Let's imagine we want to hire a driver – a chauffeur for this automobile. Can you identify *all* of the knowledge, skills, abilities, and *behavior* that would be *required*? Why did I add behavior? Most people think it is only a matter of skill and ability. In the working world, however, we look at job behavior as being extremely important. Some examples of critical behavior for our chauffeur would be punctuality, dependability, friendliness, courtesy, and so on. While these may have very little to do with the chauffeur's technical ability to drive the car, they certainly affect how much value we place on his performance of the duties for which he is responsible.

As a business person, you must define all of the knowledge, skills, abilities and behaviors for every job that must be performed. Let's begin by selecting the most critical task in your business idea, and identify the important knowledge, skills, abilities, and behaviors that you look for. This becomes the idea; the ideal employee and the ideal set of criteria for filling this job. This can be classified as the foundation document for all of your human resource management. This document helps define what you are looking for and will be similar to a template that you use to measure candidates. Unfortunately, ideal people seldom appear looking for a job. In reality, we must compromise if we are to find people willing to work for us. The challenge is in determining which job areas can be compromised and which can not. You must, therefore, return to your list of knowledge, skills, abilities, and behaviors and determine what the minimum requirements are. To demonstrate this, let's look at our chauffeur.

Al comenzar a pensar acerca de su organización, recuerde que el segundo punto fue enfocarse en las tareas específicas, los puestos que tenían que desempeñarse. Recordemos nuestro viaje en el auto. Imaginemos que deseamos contratar a un conductor, un chofer para este automóvil. ¿Puede identificar *todos* los conocimientos, destrezas, habilidades, y *conducta* que se *requerirían*? ¿Por qué agregué la conducta? La mayoría de la gente piensa que esto es solo un caso de destreza y habilidades. En el mundo laboral, sin embargo, la conducta en el trabajo es algo extremadamente importante. Algunos ejemplos de conducta crítica de un chofer serían la puntualidad, responsabilidad, amabilidad, cortesía, etc. Aunque algunas de estas pudieran tener poco que ver con la habilidad técnica del chofer para conducir un auto, ciertamente afectan cuanto valor le damos al desempeño de las tareas por las que es responsable.

Como empresario, usted debe definir todos los conocimientos, destrezas, habilidades y conductas de cada puesto que debe desempeñarse. Comencemos por seleccionar la tarea más crítica en su idea para el negocio, e identifiquemos los conocimientos, destrezas, habilidades y conductas importantes que usted busca. Esto se convierte en lo ideal, el empleado ideal, el conjunto de criterios ideales para desempeñar este puesto de trabajo. Éste llegará a ser el documento fundamental para toda la administración de los recursos humanos. Este documento ayuda a definir lo que está buscando y será como un patrón que utilizará para medir a los candidatos. Desafortunadamente, la persona ideal muy rara vez parece estar buscando un empleo. En la realidad, debemos hacer concesiones si vamos a encontrar a la persona que desee trabajar para nosotros. El reto consiste en determinar en cuales áreas laborales se pueden dar concesiones y en cuales no. Por lo tanto, usted debe regresar a su lista de conocimientos, destrezas, habilidades y conductas determinar cuales son los requerimientos mínimos. Para demostrar esto, veamos a nuestro chofer:

	Ideal	Minimum Acceptable
Knowledge		
Formal education?	College education	Can read and write
	Multi-lingual	
Skills		
Certification?	**Licensed chauffer**	**Licensed chauffer**
Ability		
Specific tasks and duties?	Drive in all conditions	Drive in reasonable weather
	Able to navigate strange areas	Can read maps
	Accident free driving record	Few accidents in record
	Ability to maintain automobile	Can drive to mechanic
Behavior		
Attitudes	Optimistic, friendly	Reasonably friendly
Punctuality	Absolutely punctual	Reasonably punctual
Dependability	Absolutely dependable	Reasonably dependable
Courtesy	**Honest**	**Honest**
	Courteous, diplomatic	Courteous
	Always smiling	Generally smiling
	Will wash and clean automobile	

A quick look suggests that skill (being a certified/licensed chauffeur) and the behavior (being honest) are absolute requirements. They must be satisfied. All other aspects of knowledge, skills, and behavior do have some flexibility. They are not absolute requirements. The right hand column shows us the least acceptable behavior for someone to still be able to provide value in their job performance. Now, we seek to find employees that fit between these two levels. Remember that our entire objective in human resource management is to make certain that we have the right quantity of the right people in the right place at the right time. One very useful device in a growing organization is to maintain a separate listing of the knowledge, skills, and abilities of all of your employees. You maintain an inventory of your materials and you maintain accounting ledgers to record your money – why not maintain an inventory of your human resources?

As your business grows you will be adding more and different tasks. It is easy to overlook people you already have. They have a job, they are busy, and they are good at this task. What if they also happen to very good at another task?

	Ideal	Mínimo aceptable
Conocimiento		
¿Educación formal?	Educación Universitaria	Que sepa leer y escribir
	Políglota	
Destrezas		
¿Certificaciones?	**Con licencia de manejo**	**Con licencia de manejo**
Habilidades		
¿Tareas y deberes específicos?	Maneje en cualquier condición	Maneje en climas razonables
	Capaz de conducir en áreas desconocidas	Sabe leer mapas
	Historial libre de accidentes	Historial con pocos accidentes
	Habilidad para dar mantenimiento al automóvil	Puede llevar el auto al mecánico.
Conducta		
Actitudes	Optimista, amistoso	Razonablemente amistoso
Puntualidad	Absolutamente puntual	Razonablemente puntual
Confiabilidad	Absolutamente confiable	Razonablemente confiable
Cortesía	**Honesto**	**Honesto**
	Cortés y diplomático	Cortés
	Siempre sonriente	Sonriente generalmente
	Lavará y limpiará el automóvil	

Una mirada rápida sugiere que la destreza de ser un chofer certificado (con una licencia) y una conducta honesta son requerimientos absolutos. Deben ser satisfechos. Todos los demás aspectos de conocimiento, destrezas y conducta tienen alguna flexibilidad, no son requerimientos absolutos. La columna de la derecha nos muestra el comportamiento mínimo aceptable para alguien que todavía contribuiría con valor en el desempeño de su trabajo. Ahora, trataremos de encontrar empleados que encajen entre estos dos niveles. Recuerde que nuestro objetivo total en la administración de recursos humanos es asegurarnos que tenemos la cantidad correcta de la gente correcta en el lugar correcto en el momento correcto. Una herramienta muy útil en una organización en crecimiento consiste en mantener un listado separado con los conocimientos, destrezas y habilidades de todos sus empleados. Usted mantiene un inventario de sus materiales, lleva libros contables para registrar tu dinero, ¿por qué no mantener un inventario de sus recursos humanos?

Conforme su negocio crece estará agregando tareas adicionales y diferentes. Es fácil ignorar a las personas con las que ya cuenta. Tienen su empleo, están ocupados, son buenos en esta tarea ¿Qué tal si resulta que también son muy buenos en otra tarea?

If, for instance, the chauffeur you hired last month happened to speak four languages and has experience working with computers, would you remember these facts one year later if he was only your chauffeur? I doubt it. Begin keeping records of knowledge, skills, and abilities – a human resource inventory report. Someday, it may allow you to take advantage of an opportunity and to also reinforce your employee's confidence in you as a trustworthy manager.

How do you find your employees? When we think about the growth of our business, we automatically think about hiring people. We often forget about hiring from inside our own company. Promoting existing employees can be good in several ways. It demonstrates to the employees that hard work is rewarded. It demonstrates that they can advance within the company. It also allows us to select people we already know. This does, however, also create a vacancy where the employee was previously working. Now we have to go outside the firm. Here, we face working with people we don't know. How do we minimize the chances of having a poor fit? The best way is if your current employees know someone who is looking for work. Your employees know you, know your business, and understand what your working conditions are. They also will generally not recommend individuals who are not capable because it will make the employee himself or herself look irresponsible. One drawback to promoting an existing employee occurs when someone who has performed well at their current task is promoted into a new job that he or she cannot perform well. The best example of this uses military ranking. A good lieutenant is promoted based on his performance of lieutenant's duties, and made a captain. He may be unable to perform the duties of a captain properly. Consequently, he will neither be promoted, nor will he be returned to being a lieutenant. The military has now lost a capable lieutenant, and they have gained an incapable captain. *In business, this is a double loss!* Promotions and hiring should be based both on past performance and, more importantly on the tasks and duties to be performed.

Si, por ejemplo, el chofer que contrató el mes pasado hablaba cuatro idiomas y tiene experiencia con computadoras, recordará estos hechos un año después si él sigue siendo solamente su chofer? Lo dudo. Comience a llevar registros de conocimientos, destrezas y habilidades: un reporte de inventario de recursos humanos. Algún día, le permitirá aprovechar una oportunidad y también de reforzar la credibilidad ante sus empleados como un administrador confiable.

¿Como encuentra a sus empleados? Cuando pensamos acerca del crecimiento de nuestro negocio, automáticamente pensamos en contratar gente. Frecuentemente nos olvidamos acerca de contratar dentro de nuestra misma compañía. Promover a los empleados existentes es bueno en varias maneras. Le demuestra a los empleados que el trabajo duro es recompensado. Les demuestra que pueden progresar con la compañía. Nos permite seleccionar a personas quienes ya conocemos. Esto, sin embargo, también crea una vacante en el lugar en el que el empleado trabajaba previamente y ahora tenemos que salir de la empresa. Aquí, nos enfrentamos a trabajar con gente a quienes no conocemos. ¿Cómo minimizamos las probabilidades de hacer una selección pobre? La mejor manera es si su personal actual conoce a alguien que esté buscando trabajo. Sus empleados le conocen a usted, conocen su negocio, y entienden cuales son sus condiciones laborales. Generalmente ellos no recomendarán a individuos que no sean capaces porque esto los haría verse como irresponsables. Una desventaja de promover a un empleado actual es llevar a alguien que ha hecho un buen trabajo en su tarea actual a un nuevo empleo en el que nos se desempeñe bien. El mejor ejemplo de esto es el de los rangos en el ejército. Un buen teniente es ascendido con base en su desempeño de sus deberes como teniente, y se le nombra capitán. Tal vez no pueda desempeñar los deberes de un capitán apropiadamente. Ya no será promovido, ni tampoco se le degradará a ser un teniente. Los militares ahora han perdido a un teniente capaz, y han ganado un capitán que es incapaz. *¡En los negocios, esta es una pérdida doble!* Las promociones y las contrataciones se deben basar tanto en el desempeño histórico como, y principalmente, en las tareas y obligaciones a desempeñar.

The two other issues that are important for small business human resource management pertain to outside hiring, training and developing. Again, having the basic documents outlining the knowledge, skills, abilities, and behaviors you are seeking is mandatory. The challenge now is how to determine whether an applicant possess these attributes. Unfortunately, most employers forget about this when they are recruiting employees. They have the applicant fill out a piece of paper with information that may have absolutely nothing to do with the job. They conduct an interview. Does the interview measure the applicant's ability to perform the job, or does it measure whether or not you get along with the person? Does it measure their skill or whether you like them? The task listing should be the basis for your applications and for your interviews. If it doesn't relate to the task, why waste time and effort with it?

The concept remains the same for training. Who do you train in your company? What training will you offer? What is generally labeled as training actually encompasses three different things – yet each involves learning skills and behaviors, and training is only one of the three. When people first join your company, they must be trained in your processes, procedures, and expected behaviors. This is orientation. This is immediate training to enable someone to be an active participant in your organization. Someone may require training in order to be able to properly perform needed tasks at the current time. Training focuses on the present time, and ensures that the individual gains the correct knowledge, skills, and abilities, and learns the correct behaviors to perform specific tasks. For example, your chauffeur may require orientation to know: the procedure to follow when arriving at work, mandatory appearance, and record keeping procedures.

Los otrso dos aspectos que son importantes en la administración de recursos humanos para una empresa pequeña se refieren a la contratación externa, y al entrenamiento y desarrollo. De nuevo, contar con los documentos básicos que describen los conocimientos, destrezas, habilidades y conductas que está buscando es obligatorio. Ahora el reto consiste en determinar si el solicitante posee estos atributos. Desafortunadamente, la mayoría de los patrones se olvidan de esto cuando están buscando empleados. Le piden al solicitante a que llene una hoja de papel con información que quizá no tiene absolutamente nada que ver con el trabajo y realizan una entrevista. ¿En la entrevista se mide la habilidad del solicitante para desempeñar el trabajo, o mide si usted se lleva bien o no con la persona? ¿Mide su destreza o si a usted le agrada? La lista de tareas debe de ser la base para sus solicitudes y sus entrevistas; ¿Si no se relaciona con la tarea, para que perder tiempo y esfuerzo en ello?

El concepto permanece igual para el entrenamiento. ¿Cómo hacen los entrenamientos en su compañía? ¿Qué entrenamiento ofrecerá? Lo que normalmente se conoce como entrenamiento en realidad incluye tres cosas diferentes: cada una involucra aprendizaje de destrezas y de conductas, y el entrenamiento es solamente una de las tres. Cuando las personas ingresan por primera vez a su compañía, deben ser entrenados en sus procesos y procedimientos así como en las conductas esperadas. Esto es la inducción. Esto es entrenamiento inmediato que le permite a alguien ser un participante activo en su organización. Alguien podría necesitar entrenamiento para poder ser capaz de realizar apropiadamente las tareas necesarias en el momento actual. El entrenamiento se enfoca en el presente y en asegurarse que el individuo aprenda los conocimientos, destrezas, habilidades y comportamientos correctos para desempeñar tareas específicas. Por ejemplo, su chofer podría necesitar orientación para conocer el procedimiento que debe seguir al llegar al trabajo, su apariencia obligatoria y procedimientos para mantener registros. Esto es orientación.

Your chauffeur may require training in how to change the spare tire, how to service the engine fluids, and assorted maintenance procedures that are specific tasks required within the duties of his job. Most small businesses try to minimize training costs by conducting training themselves. They have the current employee(s) show other employee(s) how to perform the task. Remember our example of ideal and minimum behavior? How many of your employees are ideal? How many of your employees are, or will be, perfect? I'm not perfect. If I train another, they get the best I have to offer, which isn't perfect. Less than complete or perfect knowledge, skills, and ability will be delivered to them. If they, in turn, having learned, let's say 90% of the knowledge, train another, there will be a further loss because they are not perfect either. This time, it will be 90% of 90%, or transmitting only 81% complete knowledge to the next employee, and so on. This decay in the transmission of knowledge and skills is one problem with internal, on-the-job training. Rather than training in the ideal way to perform tasks, the training is conducted based on how the job is being done by the present employee – less than perfectly. The other major concern with in-house training for a small firm is that the trainer is less than fully productive while the training occurs. Since costs must be minimized, you will still train this way while your business is small. Just beware of the dangers, and have ways to check your training against your ideal behaviors.

I do not want to leave this section without mentioning rewards. Few of us perform tasks without any consideration for ourselves. We look for some form of compensation, whether it is monetary or otherwise. Just remember that your employees will not remain with you if they do not believe they are being fairly rewarded for their efforts. Rewarding them well will generate more profits than costs in the long run. They will be happier, more productive employees. They will generate more business for you. If they are unhappy, they will either leave (which costs you money to get replacements), or worse yet, they'll stay because it's easier. This may reduce your share of business and ultimately, profits.

Su chofer puede requerir entrenamiento en cómo cambiar la llanta de refacciones, como verificar los niveles de fluidos del motor y diversos procedimientos de mantenimiento que son tareas específicas requeridas dentro de las obligaciones de su trabajo. La mayoría de los negocios pequeños tratan de minimizar los costos de entrenamiento realizándolo ellos mismos. Procurarán que el empleado actual le muestre al nuevo como desempeñar la tarea. ¿Se acuerda de nuestro ejemplo de comportamiento ideal y mínimo? ¿Cuántos de sus empleados son ideales? ¿Cuántos de sus empleados son o serán perfectos? Yo no soy perfecto. Si entreno a otra persona, ella recibirá lo mejor que yo puedo ofrecer, lo cual no es perfecto. Se les proporcionarán conocimiento, destrezas y habilidades menos que completos o perfectos. Si ellos, a su vez, y digamos que adquirieron el 90% del conocimiento, entrenan a otros habrá una pérdida adicional porque ellos tampoco son perfectos. Esta vez, será el 90% del 90%, o transmitirán solamente el 81% del conocimiento total al siguiente empleado, y así sucesivamente. Este deterioro en la transmisión de conocimientos y destrezas es un problema del entrenamiento interno y en el trabajo. En lugar de entrenar en la forma ideal para realizar las tareas, el entrenamiento se basa en cómo se realiza la función por el empleado actual: menos que perfecto. La otra gran preocupación del entrenamiento interno para las pequeñas empresas, es que el entrenador es menos que 100% productivo mientras el entrenamiento se lleva a cabo. Dado que los costos deben ser minimizados, usted continuará entrenando de este modo mientras su negocio sea pequeño. Sólo esté pendiente de los peligros y busque maneras de comparar su entrenamiento contra las conductas ideales.

No quiero terminar esta sección sin mencionar las recompensas. Pocos de nosotros realizamos las tareas sin ninguna consideración por nosotros mismos. Todos buscamos alguna forma de compensación, ya sea monetaria o de otro tipo. Sólo recuerde que sus empleados no permanecerán con usted si no creen que estén siendo recompensados justamente por sus esfuerzos. Recompensarlos bien le hará más beneficio a largo plazo que lo que le costará. Ellos serán empleados más felices y más productivos; generarán más negocios para usted. Si son infelices, se irán (lo que le costará dinero para conseguir reemplazos), o peor aún, se quedarán porque es más fácil y le costarán en negocios y utilidades.

Section 8d: Inventory management

If your business is a pure service business, this section will not be meaningful. If it is either manufacturing or retail based, however, your inventory management will have significant impact on your profit. This is because materials account for a relatively high proportion of your total cost. There are three principal methods used to contol inventory. For high dollar items (such as automobiles) you will use specific identification. Specific identification requires every unit to be accounted for individually. This is used for small quantities of high dollar value items. The second form of inventory is the one we are most familiar with. This is considered a periodic inventory system. Counts are made of all items on a predetermined schedule. For instance, if our business was manufacturing tires, we would make regular counts of our tires by identifiable category. The third form is relatively recent since it requires a computerized system to maintain inventory levels. This is the perpetual inventory, used almost exclusively in retail operations. This system maintains constant identification of each discrete item for maximum control. The inventory system is tied to the sales system to ensure availability of products for the customer. Regardless of the inventory system used, all inventory forms require consideration as to methods to ensure accuracy and require some form of physical verification.

Inventory is actually in three forms: raw material, work in progress and your finished goods. Remember our cash cycle? Any interruption of the cash cycle or any loss of efficiency results in losses to the business. This is similar to a leak in our gas tank. While we expect our petrol to last us for a certain distance, we cannot travel this distance because we have lost fuel. Our inventory may be lost, stolen, damaged, or become obsolete. Control, is therefore, absolutely essential. Here is the challenge. If we decide to maintain a minimum inventory, we may have to stop production in order to wait for our supplier to deliver. Have you been inside of a retail store and seen an empty shelf? On the other hand, there is a cost to maintaining and protecting inventory. This requires physical facilities and control systems, which cost money.

Sección 8d: Administración de inventarios

Si su empresa es de servicios, esta sección no es significativa. Sin embargo, si es de manufactura o de ventas al menudeo, su administración de inventarios tendrá un impacto significativo en las ganancias. Esto se debe a que los materiales representan una proporción relativamente alta de su costo total. Se utilizan tres métodos principales para controlar su inventario: Para artículos de gran valor monetario (tales como automóviles) usted utilizará identificaciones específicas. Lo cual requiere que cada una de las unidades se cuente individualmente. Esto se utiliza para pequeñas cantidades de artículos con alto valor. La segunda forma de inventario es la más conocida. Esto es considerado un sistema de inventario periódico. Se efectúan conteos de todos los artículos con base en un calendario predeterminado. Por ejemplo, si nuestro negocio fabricara llantas, haríamos conteos regulares de las mismas identificados por categorías. La tercera forma es relativamente reciente ya que requiere mantener un sistema computarizado. Es el llamado inventario perpetuo, que se utiliza casi exclusivamente en operaciones de venta al menudeo. Este sistema mantiene identificación constante de cada artículo para lograr un control máximo. El sistema de inventario está ligado con el sistema de ventas para asegurar la disponibilidad de los productos para el cliente. Sin importar el sistema de inventario que se utilice, todas las formas requieren considerar algunos métodos para asegurar la exactitud y requieren de alguna forma de verificación física.

Los inventarios en realidad se presentan en tres formas: materia prima, producción en proceso y producto terminado. ¿Se acuerda de nuestro ciclo de efectivo? Cualquier interrupción del ciclo o cualquier ineficiencia resultan en pérdidas para el negocio. Esto es como una fuga en nuestro tanque de gasolina. Esperamos que nuestra gasolina dure para cierta distancia, y no podemos recorrerla porque la hemos perdido. Nuestro inventario puede estar perdido, volverse obsoleto, o estar dañado, (o robado). Por lo tanto, el control es absolutamente esencial. Este es el reto: Si decidimos mantener un inventario mínimo, quizá debamos parar la producción y esperar a que nuestro proveedor entregue. ¿Alguna vez ha estado dentro de una tienda de autoservicio y ha visto un estante vacío? Por otro lado, hay un costo de mantener y proteger el inventario. Este requiere de instalaciones físicas y sistemas de control, los cuales cuestan dinero.

This concept of providing for the costs of carrying levels of inventory is called carrying costs. You want to minimize your carrying costs, yet maintain enough inventory to operate efficiently. You must reorder before you've run out, yet order economically.

Whether we are ordering tires or screws, the quantity being purchased affects the unit price. Purchasing one tire is more expensive than the per tire cost if we purchase 4. Cost will be reduced further if we purchase 100 tires, instead of only 4. Increased quantities reduce cost. On the other hand, the carrying costs for 1 tire are a lot less than the carrying costs for 100 tires. If we order 100 tires we must have labor to handle the materials, physical space to store and maintain them, in addition to other costs. Increased quantities result in higher carrying costs. Efficiency is achieved by knowing what our inventory requirements are, knowing when we must reorder, and then ordering the optimal quantity. This is called the economic order quantity. Calculating involves relatively

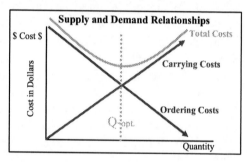

simple algebra. The formula: (EOQ = Sq. Root [(2 x demand x ordering cost) /carrying cost]) is relatively simple, but having accurate knowledge of your demand rates, purchasing costs and carrying costs can be challenging. The effects of not maintaining proper inventory levels are significant. Either having too much or not enough inventory will cost you money – which comes out of your profits.

Esta idea de cubrir los costos de tener niveles de inventarios, es llamado costo de tenencia de inventarios. Usted quiere minimizarlos, y al mismo tiempo mantener inventarios suficientes para operar eficientemente. Deberá reordenar antes de que se agote, pero debe hacerlo con economía.

Ya sea que ordenemos llantas o tornillos, la cantidad adquirida afectará el precio unitario. Comprar una llanta es más caro que el costo por llanta si compramos cuatro. El costo se reducirá aún más si adquirimos cien en lugar de solamente cuatro. Los incrementos en cantidad reducen el costo. Por otro lado, el costo de tenencia de una llanta es mucho menor que el de 100 neumáticos. Si ordenamos 100 llantas debemos de tener mano de obra para manejar los materiales, espacio físico para almacenar y mantenerlos, y otros costos. Los incrementos en cantidades resultan en mayores costos de tenencia. La eficiencia se logra sabiendo cuales son los requerimientos de nuestro inventario, sabiendo cuando debemos de reordenar, y entonces comprar la cantidad óptima. A esto se le

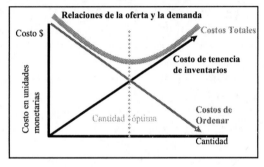

denomina: tamaño económico de la orden (TEO) y su cálculo involucra álgebra relativamente simple. La fórmula: <u>TEO = Raíz cuadrada de [(2 x Demanda x Costo de ordenar) / costo de tenencia de inventario]</u>, es relativamente simple, pero tener un conocimiento preciso de sus índices de demanda, costos de compra y costos de tenencia de inventario puede ser un reto. Los efectos de no mantener niveles apropiados de inventario son significativos. Tener inventario en demasía o insuficiente le costará dinero, el cual le disminuirá de sus utilidades.

Section 8e: Financial Management

There is a lot of difference between calculating the finances for starting a firm (necessary for planning the business) and managing the monetary needs of the operating business.   Financial management requires understanding your current position. This understanding requires data. Your organize the data to provide meaningful knowledge. Again, this is a specialized field of study, but we can introduce you to the key concepts and ideas. You should understand your financial position in each of four specific areas: liquidity, leverage, activity, and profitability. Liquidity measures your ability to meet your debts and other obligations. Leverage is a means of measuring how effectively you are using debt, or how effectively you are using other people's money. Activity measures how well you are using what you have: your own investment and profitability. The best way to explain this is to remind you of how much time, effort, and money you invested into purchasing your automobile. Now, imagine that your auto is sitting in the garage and not being used. Is this a foolish thought? Hardly. You also need to know your profitability at all times. By now, I hope it isn't necessary for me to explain why measuring profit is important. Profit enables your business to grow. Reinvesting profit enables increasing sales, which increases profit, yielding the business growth cycle.

It is not enough to recognize *what* we must measure; we also need to have an idea *how* to measure it.   Absolute numbers may convey information, but out of context, they are relatively meaningless.   There are four principle analysis techniques for measuring our financial position. We look at trends, component percentages, ratios and industry comparisons. Of these, industry comparisons are perhaps the least beneficial. This is because of the difficulty in finding an "average" member of the industry. Without other means to comparing ourselves to others, industry comparison is valuable. Ratios compare important financial items with each other.   Items are divided by each other to show their relationship. They are calculated by division and reflected in percentages.

Sección 8e: Administración financiera

Existe una gran diferencia entre calcular las finanzas de una empresa que empieza (necesario para planear el negocio) y administrar las necesidades monetarias del un negocio en marcha. La administración financiera requiere comprender su posición actual. Esta comprensión requiere datos. Usted organiza los datos para que le proporcionen un conocimiento significativo. De nuevo, este es un campo especializado de estudio, pero podemos presentarle los conceptos e ideas clave. Usted debe entender su posición financiera en cada una de cuatro áreas específicas: Liquidez, apalancamiento, actividad y rentabilidad. La liquidez mide su habilidad para cubrir sus deudas y otras obligaciones. El apalancamiento es una manera de medir qué tan eficientemente está utilizando la deuda, o qué tan efectivamente utiliza el dinero de otras personas. La actividad mide que tan bien está utilizando lo que tiene: su propia inversión y la rentabilidad. La mejor manera de explicar esto es recordarle cuanto tiempo, esfuerzo y dinero ha invertido en comprar su automóvil. Ahora, imagine que su auto está estacionado en la cochera y no se utiliza. ¿Pensar en esto es tonto? Difícilmente. También necesita conocer su rentabilidad en todo momento. Espero que para este punto no sea necesario explicar porqué es importante medir las utilidades: La utilidad le permite a su negocio crecer. Reinvertir las ganancias le habilita para incrementar las ventas, lo que incrementa la utilidad, generando un ciclo de crecimiento del negocio.

No es suficiente reconocer lo *qué* debemos medir; sino que también necesitamos tener una idea de *cómo* medirlo. Los números absolutos pueden presentar información, pero fuera de contexto carecen de significado. Existen cuatro técnicas principales de análisis para medir nuestra posición financiera. Observaremos tendencias, porcentajes, razones y comparaciones en la industria, que quizá son las menos útiles, por la dificultad de encontrar un representante promedio de la industria. Sin otros medios para compararnos contra otros, la comparación con la industria sí tiene valor. Las razones comparan partidas financieras importantes entre sí. Estas partidas se dividen entre ellas para mostrar sus relaciones, y se reflejan en porcentajes.

Another form of ratio analysis is to divide an item by itself over time to show changes. If, for instance, we divide the cost of petrol today versus the cost of petrol 6 months ago, we may find that our costs have increased by 12%. Component analysis also looks at relationships between items, but looks at it over time. For instance, the ratio of assets to debts is meaningful in determining our liquidity – our ability to pay our debts. Material as a percentage of sales over time is useful in helping us identify the impact of our purchasing and inventory control systems. Trend analysis is exactly what the name implies; it uses either ratios or specifically measured data and tracks them over time. This history provides insight and direction to allow us to make more informed business decisions.

The process begins with the preparation of financial statement(s) (discussed in Section 6c). Each statement should be converted to also show a component percentage within the appropriate categories. This allows insight into the relationship among items within respective categories. Next, horizontal percentages are calculated to display changes in items from previous periods of time. After this, key ratios are calculated, and finally, the results must be interpreted. It is at the interpretation stage that some outside comparison is helpful. A 5% profit margin may be poor for some industries but exceptionally good for others.

The ability to calculate and interpret financial data is a function of experience. Managing with financial analysis is simple, provided you have designed your accounting and financial system properly. Your accounting system must be designed to consistently provide you with the data you need to be able to manage your business properly. You must use this data to give you the information required to make knowledgeable decisions in a timely manner. I cannot stress this last point enough. Your analysis must be as close to real time as possible in order to be the most effective. Your budget (from the business plan) provides you with forecast information. This is your intention.

Otra forma de análisis con razones, es dividir una partida sobre sí misma en el tiempo para mostrar los cambios. Si por ejemplo, dividimos el costo de la gasolina hoy, entre el costo de hace seis meses, podríamos encontrar que nuestros costos han aumentado en 12%. El análisis de componentes también estudia las relaciones entre partidas pero las considera a lo largo del tiempo. Por ejemplo, la razón de activos a deudas es significativa para determinar nuestra liquidez: nuestra capacidad para pagar nuestras deudas. El inventario como porcentaje de las ventas considerado a lo largo del tiempo es útil para ayudarnos a identificar el impacto de nuestras compras y sistemas de control de inventarios. El análisis de tendencias es exactamente lo que su nombre implica; utiliza razones o datos medidos específicamente y les da seguimiento a través del tiempo. Esta historia nos facilita la introspección y nos da dirección para tomar decisiones de negocios mejor informadas.

El proceso comienza con la preparación de los estados financieros comentados en la Sección 6c. Cada estado debe ser convertido para mostrar las partidas en porcentaje relativas dentro de las categorías apropiadas. Esto permite analizar la relación entre las cuentas dentro de sus respectivas categorías. A continuación se calculan porcentajes horizontales para mostrar cambios en cualquier partida a partir de periodos anteriores Después de esto, se calculan las razones clave y finalmente, los resultados deben ser interpretados. Es en la etapa de interpretación en la que algunas comparaciones externas son útiles. Un margen del 5% de utilidad puede ser pobre para algunas industrias, pero excepcionalmente buena para otras.

La habilidad para calcular e interpretar datos financieros está en función de la experiencia. Administrar con análisis financiero es comparativamente simple, partiendo de que usted ha diseñado adecuadamente sus sistemas de contabilidad y financiero. Su sistema contable deberá ser diseñado para proporcionarle consistentemente los datos que necesita para poder administrar su negocio apropiadamente. Usted deberá usar estos datos para obtener la información que necesita para tomar decisiones con conocimiento de causa oportunamente. No puedo enfatizar lo suficiente este último punto. Su análisis debe estar lo más cercano al tiempo real como sea posible para que sea más efectivo. Su presupuesto (del plan de negocios) le proporciona la información pronosticada, esta es su intención.

Your financial analysis provides you with actual, historic data. Comparing your actual with your intended financial position allows you to make managerial decisions based on the differences, whether they are desireable differences (such as in the case of increasing sales and profit margins) or undesireable changes (such as in the case of increasing cost of sales percentages and decreasing profit margins).

Examples of Financial Ratios for Comparison		
	Your Business	Industry Avg.
Liquidity		
Current Ratio		
Current Assets / Current Liability		
Acid Test Ratio (also known as Quick Ratio)		
(Current Assets-inventory / Current Liability		
Activity		
Accounts Receivable / Working Capital		
Accounts Receivable / Avg. Daily Sales		
Inventory Turnover		
Cost of Goods Sold / Inventory		
Collection Period		
(Accounts Receivable / Average Daily Credit Sales)		
Inventory / Working Capital Fixed Assets/Net Worth		
Leverage		
Current Liabilities / Net Worth		
Long Term Liabilities / Net Worth Net Sales/inventory		
Profitability		
Net Profit / Net Sales		
Net Sales / Fixed Assets or Net Sales / Net Worth		
Net Profit / Net Worth		

 Again, I return to the idea of our fuel tank in our automobile. In business, this is the financial reservoir. Imagine that there is a very small leak in the tank. When would you rather notice the leak? Wouldn't you want to see the leak immediately? What would happen if you didn't notice the leak until all of the petrol was gone? As I leave you with some example of some ratios you can use to measure your business and to compare it to the industry, I want to impress upon you the necessity to communicate your financial objectives and your position to your employees.

Su análisis financiero le proporciona datos reales e históricos y comparando contra su posición financiera esperada le permite tomar decisiones gerenciales con base en las diferencias, ya sean deseables (tales como en el caso del incremento de ventas y márgenes de utilidad) o indeseables (como en el caso del incremento del porcentaje del costo de ventas y los disminución de los márgenes de utilidad).

Ejemplos de Razones Financieras Para Comparación		
	Su empresa	*Promedio de la Industria*
Liquidez		
Razón ciruclante		
Activos Circulares / Pasivos de Corto		
Prueba del Ácido (También llamada Razón Rápida)		
(Activos circulares – Inventarios) / Pasivo C.P..		
Actividad		
Cuentas por cobrar / Capital de trabajo		
Cuentas por cobrar / Promedio diario de ventas		
Rotación de inventarios		
Costo de ventas / Inventarios		
Período de cobranza		
Cuentas por cobrar / Promedio de ventas a crédito		
Inventarios / Capital de trabajo		
Activo Fijo / Capital Contable		
Apalancamiento		
Pasivo de corto plazo / Capital		
Pasivos de largo plazo / Capital Contable		
Rentabilidad		
Utilidad neta / Ventas Netas		
Ventas / Activos Fijos		
Ventas Netas / Capital Contable		
Utilidad neta / Capital Contable		

 Volvamos de nuevo a la idea de nuestro tanque de gasolina en nuestro automóvil. Esa es nuestra reserva financiera para nuestro negocio. Imagine que hay una pequeña fuga en el tanque. ¿Cuándo preferiría darse cuenta? ¿No querría verla inmediatamente? ¿Qué pasaría si no la nota hasta que se terminara la gasolina? Lo dejo con algunos ejemplos de algunas razones que puede utilizar para medir su negocio y para compararse con la industria, y quiero fijar en usted la necesidad de comunicar sus objetivos financieros y su posición a sus empleados.

We have already spoken of the need to make sure everyone in the organization is aware of and agrees to the values and objectives of the firm. We've also spoken about the need to openly and honestly communicate with your employees to build strong relations based on trust. The customer may be the heart of your business, but finances are how you measure the blood. Returning to the image of our automobile and our trip from Mexico City to Chicago, you would not want to drive an automobile without a gasoline gauage. Why should your employees?

Section 8f: Credit

Any discussions about financial management are incomplete without a discussion about credit. The credit issue is important whether you are extending credit to your customers or whether you are seeking credit from others. We have already spoken about the choice you must make, whether or not you will extend credit to your customers. Now, we will speak about credit itself as a concept.

There are three types of credit. Installment credit is for a single purchase with regular (usually monthly) payments of a fixed amount. If you purchase an automobile on credit, this is an example of installment credit. Revolving credit (also known as a line of credit) usually has a fixed maximum amount that can be accessed and requires regular monthly payments. However, the monthly payment amounts vary based on how much is owed. A credit card is an example of revolving credit. The third type of credit is the one most frequently used in business. This is open credit. These accounts generally have negotiated payment terms, ranging from payment upon delivery to the extension of time for making payments.

As discussed earlier, extending credit to your customers encourage them to purchase from you rather than go elsewhere. Credit does, however, cost the company. In addition to the costs of collecting your money on time (not all customers will pay you on time, and some may never pay you), merchants pay a service fee to credit card companies for the priviledge of accepting credit cards.

Ya hemos hablado de la necesidad de asegurarse que cada miembro de la organización esté consciente de, y de acuerdo con los valores y objetivos de la firma. También hemos hablado de la necesidad de comunicarse abiertamente y honestamente con sus empleados para construir relaciones firmes basadas en la confianza. El cliente puede ser el corazón de su negocio, pero las finanzas son la manera en que analiza la sangre. Regresando a la imagen de nuestro automóvil y nuestro viaje de la Ciudad de México a Chicago, usted no querría manejar un automóvil sin medidor de gasolina. ¿Por qué deberían hacerlo sus empleados?

Sección 8f: Crédito

Cualquier texto acerca de la administración financiera está incompleto sin tratar el asunto del crédito. Esto es importante ya sea que esté otorgando crédito a sus clientes o esté buscando crédito de otros. Hemos hablado de la elección que debe hacer, en relación a otorgar o no crédito a sus clientes. Ahora, hablaremos sobre el crédito mismo como un concepto.

Existen tres tipos de crédito. El crédito a plazos es para una sola compra con pagos regulares en una cantidad fija (normalmente mensuales). Si usted compra un automóvil a crédito, este es un ejemplo de crédito a plazos. El crédito revolvente (también conocido como línea de crédito) generalmente es una cantidad máxima fija a la que se puede acceder y requiere de pagos mensuales regulares. Sin embargo, las cantidades de los pagos mensuales varían dependiendo de cuanto se adeuda. Una tarjeta de crédito es un ejemplo del crédito revolvente. El tercer tipo de crédito es el más frecuentemente utilizado en los negocios. Este es un crédito abierto. Estas cuentas generalmente tienen negociados términos de pago, que van desde el pago contra entrega hasta la concesión de un plazo para realizar los pagos.

Como mencionamos anteriormente, otorgar crédito a sus clientes incentiva a que le compren a usted en vez de ir a otro lado. El crédito, sin embargo, tiene un costo para la compañía. Además de los costos de cobranza oportuna (no todos los clientes le pagarán a tiempo, y algunos puede ser que nunca paguen), los que venden, le pagan una cuota de servicio a las instituciones financieras por el privilegio de aceptar las tarjetas de crédito.

These handling fees can vary from 1% to 7% of sales based on your total credit volume. Customers, on the other hand, like credit cards. While customers must pay a high interest charge for any balance on their account, it is the easiest way for them to obtain credit.

Whether you extend or seek credit, remember that credit is measured by four C's: character, capacity, collateral, and conditions. Character is the individual (or firm's) honesty and integrity. Capacity is an assessment of the individual (or firm's) financial strength and income. This is used to determine whether or not the payments can be made on time. Collateral is financial support that guarantees the money will be paid. For instance, if your purchase an automobile on credit, the value of the automobile is the collateral. If you do not make payments, the creditor repossesses the automobile to recover the equivalent of their money and protect their loan. Conditions reflect a judgement of behavior and circumstances that can range from economic conditions to past experience with other extensions of credit. All banks and many businesses have developed tools to help measure the credit worthiness of customers. If you choose to extend credit to your customers it is important to have a consistent credit policy. This policy must have provisions for processing and approving customer requests for credit, monitoring their activities and collecting monies. Each offer of credit should be individualized based upon the credit worthiness of the customer, and you should obtain, maintain and review the information on a regular basis.

> **Credit is based on:**
> Character
> Capacity
> Collateral
> Conditions

It is not only customers who will be seeking credit. You cannot diversify your business without money. We have said earlier that businesses grow by reinvesting profit. We've also said, however, that your cash flow may not be consistent, especially if your are in a seasonally sensitive business. There will be times when you need money to continue operating. Few businesses are able to operate and grow without occasionally needing some financial assistance.

Estas cuotas de manejo varían normalmente del 1% al 7% de las ventas con base en el volumen total de crédito. Los clientes, por su lado, gustan de usar las tarjetas de crédito; aunque paguen un cargo en intereses alto por cualquier saldo en su cuenta, es la forma más sencilla para ellos de obtener crédito.

Ya sea que usted otorgue o busque crédito, recuerde que se mide con base en cuatro C's: Carácter, capacidad, caución y condiciones. Carácter es la honestidad e integridad del individuo (o de la empresa). Capacidad es una evaluación de la de solidez financiera y el ingreso del individuo (o de la empresa). Se utiliza para determinar si los pagos pueden ser hechos oportunamente o no. La Caución es el soporte financiero que garantiza que el dinero será pagado. Por ejemplo, si compro un automóvil a crédito, el valor de automóvil es la garantía. Si no hace los pagos, el acreedor incauta el automóvil para recuperar el equivalente de su dinero y proteger su préstamo. Las Condiciones reflejan un juicio del comportamiento y circunstancias que van desde la situación económica hasta experiencias pasadas con otros créditos otorgados. Todos los bancos y muchos negocios han desarrollado herramientas que les ayudan a medir la capacidad de crédito del cliente. Si elige extender crédito a sus clientes es importante tener una política de crédito consistente. Ésta debe tener consideraciones para procesar y aprobar las solicitudes de crédito de sus clientes, vigilar sus actividades y cobrar. Cada oferta de crédito debe individualizarse basada en la capacidad de crédito del cliente, y usted deberá obtener, mantener y revisar la información en forma regular.

> **El Crédito Se basa en:**
> Carácter
> Capacidad
> Caución
> Condiciones

No sólo los clientes estarán buscando crédito. Usted no podrá incrementar su negocio sin dinero. Ya dijimos antes que los negocios crecen reinvirtiendo las ganancias. Pero también hemos dicho que su flujo de efectivo podría no ser consistente, especialmente si se encuentra en un negocio susceptible a la estacionalidad. Habrá veces en las que necesite dinero para continuar operando. Pocos negocios son capaces de operar y crecer sin la requerir ocasionalmente de alguna ayuda financiera.

Where do you go for money? There are two basic ways of getting money for your business. One is by selling part of your business – giving equity in your business. The other is by accepting debt. Your choice of direction is based on five considerations. Availability, Time, Cost, Control, and Risk. Each of these involves using common sense except, perhaps, control. Many inexperienced business people don't think about the issue of control. Remember our automobile? Have you purchased an automobile on credit? If you have, you know that the lender required you to purchase insurance on the vehicle. This is a form of control. The lender dictates terms.

Availability?
Time?
Cost?
Control?
Risk?

How much more control do you sacrifice if you sell a portion of your company? Now, rather than dictating terms to you, the other party has a vote, or a say in everything the company does. Equity is a form of permanent financing. Rather than a fixed percentage of interest, you will be paying a fixed percentage of income. Not all businesses have outside money available to them. In a global sense, many countries do not have a developed financial market for small businesses. Because of this, many sources of funds are not available. Time is an extremely important issue. When do you have to pay the money back? If it is an equity arrangement, you will be sharing profits, but not have to make payments as such. Cost is usually expressed in terms of a percentage that you pay. Debt usually carries an interest. This interest is calculated based on a combination of economic factors ranging from the stability of the currency to the risk inherent in the loan. Again, less developed economies also have much higher costs for loans than economically developed regions. The question of debt or equity is not to be made without careful consideration. Many businesses initially obtain money from friends and family, but even here, the issues of time, cost, control, and risk must be considered.

¿A dónde iría por el dinero? Hay dos maneras básicas de obtener dinero para su empresa. Una es vender parte de su negocio, cediendo parte del capital contable. La otra es aceptando deuda. Su elección se basa en cinco consideraciones: Disponibilidad, tiempo, costo, control y riesgo. Cada una de estas involucra el uso del sentido común excepto, quizás, el control. Muchos empresarios inexpertos no piensan acerca del problema del control. ¿Recuerda nuestro automóvil? ¿Ha comprado un automóvil a crédito? Si es así, usted sabe que quien le financió le exigirá que compre un seguro para el coche. Esta es una forma de control. Quien otorga el financiamiento dicta los términos.

¿Disponibilidad?
¿Tiempo?
¿Costo?
¿Control?
¿Riesgo?

¿Cuánto control adicional sacrificará si vende una porción de su compañía? Ahora, en lugar de dictarle los términos, la otra parte tiene voz y voto en todo que la compañía hace. El capital es una forma de financiamiento permanente. En lugar de pagar un porcentaje fijo como interés, estará pagando un porcentaje fijo de la utilidad. No todas las empresas pueden disponer de dinero externo. En términos generales, muchos países no cuentan con un mercado financiero desarrollado para las pequeñas empresas y por esto, muchas fuentes de fondos no están disponibles. El tiempo es un asunto extremadamente importante. ¿Cuándo tiene que pagar el dinero? Si es un acuerdo de capital, estará compartiendo las ganancias, pero no tiene que hacer pagos como tales. El costo normalmente se expresa en términos de un porcentaje a pagar y la deuda usualmente conlleva un interés, el cual se calcula con base en una combinación de factores económicos que van desde la estabilidad de la moneda hasta el riesgo inherente del préstamo. De nuevo, las economías menos desarrolladas también tienen costos para los préstamos muchos más altos que en las regiones económicamente más avanzadas. La decisión entre deuda o capital no deberá hacerse sin una consideración cuidadosa. Muchas empresas inicialmente obtienen el dinero de amigos y familia, pero aún así, deben considerarse las cuestiones de tiempo, costo, control y riesgo.

One potential source of credit that should not be overlooked by new businesses is your supplier. Frequently, a new business can make arrangements with a key supplier for generous credit terms, allowing you more time to collect money before you pay your supplier. In return, your allegiance should be to the supplier that has helped you.

Section 8g: International Opportunities

Most of the issues pertaining to international opportunities are extensions of the same concepts that are used for a domestic operation but projected in a broader scope. To make certain the overall coverage is complete, some of these points will be re-emphasized. A business may expand and grow by two basic methods: either by producing new products for its existing market or by finding new markets for its current products. Generally speaking, firms grow in a progressive fashion. They begin their business within their local community, and as they become successful, they expand geographically. The geographic expansion follows a pattern of the firm expanding its market first by supplying a regional market, then by increasing its regional market until it is serving the nation. Finally, a firm may expand the market beyond the borders of its country, servicing markets of a different country. This is international business: the exchange of goods or services among markets of different countries, such as a Mexican firm selling its products in the United States, or an American firm selling its products in Mexico.

As with any business, the business owner must identify the reasons why his or her product is unique, why the customer will purchase the product from the business. Remember your E-3 factors! This can be on the basis of price (the product you are selling costs less than a similar product produced by your competition), or on the basis of being different (the product you are selling has higher quality or distinctive features, making it better than the product your competition is selling), or a combination of these.

Una fuente potencial de crédito que no debe ser ignorada por las nuevas empresas es su proveedor. Frecuentemente, un nuevo negocio puede hacer acuerdos con un proveedor clave con términos de crédito generosos, permitiéndole más tiempo para cobrar antes de tener que pagarle al proveedor. A cambio, su lealtad debe estar con el proveedor que le ha ayudado.

Sección 8g: Oportunidades internacionales

La mayoría de los aspectos relativos a oportunidades internacionales son extensiones de los mismos conceptos que se utilizaron para una operación doméstica, pero proyectados en un panorama más amplio. Para asegurarse que se está cubriendo todo, algunos de estos puntos serán re-enfatizados. Un negocio puede expandirse y crecer a través dos métodos básicos: ya sea, produciendo nuevos productos para su mercado existente o encontrando nuevos mercados para los productos actuales. En términos generales, las empresas crecen de manera progresiva. Empiezan sus negocios dentro de la comunidad local, y a medida que se vuelven exitosas, se expanden geográficamente. La expansión geográfica sigue el patrón de la firma expandiendo su mercado primero abasteciendo un mercado regional, después aumentando su mercado regional hasta convertirlo en nacional. Finalmente, una empresa puede expandir el mercado más allá de las fronteras de su país, sirviendo los mercados de diferentes países. Esto es un negocio internacional: el intercambio de bienes o servicios entre mercados de diferentes países, tales como una firma Mexicana que vende sus productos en Estados Unidos, o una firma Estadounidense que vende sus productos en México.

Como en cualquier negocio, el dueño debe identificar las razones por las cuáles su producto es único, por qué el cliente comprará el producto en su negocio. ¡Recuerde sus 3 factores E! Esto puede estar con en el precio (el producto que este vendiendo cuesta menos que un producto similar producido por su competencia), o con base en ser diferente (el producto que esté vendiendo tiene mejor calidad o características distintivas, haciéndolo mejor que el producto que está vendiendo su competencia), o una combinación de éstos.

Sometimes a business may be an international business immediately upon starting. For example, there is a small business in the southern region of the United States of America that discovered that rags (which are plentiful and inexpensive in the United States of America), are not readily available in South America. Since cloth is expensive in regions of South America, available fabric was used for clothing. Industrial plants, however, use pieces of cloth for cleaning machinery. This presented a market opportunity for the businessman, who began purchasing rags in the United States, and selling them in South America. The business able to command a good (profitable) price because the market was eager, and there was little if any competition.

To make a decision about the opportunities within an international market, the business owner must acquire information about not only the customer but also the competition. When considering the customer, the two most important questions to be asked are "Exactly what is the customer buying," and "What is its value to the customer." It is very easy to think that a customer is purchasing the product you are selling, for instance an automobile. However, what the customer is purchasing may be transportation, or social prestige, or a combination of them. What are the differences between a Trabant[1] and a Mercedes? A Trabant may provide transportation, but would it provide prestige? The second question focuses on how important it is to the customer. Staying with our example of the Trabant, if customers are only interested in dependable transportation, there may be no difference in value between a Trabant and a Mercedes. If, however, they are interested in social prestige, the Mercedes will have a higher value to them. If you are selling Mercedes, this makes your product unique, and the customer will be willing to pay more for it since it has a unique value to them.

---

[1] The Trabant was a 2-cycle automobile produced in the Former Soviet Union as an affordable car for the masses (less sophisticated than the Volkswagen)

Algunas veces una empresa puede ser internacional inmediatamente después de haber empezado. Por ejemplo, existe una pequeña empresa en la región sur de los Estados Unidos de América que descubrió que los retazos de tela (los cuales son abundantes y poco costosos en los Estados Unidos), no son fácilmente accesibles en Sudamérica, dado que la tela es cara en Sudamérica, los tejidos disponibles se utilizan para ropa. Las plantas industriales, sin embargo, utilizan pedazos de tela para la limpieza de la maquinaria. Esto representó una oportunidad de mercado para un hombre de negocios, quién comenzó comprando retazos de tela en los Estados Unidos, y vendiéndolos en Sudamérica. Pudieron exigir un buen precio (rentable) porque el mercado estaba ansioso, y había poca o ninguna competencia.

Para tomar una decisión acerca de las oportunidades dentro del mercado internacional, el propietario del negocio debe adquirir información no solo del consumidor sino también de la competencia. Cuando se considera al cliente, las dos preguntas más importantes que debemos preguntarnos son: "¿Exactamente que es lo que está comprando el cliente?" y "¿Cuál es su valor para el cliente?" Es muy fácil pensar que el cliente está comprando el producto que usted está vendiendo, por ejemplo un automóvil. Sin embargo, lo que el cliente está comprando puede ser transporte, o prestigio social, o una combinación de ambas. ¿Cuales son las diferenciasentre un Trabant (Nota del traductor 9) y un Mercedes? Un Trabant puede proporcionar transporte, pero ¿Proporcionaría prestigio? La segunda cuestión se enfoca en cuán importante es para el cliente. Siguiendo con nuestro ejemplo del Trabant, si los clientes están únicamente interesados en transportación confiable puede no haber diferencia en valor entre un Trabant y un Mercedes. Sin embargo, si ellos están interesados en prestigio social, el Mercedes tendrá un valor más alto para ellos. Si usted está vendiendo Mercedes, esto hace su producto único, y el cliente estará deseoso de pagar más por él, ya que este tiene un valor único.

Nota del traductor 8: Trabant es la marca de automóviles compactos fabricados en la desaparecida República Democrática Alemana. Después de la unificación fue adquirida por Volkswagen

In addition to understanding the nature of the market and the customers, a businessman entering a foreign market must also learn about the existing and potential capabilities of the competition. This includes information such as the number of competitors offering similar products or services, the competition's market share (How large is their current market? Of the total number of possible customers, how many do they have? How loyal are their customers?), the competitions strength (How many resources do your competitors control? What is their financial strength?), and perhaps most importantly, are there needs within the market place that are not being met by the existing competition.

You must acquire information and knowledge about the market and the competition. Knowledge consists of three steps. The first is data. When the data is organized into meaningful groupings, it becomes information, the second step.

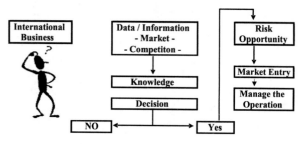

When the information is used to make decisions, it becomes knowledge, the third step. A businessman should be concerned about finding data and information in three areas, because there are three types of knowledge that are important to a businessman. One type of knowledge is called "buyer/supplier" knowledge. This involves all of the issues necessary to acquire the materials and resources to produce your product as well as all of the issues necessary to distribute your product to the purchasing customer. In different countries, there may be different sources of material supply, different methods of transporting raw materials, and alternative materials. In addition, each country (and frequently each region) has unique distribution methods. Another, type of knowledge is called "technological knowledge."

Además de entender la naturaleza del mercado y de los clientes, un empresario que entra a un mercado extranjero también deberá aprender acerca de las capacidades existentes y potenciales de la competencia. Esto incluye información tal como el número de competidores ofreciendo productos y servicios similares, la participación de mercado de los competidores (¿Qué tan grande es su mercado actual? Del número total de los posibles clientes, ¿cuántos tienen los competidores? ¿Qué tan leales son sus clientes?), las fortalezas de la competencia (¿Cuántos recursos controlan sus competidores? ¿Cuál es su fortaleza financiera?), y quizá más importantemente, ¿Existen necesidades en el mercado que no han sido atendidas por la competencia existente?

Usted deberá adquirir información y conocimiento sobre el mercado y la competencia. El conocimiento consiste en tres pasos. El primero son los datos. Cuando los datos están organizados en grupos significativos se convierte en información, el segundo paso.

Cuando la información se utiliza para tomar decisiones, se convierte en conocimiento, el tercer paso. Un empresario deberá de preocuparse de encontrar datos e información en tres áreas, porque existen tres tipos de conocimiento que le son importantes. Un tipo de conocimiento es llamado conocimiento del "comprador/proveedor". Esto involucra todos los aspectos necesarios para adquirir los materiales y recursos para producir su producto, así como todos los aspectos necesarios para distribuir su producto al cliente que compra. En diferentes países, puede haber diferentes fuentes de surtido de materiales, diferentes métodos de transportar las materias primas, y materiales alternativos. Además cada país (y frecuentemente cada región) tiene métodos de distribución únicos. Otro tipo de conocimiento diferente es el llamado "conocimiento tecnológico."

Technological knowledge pertains to problem solving. It may involve learning about new, emerging technologies (such as computer operated equipment), or methods of adapting different technologies (such as modifying your production process to be able to use differing materials). The third type of knowledge is called "community knowledge," and pertains to knowing a variety of people in different occupations and positions. Knowing a large number of different people may not appear to have a direct benefit to your selling your product, but often provides opportunities to be introduced to customers and business partners, and will help lessen the problems of finding other information. For instance, you may meet a professor who can direct you to sources of market information or meet a lawyer who can direct you to a good bank. Business persons must identify their information needs and prioritize their time and energies according to the importance that they assign to their needs.

The sources for different data and information vary greatly in each country and even among regions within a country. A more advanced economical region will have more information available. For instance, market and competitive information is more readily available in the countries of Western Europe and the United States of America than in the emerging economies of Eastern Europe. Acquiring data and information is very similar to a "hunting" trip. It requires a lot of time and patience, and frequently you pursue a source of information only to discover that what you are seeking is not available in the manner you desire it to be. A starting point for information about Western European markets is OECD, which is an information clearing house providing a lot of market data. Within the United States of America, information is available from the government (such as the SBA - the United States Small Business Administration, from the department of commerce, and other agencies), as well as from a large number of industry and trade associations, chambers of commerce, private organizations

El conocimiento tecnológico se refiere a la resolución de problemas. Esto involucra aprendizaje sobre tecnologías nuevas y emergentes (tales como equipos operados por computadoras), o métodos de adaptación de diferentes tecnologías (tales como modificar su proceso de producción para utilizar materiales diferentes). El tercer tipo de conocimiento se llama "conocimiento comunitario", y se refiere a conocer una variedad de personas con diferentes ocupaciones y posiciones. Conocer un gran número de personas diferentes puede parecer que no tiene un beneficio directo para sus ventas, pero frecuentemente proporciona oportunidades de ser presentado a clientes y socios de negocios, y ayudarán a disminuir los problemas de encontrar información variada. Por ejemplo, usted podrá conocer a un profesor que puede dirigirle a las fuentes de información de mercado o conocer a un abogado que puede dirigirle a un buen banco. Los empresarios deberán identificar las necesidades de información y darle prioridad a su tiempo y energías de acuerdo a la importancia que ellos le asignen a sus necesidades.

Las fuentes de datos e información diferentes varían grandemente en cada país y aun entre regiones dentro del país. Una región económicamente más avanzada tendrá más información disponible. Por ejemplo, la información de mercado y competitiva es más fácilmente accesible en los países de Europa Occidental y en los Estados Unidos de América que en las economías emergentes del Europa Oriental. Adquirir datos e información es muy similar a un viaje de "cacería". Se requiere mucho tiempo y paciencia, y frecuentemente se sigue una fuente de información solamente para descubrir que lo que usted estaba buscando no está disponible en la forma en que lo deseaba. Un punto de partida sobre los mercados de Europa Occidental es la OECD (por sus siglas en inglés Organización para el Desarrollo y la Cooperación Económica), que es un centro de acopio de información que provee muchos de los datos del mercado. Dentro de los Estados Unidos de América, la información está disponible por el gobierno (tal como la SBA: Administración de Pequeñas Empresas de los Estados Unidos, por sus siglas en inglés, del Departamento de Comercio, y otras agencias), así como una gran cantidad de asociaciones industriales y comerciales, las Cámaras de Comercio, organizaciones privadas especializadas

Sources of Information	Types of Knowledge		
	Buyer / Supplier	Technological	Community
Government			
Department of Commerce	xx	xx	
Small Business Administration	xx	xx	
Foreign Trade Office	xx	xx	
Industry Associations	xx	xx	xx
Chambers of Commerce	xx		xx
Service / Social organizations			xx
Libraries	xx		xx
Universities		xx	xx
Business Persons	xx	xx	xx

specializing in data collection (such as Dunn and Bradstreet), and social service organizations (such as Rotary, the Lion's club, or similar organizations). In addition, libraries have many books and directories classifying and identify existing firms.

In less developed economies, adequate information may not be readily available. An excellent source of information is always other businessmen, whether they will be direct competitors or not. They can provide you valuable information within all three types of knowledge. A good way to meet and become acquainted with business persons in a foreign country is through chambers of commerce, foreign trade offices, and universities. Making these contacts and obtaining the information you require does take time, as such, so it cannot be done hastily.

While the opportunities for a firm are often considerably greater in an international market, the opportunities present increased risk. Any business venture has a certain amount of risk, and the amount of risk varies based on the industry as well as the market and its environment. A business that has successfully established itself locally, understands the nature of its risks, and may believe that the risks associated with international business are not much different from it has experienced in its local region. Nothing could be further from the truth! To analyze the nature of the risk exposure, various factors must be considered. It is helpful to divide your analysis into four specific fields of inquiry, within which all of the specific issues can be factors to be considered: Political, Technological, Social, and Economic.

Fuentes de información	Tipos de Conocimiento		
	Comprador / Proveedor	Tecnológico	Comunidad
Gobierno			
Ministerio de Comercio	xx	xx	
Oficina para pequeños negocios	xx	xx	
Oficina de Comercio Exterior	xx	xx	
Asociaciones Industriales	xx	xx	xx
Cámaras de Comercio	xx		xx
Organizaciones Sociales y de Servicio			xx
Bibliotecas	xx		xx
Universidades		xx	xx
Empresarios	xx	xx	xx

en la compilación de datos (tales como Dunn and Bradstreet), y organizaciones de servicio social (tales como el Club Rotario, el Club de los Leones u organizaciones similares). Además, las bibliotecas tienen muchos libros y directorios clasificando e identificando las firmas existentes.

En economías menos desarrolladas, la información adecuada puede no estar disponible fácilmente. Una excelente fuente de información es siempre otro empresario, ya sea competidores directos o no. Ellos pueden proveer información valiosa dentro de los tres tipos de conocimiento. Una buena manera de conocer y familiarizarse con empresario en un país extranjero es a través de las cámaras de comercio, las oficinas de comercio exterior, y las universidades. Toma tiempo realizar estos contactos y obtener la información que se requiere, así que no puede hacerse apresuradamente.

Mientras que las oportunidades para una firma son a menudo considerablemente mayores en un mercado internacional, también presentan un riesgo mayor. Cualquier empresa tiene una cierta cantidad de riesgo, y ésta varía según la industria así como de su mercado y su entorno. Una empresa que se ha establecido exitosamente a nivel local comprende la naturaleza de sus riesgos, y puede creer que los riesgos de los negocio internacionales no son muy diferentes, como lo que ha experimentado en su región local. ¡Nada podría ser más alejado de la verdad! Para analizar la naturaleza de la exposición al riesgo, se deben considerar muchas cosas. Dividir su análisis en cuatro campos específicos de investigación le ayudará, dentro de los cuales todos los siguientes aspectos específicos pueden ser factores a considerar: Políticos, Tecnológicos, Sociales y Económicos.

The questions you musk ask yourself will depend upon the industry you are in and how you plan on conducting business.

Political factors: Within the "political" field of inquiry are issues such as the political system's stability (Is the government stable and predictable?), regulatory requirements (how many government agencies regulate your product?) and tax structure (how many types of tax must be paid and how must it be paid?) For instance, to begin conducting business in the United States of America, a firm must acquire a registration number (called a business' "employer i.d."). This number is used by all governmental agencies to follow and monitor a business. A firm must always register with both the federal government and the state government for the state in which it operates. In addition, it frequently has to register with its city or its county. Based on the industry that the firm is in, the firm may be required to prove its technical and business abilities through examination. It may also be required to demonstrate its responsibility by providing a surety bond (a form of insurance). For example, a few of the many requirements for an firm wanting to conduct business in the United States of America would be to register with federal, state, and local governments (can take up to a month, and generally needs an attorney's assistance), acquire the necessary licenses and permits (which may require technical examinations, and for some industries require periodic re-examination), and provide evidence of technological and financial responsibility (usually in the form of providing a certificate of insurance called a "bond."). A firm may spend several thousand dollars in this process. This process will vary based on the country you do business in.

The political system also has a significant impact on the continued operation of the business, especially through its taxation system. In the United States of America there are many types of tax that must be reported and paid by businesses. These taxes are paid by the business to various government agencies, any of which can and will charge large penalties if the taxes are not reported and paid on time and properly.

La pregunta que debe hacerse usted mismo, dependerá de la industria en la que esté y cómo planea conducir su negocio.

Factores políticos: Dentro del campo "político" existen aspectos tales como la estabilidad del sistema (¿El gobierno es estable y predecible?), los requerimientos regulatorios (¿Cuántas agencias gubernamentales regulan su producto?) y la estructura fiscal (¿Cuántos tipos de impuestos deberá pagar y cómo deberá de pagarlos?). Por ejemplo, para comenzar un negocio en los Estados Unidos de América, una firma debe adquirir un número de registro (llamado un "identificación del empleador"). Este número se utiliza por todas las agencias gubernamentales para seguir y controlar el negocio. Una empresa deberá siempre registrarse en el gobierno federal y en el del estado en que opera. Además, frecuentemente también tiene que registrarse con su ciudad o su municipio. Con base en la industria a que pertenece la empresa, una compañía puede requerir probar sus habilidades técnicas y de negocios mediante un examen, y demostrar su responsabilidad proporcionando una fianza (una forma de seguro). Por ejemplo, algunos de los muchos requerimientos de una firma que quiera conducir negocios en los Estados Unidos de América, será el de registrarse con los gobiernos, federal, estatal y local (lo cual puede tardar hasta un mes, y generalmente se necesita la asistencia de un abogado), adquirir las licencias y permisos necesarios (los cuales pueden requerir inspección técnica, y para algunas industrias puede ser recurrente), y proporcionar evidencia de la responsabilidad tecnológica y financiera (normalmente en la forma de una fianza). Una firma puede gastar miles de dólares en este proceso. Este proceso cambiará dependiendo del país en el que usted hace negocios.

El sistema político también tiene un impacto significativo sobre la operación continua del negocio, especialmente a través de su sistema fiscal. Por ejemplo, en los Estados Unidos de América existen muchos tipos de impuestos que las empresas deben reportar y pagar. Estos impuestos se pagan a diferentes entidades gubernamentales, cualquiera de las cuales puede y cargará grandes multas si los impuestos no se reportan y se pagan oportuna y apropiadamente.

The government may not realize that the taxes have not been paid properly, but has 3 years within which it may require the firm to corrects its accounts, and has the authority to assess not only finance charges but very heavy penalties. While the "unpaid" tax may be $100, the agency could charge a company several hundred dollars in interest and penalties, resulting in the business having to pay over $1,000. While there are more taxes that may be required based on the industry and geographic location, the following table provides general information on some of the taxes included, how much money is involved, and how frequently they have to be paid.

Examples of Taxes

Type of Tax	Paid to	Approximate Amount	Frequency of payment required
Sales tax	State sales tax division	Varies 4 – 7% of sales collected from customer	Weekly or monthly, based on sales
Sales tax	Municipality /county tax depart.	Varies 1 – 3% of sales collected from customer	Weekly or monthly, based on sales
Workers' compensation	State worker's compensation div.	Based on industry, up to 15% of payroll	Weekly or monthly, based on payroll
Federal unemployment ins.	Federal unemployment office	Usually less than 1% of payroll	Weekly or monthly, based on payroll
State unemployment insurance	State unemployment division	Varies by state, ,may be up to 5% of payroll	Weekly or monthly, based on amount
Social security insurance	Social security administration	Approximately 8% pf payroll, matched by employee	Weekly or monthly, based on amount
Medicare insurance	Social security administration	Approximately 8/10% pf payroll	Weekly or monthly, based on amount
Income tax	Internal revenue service	Depends on profit, up to 40% of profits	Usually quarterly
Income tax	State tax department	Not all states have, but can be up to 8% of profits	Same frequency as federal
Income tax	County of city tax department	Not all have, but can b up to 2% of profits	Same frequency as federal

El gobierno puede no darse cuenta de que los impuestos se han sido pagados apropiadamente, pero con seguridad tendrá cierto número de años dentro de los cuales puede requerir a la firma que corrija su contabilidad, y tiene la autoridad para evaluar no solamente los recargos, sino también multas considerables. Mientras que el impuesto "no pagado" pudiera ser $100, la agencia pudiera cargar a la compañía con varios cientos en intereses y multas, resultando en que el negocio tuviera que pagar arriba de $1000. Aunque los impuestos dependerán de la industria y la ubicación geográfica, la siguiente tabla proporciona información general sobre su naturaleza. La magnitud involucrada, y que su frecuencia variará de país a país.

Ejemplos de Impuestos más comunes			
Tipo de Impuesto	*Pagado a*	*Cálculo*	*Frecuencia requerida*
Impuesto sobre Ventas	Localidad y/o Federal	Porcentaje sobre las ventas a clientes	Desde semanal a mensual
Impto. al Valor Agregado	Federal	Sobre todo tipo de ingresos y egresos	Mensual
Impuesto sobre Nóminas	Localidad y/o Federal.	Porcentaje sobre las remuneraciones pagadas	Semanal o Mensual
Seguro Social	Administracion del S.S.	% de sueldos pagados, aportación trabajador	Semanal o mensual
Impuesto sobre la renta	Administracion del S.S.	Porcentaje sobre la Utilidad	Mensual o Trimestral
Participaciones de utilidades	Empleados de su empresa	Porcentaje Sobre la Utilidad	Anual

Technological factors: The levels of technology within your country may not be the same as those within the country you are considering for business expansion. For example, you should not consider selling color televisions to a country that does not have any broadcast systems in place, nor consider selling traditional telephones in a region that does not have the copper wires installed to carry the signal. The knowledge of technology is equally important. Both your workers and customers should have some knowledge of the technology required to facilitate and support your product. More technically advanced products and services require a more advnaced technological environment. Technology involves much more than computers or science. Within the area of technological factors, you must explore the overall infrastructure (credit system, highways, transportation system, telephone system, electrical power), the public education and knowledge base as well as the technological level of similar products. These will have an impact on both the market (customers) and the providers (yourself and your competitors) of the products. The level and type of technology within a country or region will affect customers' acceptance of your product, their ability to purchase it, and your ability to distribute and deliver it. Beyond the technological factors, this will also impact the economic factors to be discussed later.

Social factors: In many ways, people are similar regardless of their nationality or culture. In many ways, they are different. Their language, product preferences, customs, values and social culture may be entirely different. Whether you are selling an industrial product to a large firm or a consumable product to individual consumers, you will be dealing with people. It is therefore necessary to consider those social items that may have an impact on your business. If you are not completely fluent in the language, you will need a trustworthy interpreter. Beyond this, you will need to research information about the country's cultural norms. For instance, there are significant differences in the cultures of Mexico and the United States of America. One of these differences pertains to an attitude towards a person's time. The Mexican customer may be accustomed to waiting, while the American Customer doesn't like to wait. For the American, time is money; a literal imperative; and treated as such. For the Mexican, time is relative.

Factores tecnológicos: Los niveles de tecnología en su país puede no ser la misma que aquella dentro del país en el que está considerando la expansión de su negocio. Por ejemplo, no debería considerar el vender televisiones a color a un país que no tiene ningún sistema de transmisión instalado, ni considerar vender teléfonos tradicionales en una región que no tiene cableado de cobre instalado para enviar la señal. El conocimiento de la tecnología es igualmente importante; tanto sus empleados como sus clientes deberán tener algún conocimiento de la tecnología para facilitar y apoyar su producto. Los productos y servicios con mayor avance tecnológico requieren un entorno tecnológico más avanzado. La tecnología involucra mucho más que las computadoras y la ciencia. Dentro del área de los factores tecnológicos, deberá explorar en conjunto la infraestructura (sistema crediticio, carreteras, sistema de transporte, sistema telefónico, energía eléctrica), la educación pública y la base del conocimiento así como el nivel de tecnología de productos similares. Todo esto tendrá un impacto tanto en el mercado (clientes) como en los proveedores (usted y sus competidores) de los productos. El nivel y el tipo de tecnología dentro de un país o región afectarán la aceptación de su producto por parte de los clientes, su capacidad para comprarlo y su habilidad para distribuirlo y entregarlo. Más allá de los factores tecnológicos, esto también impactará los factores económicos que se discutirán más adelante.

Factores sociales: Las personas tienen similitudes sin importar su nacionalidad o cultura. En muchas formas, son diferentes. Su idioma, preferencias de productos, costumbres, valores y cultura social pueden ser totalmente distintas. Ya sea que venda un producto industrial a una empresa grande o un producto de consumo a clientes individuales, usted estará tratando con personas. Es, por lo tanto, necesario considerar esos aspectos sociales que pueden tener impacto en su negocio. Si usted no es completamente fluido en el idioma, necesitará de un intérprete confiable. Más allá de esto, usted necesitará investigar información acerca de las normas culturales del país. Por ejemplo, hay diferencias significativas entre la cultura de México y la de los Estados Unidos de América. Una de estas diferencias es en relación con la actitud hacia el tiempo de las personas. El cliente Mexicano puede estar acostumbrado a esperar, al cliente Americano no le gusta esperar, para el Americano el tiempo es dinero; un imperativo literal, y es tratado como tal. Para el Mexicano, el tiempo es relativo.

A region's cultural norms will also affect the customer's preference for products, whether it is their type of food, the type of fabrics and fashions they wear for clothing, or the features they look for in their products. Being sensitive to the market requires understanding what the customer expects.

Economic factors: Not all countries have the same economic system, nor are all countries at the same stage of economic development. In addition to significant differences in the economic system, a country's balance of trade with other countries impacts the value of its currency relative to yours. Currency exchange rates fluctuate, sometimes drastically. For example, In January 2002, the EUR was approximately 1 EUR to $1 USD. As of October, 2007, this rate has risen to approximately 1 EUR to $1.20 USD. It now costs American businesses 20% more to operate in Europe due to currency fluctuations. This drastic change has a direct impact on the cost of doing business in a foreign country as well as on the potential for profit. Furthermore, a business must give thought to how it will be able to pay, collect, and transfer moneys from one country to another. Another major economic factor is the availability of adequate resources. Traditionally, economists considered resources as consisting of material, natural resources, labor, capital, and ability. More recently, economists are also looking at technology and time as being critical resources. A small business is almost always "resource poor" and in the position of having to seek additional resources. It is therefore important to carefully consider all the resources that will be required to conduct business in a foreign country and determine whether the necessary resources are available, accessible, and affordable to the business.

As stated earlier, international business may present more opportunities for the businessman, but may also present more risk. To a large extent, this risk may be minimized by looking at the political, technological, social, and economic factors to determine differences between the needs of the marketplace and the capabilities of the business.

Una norma cultural regional también afectara la preferencia del cliente por los productos, ya sea su tipo de comida, el tipo de telas y modas que utilizan al vestir, o las características que buscan en sus productos. Tener sensibilidad del mercado requiere comprender lo que el cliente espera.

Factores económicos: No todos los países tienen el mismo sistema económico, ni todos están en la misma etapa de desarrollo económico. Además de las diferencias significativas en el sistema, la balanza comercial de un país con otros impacta el valor de su moneda en relación a la de usted. Los tipos cambio de monedas, fluctúan algunas veces drásticamente. Por ejemplo, en enero del 2002, un EURO equivalía aproximadamente a un dólar. En fecha el otoño de 2007 esta relación se ha elevado aproximadamente 1 EURO por 1.45 dólares. Esto significaría que le cuesta a una empresa Americana 45% más operar en la Comunidad Europea debido a las fluctuaciones cambiarias. Este cambio tan drástico tiene un impacto en el costo de hacer negocios en un país extranjero así como en el potencial para obtener utilidades. Aún más, un negocio debe pensar cómo pagará y cómo cobrará y transferirá dinero de un país a otro. Otro factor económico importante es la disponibilidad de recursos adecuados. Tradicionalmente, los economistas consideraron como recursos los consistentes de materiales, recursos naturales, mano de obra, capital, y habilidad. Más recientemente, los economistas también están considerando la tecnología y el tiempo como recursos críticos. Un negocio pequeño es casi siempre "pobre en recursos" y está en la posición de tener que buscar fuentes adicionales. Por lo tanto es necesario considerar cuidadosamente todos los recursos que se requerirán para conducir un negocio en un país extranjero y determinar si los recursos necesarios están disponibles, accesibles y puedan ser alcanzables por el negocio.

Como se dijo antes, los negocios internacionales pueden presentar más oportunidades para el empresario, pero también pueden presentar mayores riesgos. En mayor medida este riesgo puede minimizarse observando los factores políticos, tecnológicos, sociales y económicos para determinar las diferencias entre las necesidades del mercado y las capacidades del negocio.

There are many ways to begin conducting business internationally, each involving different amounts of risk. The important consideration for a business is to consider the level of risk it will be exposed to along with its ability to tolerate that risk exposure. In a simplified form, there are three different methods of entering foreign markets, each having an increasingly higher level of risk: Export/import (lowest level of risk exposure), Non-equity arrangements (higher level of risk), and Equity Investments (highest level of risk exposure). Importing means acquiring products from a foreign country, while exporting is selling your products to a foreign market. Importing/exporting may be indirect or direct.

Let us use a Mexican producer of special plastic automobile parts *(MexP)* as our example of a firm seeking to sell its products in America. If it wanted the least amount of risk, it would sell its product to another firm within Mexico, which would then transport the material to America and sell it. The product would be sold in America, but MexP would not have any direct contact with the customers, and the money would be paid in to *MexP* in Mexico.

This is the easiest way to enter a foreign market. The product, not the firm, enters the market. If *MexP* wants to have some contact with the market, it could export the product directly. *MexP* could either use an export broker or even handle the shipment of the product itself. This, however, involves greater risk, since it would now have some form of representation abroad. It would also be concerned about when and how it will receive payment, as well as being exposed to the risk of currency exchange rate fluctuations. To this point, primarily the product is entering the market. In direct exporting, the business has some form of representation in the market place, accepting some more risk for the opportunity of not paying distribution costs to another firm. *MexP* may become even more involved internationally by having its people working in the foreign country. *MexP* may have a contractual arrangement with an American firm, calling for *MexP* to send personnel to America, however in a non-equity position. This could involve any number of different arrangements, ranging from a management contract to a turn-key arrangement.

Hay muchas formas para comenzar a operar un negocio internacionalmente, cada una involucra diferentes cantidades de riesgo. La consideración importante para una empresa es considerar el nivel del riesgo al que va ha estar expuesto en conjunto con su capacidad para tolerar esa exposición al riesgo. En una forma simplificada hay tres métodos diferentes para entrar en los mercados extranjeros, cada uno con un nivel cada vez mayor de riesgo: Exportar / Importar (El menor nivel de exposición de riesgo), acuerdos que no involucren capital (Mayor nivel de riesgo), e inversiones de capital (el nivel más alto de exposición al riesgo). Importar significa adquirir productos de un país extranjero mientras que exportar es vender sus productos a un mercado extranjero; Exportar / Importar puede ser directo o indirecto.

Utilizaremos a un productor Mexicano de partes automotrices especializadas de plástico (*MexP*) como nuestro ejemplo de una firma en busca de vender sus productos en Estados Unidos. Si quisiera la menor cantidad de riesgo, vendería su producto a otra firma dentro de México, el cuál transportaría el material a Estados Unidos y lo vendería. El producto entonces se vendería en América pero MexP no tendría ningún contacto directo con los clientes, y el dinero sería pagado a MexP en México.

Esta es la forma más sencilla de entrar al mercado extranjero. El producto, no la firma, entra al mercado. Si MexP desea tener algún contacto con el mercado, podría exportar el producto directamente. MexP podría utilizar a un agente exportador o aún manejar el embarque del producto por sí mismo. Esto, sin embargo, involucra mayor riesgo, ya que ahora tendría alguna forma de representación fuera del país. También tendrá la preocupación de cuándo y cómo recibirá el pago así como también estará expuesto al riesgo de fluctuaciones cambiarias. En este punto, principalmente el producto entrará en el mercado. En la exportación directa, el negocio tiene una forma de representación en el mercado objetivo, aceptando un poco más de riesgo por la oportunidad de no pagar el costo de una distribución a otra firma. MexP puede verse involucrada internacionalmente teniendo a su personal trabajando en un país extranjero. MexP puede tener un acuerdo contractual con una firma Americana, pidiendo que se envíe personal a MexP en América, aunque sin ninguna posición de capital. Esto puede involucrar cualquier número de arreglos diferentes, extendiéndose desde un contrato administrativo hasta un "acuerdo de entrega de llaves."

In a "turn-key" operation, for example, an American business may contract with *MexP* to send personnel to America to build a manufacturing facility. *MexP* would not own the facility. It would have complete responsibility for building, equipping, and testing the facility. It may even be required to train the American's representatives. Once the facility is completed and operational, *MexP* would turn the project over to the American firm, in effect, "turning over the keys to the plant," which is why the phrase "turn-key" is used. This form of arrangement carries more risk than exporting, because more of the company's people are working in the foreign country. The greatest amount of risk is equity investment, where the firm invests capital, labor, and materials in the foreign country. A very common form of entering a foreign market is through a joint venture. In a joint venture, two or more companies contribute resources to form a new, separate firm for a specific purpose that may be either temporary or permanent. For example, if instead of a "turn-key" arrangement, the American firm and *MEXP* chose to enter a joint venture agreement, they would each contribute resources to a new firm (let's call the new joint venture firm *MexP -AM*). *MexP -AM* would then build, equip and manage the new plant, and each of the parent firms (the American firm and *MexP*) would share the profits or losses based on the original joint venture agreement.

En una operación "de entrega de llaves", por ejemplo, un negocio Norteamericano puede contratar con MexP para enviar personal a Estados Unidos para construir una fábrica. MexP no sería propietario de la fábrica. Tendría la completa responsabilidad de construir, equipar, y probar las instalaciones. Tal vez se le pida incluso, entrenar a los representantes Americanos. Cuando las instalaciones estén completas y en operación, MexP entregaría el proyecto a la firma Americana, de hecho, "entregando las llaves de la planta", es por lo que se usa la frase de "entrega de llaves". (Nota del traductor: Del original en inglés "Turn-key"). Esta forma de acuerdo conlleva más riesgo que exportar, porque más personal de la compañía está trabajando en el país extranjero. El nivel más alto de riesgo es una inversión de capital, en donde la firma invierte capital, en mano de obra y materias primas en el extranjero. Una forma muy común de entrar a un país extranjero es con una empresa conjunta (joint venture). En una empresa conjunta dos o más compañías contribuyen con recursos para formar una nueva firma separada para un propósito específico que puede ser temporal o permanente. Por ejemplo, si en lugar de un acuerdo "de entrega de llaves", la firma Americana y MexP deciden entrar en un acuerdo de empresa conjunta, cada una contribuirá con recursos a la nueva firma (llamémosla la nueva empresa conjunta MexP-AM). MexP-AM entonces construirían, equiparían y administrarían la nueva planta y cada una de las firmas padre (la firma Americana y MexP) compartirán las utilidades o pérdidas basados en el acuerdo original de empresa conjunta.

For joint ventures to work properly, the three most important things to remember are:

Guidelines for Successful Joint Ventures
1) Be certain that the two firms can work together. This not only means a willingness to work together, but a sharing of goals, and having complementary resources. The American firm may have money, but need the special knowledge. *MexP* may not have money, but has the special knowledge. The resources therefore complement one another; each has what the other needs.
2) Identify the objectives of the joint venture, and make certain that the individual goals of the joint venture partners do not conflict with one another. The newly created firm must have clearly identified objectives to allow it to be managed.
3) The joint venture must be actively managed to ensure that the expectations and goals of the partners are achieves.

In a management or turn key contract, the potential profit to *MexP* is established by contract. In a joint venture, there is neither an assurance of profit, nor is there a limit to it. In a joint venture, any profits (or losses) are shared by the partners based on the joint venture agreement.

MexP could pursue the manufacturing facility as an equity investment, also called a direct foreign investment. *MexP* would then supply all labor, capital and materials to build the production plant. In this example, *MexP* would have the highest level of risk exposure, since it would have to bear the burden of any and all losses; however, it would also have the benefit of all profits. The relationship between method of market entry and the level of risk is easily demonstrated by this simple graph.

Para que trabajen apropiadamente las empresas conjuntas, las tres cosas más importantes a recordar son:

Lineamientos para Empresas Conjuntas (Joint Ventures) Exitosas
1) Asegúrese que las dos empresas puedan trabajar juntas. Esto no solo significa la voluntad de trabajar juntas, sino compartir metas y tener recursos complementarios. La firma Americana puede tener dinero pero necesita conocimiento especializado. MexP puede no tener dinero, pero tiene conocimiento especializado. Los recursos por lo tanto se complementan entre sí; cada una tiene lo que la otra necesita.
2) Identifique los objetivos de la empresa conjunta, y asegúrese que las metas individuales de los socios de la empresa conjunta no están en conflicto entre sí. La firma recién creada debe tener objetivos claramente identificados que le permitan ser administrada.
3) La empresa conjunta debe administrarse para asegurar que se alcancen las expectativas y metas de los socios.

En un contrato de administración o "de entrega de llaves", la utilidad potencial de MexP se establece en un contrato. En una empresa conjunta, no hay garantía de utilidades, ni hay un límite a ésta. En una empresa conjunta cualquier utilidad (o pérdida), se comparte por los socios basándose en el acuerdo.

MexP podría buscar la instalación de manufactura como una inversión de capital. También llamada inversión extranjera directa. MexP entonces proveerá toda la mano de obra, capital y materiales para construir la planta de producción, en este ejemplo, MexP tendría la exposición al riesgo de nivel más alto, ya que tendría que llevar la carga de cualquiera y todas las pérdidas. Sin embargo, también tendría el beneficio de todas las utilidades. La relación entre el método para entrar al mercado y el nivel de riesgo se demuestra fácilmente por esta simple gráfica.

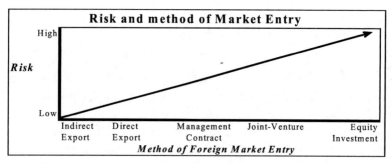

Risk and method of Market Entry

As a firm increases resources in the foreign country, its level of risk is also increased. You accept the risk based on the anticipation of having higher levels of anticipated profit.

Regardless of which method of market entry is chosen by the firm, the issues surrounding international business are similar. There are three phases before the product is actually sold in the marketplace. This is what we have discussed to this point, and we will repeat it briefly. The first priority for a firm is to gather the necessary data and information to become knowledgeable about the foreign market and competitive forces. Next, the firm must seriously consider the risk exposure and its ability to tolerate risk. The third stage which we have just discussed is making a decision as to which method will be used to enter the foreign market. This can be done in stages over time, allowing the firm to learn and accept more risk as it gains more experience. It doesn't matter what manner of market entry the firm chooses, once the decision has been made to enter international business, three management strategies must be determined and followed.

First, the firm must decide upon an organizational structure. Will the foreign operation be independent of the home office? Will the foreign operation be permitted to make decisions, or must all decisions be made by the home office? Based on answers to these questions this, what type of planning, communication and reporting will be required? Finally, will the product or products be standardized to maximize cost efficiency, or will they be specially built to adapt to the uniqueness of the foreign market?

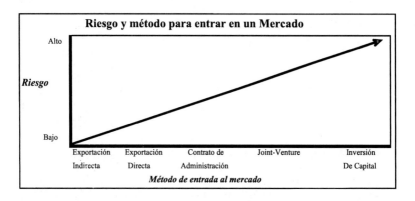

Riesgo y método para entrar en un Mercado

Alto

Riesgo

Bajo

| Exportación | Exportación | Contrato de | Joint-Venture | Inversión |
| Indirecta | Directa | Administración | | De Capital |

Método de entrada al mercado

Conforme una firma incrementa sus recursos en el país extranjero, su nivel de riesgo también se incrementa. Usted aceptará el riesgo basándose en la anticipación de tener mayores niveles de utilidades esperadas.

Sin importar cuál método se haya elegido para entrar al mercado por la empresa, los aspectos alrededor de los negocios internacionales son semejantes. Existen tres fases antes de que el producto se venda realmente en el mercado. Esto es lo que hemos discutido en este punto, y lo repetiremos brevemente. La primera prioridad para una empresa es reunir todos los datos e información necesarios para conocer el mercado extranjero y las fuerzas competitivas. A continuación, la firma debe de considerar seriamente la exposición al riesgo y su habilidad para tolerarlo. La tercera etapa que acabamos de discutir es tomar la decisión de cuál método se utilizará para entrar al mercado extranjero. Esto puede hacerse en etapas a lo largo del tiempo, permitiendo a la firma aprender y aceptar mayores riesgos conforme gana más experiencia. No importa qué forma para entrar al mercado elija la empresa, una vez que la decisión se ha tomado para entrar al negocio internacional, se deberán determinar y seguir tres estrategias gerenciales.

Primero, la firma debe decidir acerca de una estructura organizacional. ¿Será la operación extranjera independiente de la casa matriz? ¿Se le permitirá a la operación extranjera tomar decisiones o todas las decisiones serán tomadas en la casa matriz? Basados en esto, ¿Qué tipo de planeación, comunicación y reportes serán requeridos? Finalmente, ¿Se estandarizarán el producto o los productos para maximizar la eficiencia del costo o se construirán especialmente para adaptarlos a la peculiaridad del mercado extranjero?

A standardized product is easier to produce, however may not be as acceptable to a different culture. A product that is customized for the foreign culture will be more costly to produce. Firms that have succeeded in entering foreign markets frequently do so in stages. This allows the business to gain additional knowledge before it exposes itself to higher levels of risk.

Section 8h: The Internet, E-Commerce opportunities

Twenty-five years ago, computers were only used by larger companies. They were too costly for the average small business. This changed with the appearance of the personal computer in the early 1980s. We will stay with the image of our automobile.   Early automobiles were wonderful! Compared to walking or a horse-drawn carriage, they were considerably more efficient in different conditions.   Now, compare the vehicle with a race car. Imagine that the driver of the race car is in constant communication with every point of the race track so that he is always aware of road conditions and the position of the other drivers. This is the electronic world of business. This is is e-commerce. E-commerce is a business form in which commercial transactions occur through the use of advanced information technology, including computers and special telecommunications.

E-Commerce: A business form where transactions occurs through the use of advanced information technology rather than face-to-face

Before we can understand how e-commerce works, we need to have a basic understanding of the role of computers within business. Remember when we talked about accounting systems and financial reporting? I indicated that computers provide us with more flexibility to have more information in a shorter time frame. Most businesses start the computerization process with some form of administrative support. The computer may be used to process payroll or accounting records.

Un producto estandarizado es más sencillo de producir, sin embargo, puede no ser aceptado en una cultura diferente. Un producto que se adapta para la cultura extranjera será más costoso de producir. Las empresas que han tenido éxito al entrar en mercados extranjeros frecuentemente lo hacen en etapas. Esto le permite al negocio ganar conocimiento adicional antes de exponerse a mayores niveles de riesgo.

Sección 8h: La Internet, Oportunidades del Comercio Electrónico

Hace 25 años, las computadoras se usaban únicamente en compañías grandes. Eran muy costosas para los negocios pequeños promedio. Esto cambió con la aparición de las computadoras personales a principios de los 80's. Nos quedaremos con nuestra imagen de nuestro automóvil. ¡Los primeros automóviles fueron maravillosos! Comparados con caminar

> **Comercio-E:** Una forma de negocios en que las transacciones ocurren a través del uso de tecnología de información avanzada en vez de cara a cara.

o con carruajes tirados por caballos, eran considerablemente mas eficientes en condiciones diferentes. Ahora, comparemos el vehículo con un auto de carreras. Imaginemos que el conductor de un automóvil de carrera está en constante comunicación con cada punto de la pista y siempre está consciente de las condiciones de la pista y de la posición de los otros pilotos. Este es el mundo electrónico de los negocios. Este es el comercio-e. El comercio-e es una forma de negocio en la que las transacciones comerciales ocurren a través del uso de tecnología de información avanzada, incluyendo computadoras y telecomunicacione especiales.

Antes de que entendamos como funciona el comercio-e, nosotros necesitamos tener una comprensión básica del papel de las computadoras en los negocioa. ¿Recuerda cuando hablamos acerca del sistema de contabilidad y reportes financieros? Yo indiqué que las computadoras nos proporcionan mayor flexibilidad para tener más información en un período de tiempo más corto. La mayoría de los negocios comienzan el proceso de computarización con alguna forma de soporte administrativo. La computadora puede ser utilizada para el proceso de nómina o los registros contables.

The computer is only a tool, but a very versatile tool. As the business' systems become increasingly complex, there are more opportunities to use computers. Computers are now used to help design everything from clothes to jet airplanes. Computers are used to operate machinery, allowing for greater accuracy and more consistent manufacturing and production. Computers are used to record and analyze complex data to permit forecasting. When the weather forecaster says that there is an 80% likelihood of rain, it is because a computer has analyzed many pieces of information and compared it to historic data. Historically, it rained 80% of the times when the same patterns were exhibited, therefore, its logical to predict it will again. This may be an extremely brief explanation of how computers have entered the business world, but I think you already recognize they are an indispensible tool. They assist in planning, production, administration, and decision making. There are computer applications for virtually every task in business. Your competition is already using computers.

I am fortunate to have progressed through the entire evolution. In 1978 we installed our first computer, replacing a punch-card machine to process accounting records. In 1980, we installed our

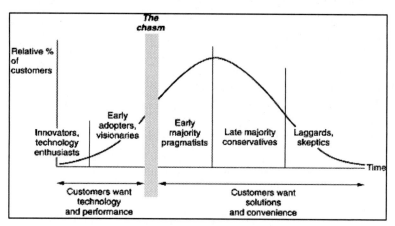

Used with Permission: Copyright © 2002 Donald A. Norman
(from http://www.jnd.org/dn.mss/life_cycle_of_techno.html)

La computadora es una herramienta, solo eso, pero muy versátil. Conforme los sistemas de la empresa se vuelven cada vez más complejos, hay más oportunidades de utilizar las computadoras. Las computadoras hoy en día se utilizan para ayudar a diseñar todo, desde ropa hasta aviones jet. Se utilizan para operar maquinarias, permitiendo mayor precisión y consistencia en la manufactura y producción. Se utilizan para registrar y analizar datos complejos que permiten hacer pronósticos. Cuando el meteorólogo dice que hay un 80% de probabilidad de lluvia, se basa en que una computadora ha analizado muchos pedazos de información y los comparó con datos históricos. Históricamente, llovió el 80% de las veces cuando se presentaron los mismos patrones, por lo tanto, es lógico predecir que sucederá de nuevo. Esto puede ser una extremadamente breve explicación de cómo las computadoras han entrado al mundo de los negocios, pero pienso que usted ya se da cuenta que son una herramienta indispensable. Ellas nos ayudan a planear, producir, administrar, tomar de decisiones; virtualmente para cada tarea en la empresa existe una aplicación en computadora. Su competencia ya las está utilizando.

Yo soy afortunado de haber progresado a través de toda la evolución. En 1978 instalamos nuestra primera computadora reemplazando una máquina perforadora de tarjetas para procesar los registros contables. En 1980 instalamos nuestro segundo sistema

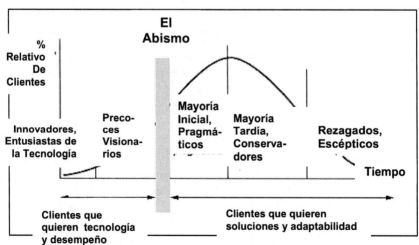

second computer system to aid our engineering processes. In 1983, we installed our first local network, connecting five personal computers together. About the same time that some of you were being born, we were linking computers with telephone lines to share information. Research has shown that managers' (or entrepreneurs') values and beliefs influence when and to what level technology is adopted. Remember, we have already stated that it is your values and goals that form the foundation for your business. Furthermore, we have already suggested that one of the considerations when you design your organization is the determination of how you plan on adopting to new and changing technologies. Many researchers have explored the patterns that companies use to adopt to changing technologies. Everett M. Rogers, in his book Diffusion of Innovations, identifies five categories of adoption: Innovators, early adopters, early majority, late majority and laggards. Donald A. Norman, in his book Invisible Computer develops this concept further, suggesting economic considerations behind when and how technology is adopted. In the beginning, when new technology was discovered, there are few if any customers. Technology, at this point, is a challenge, the promise of an unproven opportunity, and perhaps a toy. It is only pursued because of the personal interest of the entrepreneur. Those who adopt the technology are said to be on the leading edge of the technology. In reality, there is a stage prior to this in which some of us call the "bleeding" edge. Investing at the early stage is costly in terms of time, resources, and little economic pay-back.

The economist Peter Schumpeter argued that innovation was actually "creative destruction" since entrepreneurs brought about changes that radically changed previously accepted products and processes. When new technology emerges, some entrepreneurs see an opportunity and rush to develop innovative uses. As they begin to demonstrate useful applications, they attract attention from customers and from competitors. The interesting thing about the early stages of technology is that they are not customer driven. There may be a need in the marketplace for what the technology will enable but not for the technology itself. For instance, automobiles are made to move, but must be able to stop. Automobiles have had brakes for 100 years.

computarizado para ayudar en nuestros procesos de ingeniería. En 1983 nosotros instalamos nuestra primera red de trabajo local, conectando cinco computadoras personales juntas. Aproximadamente al mismo tiempo que algunos de ustedes nacieron, nosotros estábamos enlazando computadoras con líneas telefónicas para compartir información. Las investigaciones han demostrado que los valores y creencias de los gerentes (o empresarios) influyen en cuando y cual nivel de tecnología es adoptada. Recuerde, ya hemos mencionado que sus valores y metas conforman el fundamento de su negocio. Además, ya hemos sugerido que una de las consideraciones cuando diseña su organización es la determinación de cómo planea adoptar tecnologías nuevas y cambiantes. Muchos investigadores han explorado los patrones que las compañías utilizan para adoptar tecnologías cambiantes. Everett M. Rogers, en su libro <u>Difusión de las Innovaciones</u>, identifica cinco categorías de adopción: Innovadores, afiliados precoces, mayoría inicial, mayoría tardía y rezagados. Donald A. Norman, en su libro <u>La Computadora Invisible</u> desarrolla este concepto más allá, sugiriendo consideraciones económicas detrás de cuándo y cómo se adopta la tecnología. Al principio, cuando la nueva tecnología es descubierta, hay pocos o ningún cliente, la tecnología en este punto es un reto, la promesa de una oportunidad no probada, y quizás un juguete. Solo se busca por el interés personal del empresario. Se dice que aquellos que adoptan la tecnología están en la punta del liderazgo tecnológico. En realidad, hay una etapa anterior a esta que algunos de nosotros llamamos el "filo sangrante". Invertir en esa etapa temprana es costoso en tiempo y recursos, con poca retribución económica.

El economista Peter Schumpeter argumenta que la innovación fue realmente "destrucción creativa" ya que los empresarios trajeron cambios que cambiaron radicalmente productos y procesos anteriormente aceptados. Cuando la nueva tecnología emerge algunos empresarios ven la oportunidad y se apresuran a desarrollar usos innovadores. Conforme empieza a demostrar aplicaciones útiles, atraen la atención de clientes y competidores. Lo interesente acerca de las etapas tempranas de la tecnología es que no están enfocadas en el cliente. Puede haber necesidad en el mercado por lo que la tecnología permitirá, pero no por la tecnología misma. Por ejemplo, los automóviles se hicieron para moverse pero deben poder detenerse. Los automóviles han tenido frenos por 100 años.

The market did have a need, however, to stop safely in various conditions. The market did not seek to purchase the technology for anti-lock breaks, which has existed for years. The market was not seeking to purchase the technology to keep a moving object within a straight line, which has also existed for years. When the automobile manufacturers combined the technology to demonstrate that they could safely stop a vehicle without skidding out of control, the customers recognized the value. In its early stages, the consumers are driven by the belief that advancing technology might fulfill their needs. Early stage firms invest to develop commercial viability. Once technology has been developed enough to meet their needs they are no longer interested in further technology. At that point, the technology is adequate for their needs.

If we use this knowledge and re-examine Roger's and Norman's classification system, we can see that bleeding edge innovators are technological enthusiasts who are addicted to technology much as some drivers are addicted to constantly purchasing the newest, fastest, or best automobiles. The visionary early adopters begin to adopt the technology once the bleeding has stopped - once the technology demonstrates economically viable promise. By this time, the technology has been somewhat developed. The opportunist entrepreneur sees an opportunity to gain competitive advantage. This is using technology as one of the E-3 factors. As the process continues, other firms (competitors) seek to imitate the productivity achieved because of the technology. The pragmatic early majority seek productivity gains, while the conservative late majority aim to capture the market and must therefore conform to what the competition is already doing. This important distinction is concerned with whether the technology is used to achieve a competitive advantage or to remain competitive. There are always people who resist change. There are always those who resist technology until forced to accept it. What begins as skepticism is eventually replaced with resigned acceptance - compliance without enthusiasm.

El mercado ciertamente tenía una necesidad, pero de frenar con seguridad en condiciones diversas. El mercado no buscaba adquirir la tecnología para frenos anti-bloqueo, la cual ha existido por años. El mercado no estaba buscando adquirir la tecnología para mantener en movimiento objetos en línea recta, que también ha existido por años. Cuando los fabricantes de automóviles combinaron la tecnología para demostrar que podían detener con seguridad un vehículo sin que patinara fuera de control, los clientes reconocieron su valor. En las etapas tempranas los consumidores son llevados por una necesidad que el avance tecnológico podría satisfacer. Las empresas en las etapas tempranas invierten para desarrollar la viabilidad comercial. Una vez que la tecnología ha sido desarrollada suficientemente para satisfacer la necesidad, los clientes ya no estarán interesados en mejor tecnología. En ese punto, la tecnología es adecuada para sus necesidades.

Si usamos estos conocimientos y re-examinamos el sistema de clasificación de Roger y Norman, podemos ver que los innovadores en el filo sangrante son entusiastas tecnológicos adictos a la tecnología de la forma que algunos conductores son adictos a comprar constantemente el coche más nuevo, más rápido, o mejor. Los precoces visionarios comienzan a adoptar la tecnología una vez que el sangrado ha parado: una vez que la tecnología demuestra una promesa económicamente viable. Para entonces, la tecnología se ha desarrollado de algún modo y el empresario oportunista ve el beneficio de obtener una ventaja competitiva. Esto es el uso de la tecnología como uno de los 3 factores E. Conforme el proceso continúa, otras firmas (competidores) buscan imitar la productividad alcanzada por la tecnología. La mayoría inicial (pragmática) busca ganancias de productividad, mientras que la mayoría tardía (conservadora) quiere capturar el mercado y por lo tanto debe conformarse a lo que la competencia ya está haciendo. Esto es una distinción importante: Ya sea que la tecnología se utiliza para alcanzar una ventaja competitiva o para permanecer competitivo. Siempre hay personas que se resistirán al cambio. Siempre existen aquellos que se resisten a la tecnología hasta que son forzados a aceptarla. Lo que empieza como escepticismo es eventualmente remplazado con resignación: cumplimiento sin entusiasmo.

Computers and the Internet are well into the later stages of technological development. In the technological life-cycle, most of the world is well into the maturity stage. Current technology fills the need for information processing capability and speed. The underlying need was to gather, organize, and exchange large quantities of information quickly without limitation to physical location. Computers and E-commerce already satisfy this need for the majority of businesses. The computers is an economically proven tool. The technology reduces the time needed to order products, the time necessary for making deliveries, and the time it takes to make and receive payments. Every part of the business operation has gotten faster, offering significant benefits. Another benefit of computer technology is the removal of intermediate steps. Thirty years ago, if you wanted specific features included in your new automobile, you had to speak to the automobile dealer. The dealer spoke with the factory representative. The factory representative spoke with the appropriate people at the factory, who spoke with others in the factory, and so on. When an answer was received, it had to follow the chain of command through the same channel back to you, the buyer of the automobile. Often, information was lost along the way, and it was always terribly time consuming. Today, you can access the information directly. The specifics of the technologies and the continued development are not relevant for now. How it works is not important. Let's focus instead on how you can put this tool to work for your business.

E-commerce operates at three levels: *B to C, B to B*, and *B to B to C*. Very often, you will see this written as "*B2B*". In *B2C*, the transaction occurs directly between the business and an individual customer. In *B2B*, the transaction occurs directly between companies (rather than individuals). In *B2B2C*, one business provide service that enables another business to contract directly with a customer. A good example of this final model is that of an automobile manufacturer that allows the customer to search for options and specifications. Once the customer has made a selection that the manufacturer can support, the customer is re-routed to a dealer for the conclusion of the transaction.

Las computadoras y la Internet están ya dentro de las etapas tardías del desarrollo tecnológico. En el ciclo de vida tecnológico, la mayoría del mundo está dentro de la etapa de madurez. La tecnología actual satisface las necesidades de velocidad y capacidad de procesamiento de información. La necesidad subyacente era reunir, organizar e intercambiar grandes cantidades de información rápidamente sin limitación de una ubicación física. Las computadoras y el comercio electrónico ya satisfacen estas necesidades para la mayoría de las empresas. Las computadoras son una herramienta económicamente probada y la tecnología reduce el tiempo necesario para ordenar productos, realizar entregas, y efectuar y recibir pagos. Cada parte de la operación del negocio se ha vuelto más rápida, ofreciendo beneficios significativos. Otro beneficio de la tecnología de las computadoras es la eliminación de pasos intermedios. Hace treinta años, si usted quería características específicas en su nuevo automóvil, usted tenía que hablar con el distribuidor del automóvil. El distribuidor hablaba con el representante de la fábrica; el representante de la fábrica, hablaba con las personas apropiadas en la fábrica, quienes hablaban con otras personas en la fábrica, y así sucesivamente. Cuando se recibía una respuesta, tenía que seguir la cadena de mando a través del mismo canal hasta llegar a usted. A menudo información se perdía en el camino, y siempre era terriblemente lenta. Hoy en día, usted puedes acceder a la información directamente. Las especificaciones de las tecnologías y el desarrollo continuo no son relevantes por ahora; cómo funciona no es importante. Enfoquémonos mejor en cómo puede poner a trabajar esta herramienta para su negocio.

El comercio electrónico opera en tres niveles: *B to C* (Negocio a Cliente por sus siglas en inglés), *B to B* (Negocio a Negocio) y *B to B to C* (Negocio a Negocio a Cliente). Muy a menudo usted lo verá escrito como "B 2 B". En B 2 C, la transacción ocurre directamente entre el negocio y el cliente individual. En B 2 B, la transacción ocurre directamente entre compañías (más que entre individuos). En B 2 B 2 C, un negocio proporciona servicios que habilitan a otra empresa para contratar directamente con el cliente. Un buen ejemplo de este modelo final es el de un fabricante de automóviles que permite al cliente la búsqueda de opciones y especificaciones. Una vez que el cliente ha hecho la selección que el productor puede respaldar, el cliente es re-enviado con un distribuidor para concluir la transacción.

As with all forms of technology, there is a progression with not only how it is adopted, but also how it is used. We've already discussed how the businesses use computers to make their production process and their businesses more efficient. Now, let's explore how businesses use the technology to improve their product or service offering and thus increase their value to the customers. This process is not unlike what you experienced when you learned how to drive an automobile. Before you ever sat behind the steering wheel you had to make a decision to learn to drive. This was either out of desire or out of necessity. Either way, you made a decision. In the same way, the first step of joining the ranks of e-commerce businesses is to decide that you *will* have e-commerce presence. Most businesses then go through three distinct stages. Each stage builds upon the preceeding. As with internationalizaing your business, increasing exposure to the Internet will offer the potential for more customers but also increase your cost and your risk exposure. In the first stage, you develop a web site to display and publish selected information about yourself. The majority of commercial web sites are still at this stage, but this is rapidly changing. In the second stage, you not only have published information, but you also permit the customer to access selected information on a self-service basis. The level of service can vary. It may be as simple as students accessing schedules and assignments from my web site, or it may be as complex as tracking an international shipment on-line.

The third and highest form of e-commerce evolution is permitting suppliers or customers to complete transactions on-line. This includes buying and selling materials, managing distribution or production channels, and accepting or sending payments. Each of these stages requires differing amounts of technical and organizational knowledge. Each stages requires more knowledge and sophistication than the previous stage. Remember our car? Was that your first vehicle? Were those your first "wheels?" When you imagine yourself in the world of E-commerce, you will, at first, be like a child on a tricycle. You will be full of enthusiasm.

Como con todas las formas de tecnología existe un avance progresivo no sólo como se adopta sino también como se usa. Nosotros ya hemos discutido como las empresas usan las computadoras para hacer su proceso de producción y su negocio más eficiente. Ahora, exploremos cómo las empresas ocupan la tecnología para mejorar su oferta de productos o servicios, cómo incrementan su valor a los clientes. Este proceso no es diferente a lo que usted experimentó cuando aprendió a manejar un automóvil. Antes de que usted siquiera se hubiera sentado al volante, usted debería haber tomado la decisión de haber aprendido a manejar. Ya fuera por deseo o por necesidad. De cualquier forma usted ya había tomado una decisión. De la misma manera, el primer paso para unirse a las filas de las empresas de comercio electrónico, es decidir que usted tendrá una presencia en el comercio-e. La mayoría de las empresas entonces pasan por tres claras etapas. Cada etapa se construye sobre la que le precede. Así como al internacionalizar su negocio, incrementar la presencia en la Internet ofrecerá el potencial para más clientes pero también incrementará sus costos y se exposición al riesgo. En la primera etapa, desarrollará un *sitio web* para mostrar y publicar información seleccionada sobre usted mismo. Muchos sitios comerciales están aún en esta etapa, pero esto cambia rápidamente. En la segunda etapa no solamente ha publicado información, sino que le permites al cliente acceder a información selecta en forma de autoservicio. El nivel de servicio puede variar. Puede ser tan simple como los estudiantes que acceden a los horarios y las tareas en mi sitio web, o puede ser tan complejo como rastrear un embarque internacional en línea.

La tercera y más alta forma de la evolución del comercio electrónico es permitir a proveedores y clientes completar transacciones en línea. Esto incluye comprar y vender materiales, administrar canales de distribución o producción, y aceptar o enviar pagos. Cada una de estas etapas requiere diferentes cantidades de conocimientos técnico y organizacional. Cada etapa requiere mayor conocimiento y sofisticación que la anterior. ¿Recuerda nuestro auto? ¿Era ese su primer auto? ¿Fueron sus primeras "ruedas"? Cuando se imagina usted mismo en el mundo del comercio-e, será al principio, como un niño en un triciclo. Estará lleno de entusiasmo.

You will be excited at the prospect of more customers, explosive growth, and improved processes. But, like your early experience with wheels, you must master safely riding a tricycle before you can learn to safely drive a race car. Remember our trip from Mexico City to Chicago? Imagine refueling the vehicle, changing the tires and exchanging positions behind the steering wheel – while the automobile is traveling at 150 kmh! You could not do this on a tricycle. You could not do this in an automobile. But, you can do this in a jet airplane! In the same way, everything about your "vehicle" must change if you move from the second to the third stage of the world of e-commerce.

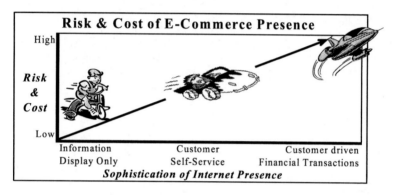

When you initially consider the transition to e-commerce, you need to recognize that it will cost time and money. Are you sure you want to enter the e-commerce world? Do you really think you can afford not to? Be honest with yourself. When did / will you get your first computer? Was it because you were excited at the possibilities, or was it because everyone else was? Remember our stages of technological adoption. We're already past the early stages. Your choice may not be whether or not to enter the world of e-commerce. Your choice may be whether your business can compete against those who are and will be.

Se emocionará ante el prospecto de más clientes, crecimiento explosivo, y procesos mejorados, pero, como su primera experiencia con ruedas deberá dominar con seguridad el conducir un triciclo antes de que aprenda a conducir con seguridad un automóvil de carreras. ¿Recuerda de nuestro viaje de la Ciudad de México a Chicago? Imagine volver a llenar el tanque de combustible, cambiar los neumáticos e intercambiar posiciones al volante ¡Mientras que el automóvil viaja a 150 km por hora! No podría hacer esto en un triciclo, no podría hacer esto en un automóvil. Pero, ¡puede hacerlo en un avión! Del mismo modo, todo deberá cambiar respecto a su "vehículo", si avanza de la segunda a la tercera etapa del mundo del comercio-e.

Riesgo y costo de la presencia en Comercio-E

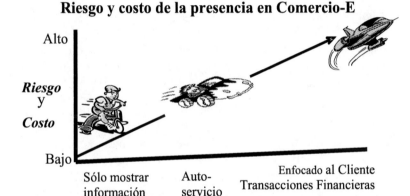

Sofisticación de la presencia en Internet

Cuando inicialmente considera la transición al comercio electrónico, necesita reconocer que le costará tiempo y dinero. ¿Está seguro que desea entrar al mundo del comercio-e? ¿De verdad piensa que podría no hacerlo? Sea honesto consigo mismo. ¿Cuando adquirió / adquirirá su primera computadora? ¿Fue porque estaba emocionado con las posibilidades, o fue por que todos los demás lo estaban? Recuerde nuestras etapas de adopción tecnológica. Ya pasamos las primeras etapas. Su elección puede no ser si entrará o no al mundo del comercio-e. Su elección podría ser si su negocio puede competir contra aquellos que están y estarán ahí.

Section 8i: Establishing a web presence

You've decided that you want to present yourself to the world, to let the world know about your company. You want to make your business an E-business. We'll work with Mexico Plastic Products (MexP) since it makes parts for automobiles. You know that, somehow, you must establish a presence on the Internet, but you may not even know what the Internet is. You may or may not have a computer, and if you're like most small business persons, you are torn between admitting that you are afraid and being afraid of not having the money to pay someone else to design your site.

Designing a site is time consuming, detail oriented work. It is not impossible. It does not require an advanced degree or advanced computer skills. It does, however, require careful planning, cultural sensitivity, and a very thorough understanding of exactly what the customer is seeking (remember our "who, what, where, when, why and how?").

To get us in the right frame of mind for our web site, think of your automobile. Think of your first love (other than the car). Now, imagine that you are going to drive over to pick him / her up for a rendevous. Would your car be clean? Would you have trash all over the interior? Would you be groomed and dressed in clean, presentable clothing? Yes, undoubtedly, you would be. You would be making an impression by your appearance. Social psychologists have confirmed that behavior also is influenced by appearances. Our behavior is generally better if we are dressed "neatly." With this introduction, you should easily understand that your web site creates an impression with your potential supplier or customer. If you make the wrong impression you may not be aware of the damage, and you will have no way of correcting it. If your web site is sloppy, unfriendly, and awkward, the customer will interpret this as the nature of you and your company. Remember our lesson on speaking the customer's language? Your web site must communicate properly.

Sección 8i: Estableciendo una presencia en la red

Usted ha decidido que quiere presentarse ante el mundo, para permitir que el mundo conozca su compañía. Usted quiere convertir su negocio en un negocio electrónico. Trabajaremos con Productos Plásticos México (MexP) porque fabrica partes para automóviles. Usted sabe que de alguna forma, debe establecer una presencia en Internet, tal vez ni siquiera sabe lo que es Internet. Puede tener o no una computadora, y si es como casi todas las empresarios de  negocios pequeños, usted puede estar indeciso entre admitir que tiene miedo y en tener miedo de no tener el dinero para pagarle a alguien más para que diseñe su sitio.

Diseñar un sitio es un trabajo orientado al detalle y que lleva tiempo. Pero no es imposible. No requiere de un postgrado, no requiere de habilidades computacionales avanzadas. Sin embargo, sí requiere de planeación cuidadosa, sensibilidad cultural, y una comprensión profunda de lo que el cliente exactamente está buscando (¿recuerda nuestro "quién, qué, dónde, cuándo, por qué y cómo"?)

Para ponernos en el estado mental correcto de nuestro sitio de internet, pensemos en su automóvil. Piense en su primer amor (diferente del auto). Ahora, imagine que maneja para recogerlo(a) para una cita. ¿Estaría el auto limpio? ¿Llevaría basura en su interior? ¿Se arreglaría y vestiría con ropas presentables y limpias? Sí, indudablemente así lo haría. Estaría creando una impresión por su apariencia. Los psicólogos sociales han confirmado que el comportamiento también es influido por la apariencia. Nuestro comportamiento generalmente es mejor si estamos vestidos "impecablemente". Con esta introducción, usted debe entender fácilmente que su sito de la red crea una impresión con su proveedor o cliente potencial. Si provoca una impresión equivocada, tal vez no sólo no se dé cuenta del daño, sino que además no tendrá manera de corregirlo. Si su sitio en la red es descuidado, poco amigable y confuso, el cliente interpretará esto como un indicador de que usted y su compañía son descuidados y poco amigables. ¿Recuerda nuestra lección sobre hablar con el lenguaje de nuestros clientes? Más que en ningún otro caso, su sitio en la red debe comunicar apropiadamente.

While web sites vary greatly, most well designed web sites follow some simple guidelines. Ultimately, your web site host (the firm whose computer houses your web page) will dictate specific configurations. Again, we can use automobiles to illustrate this concept. Anyone who manufactures an automobile to be sold in Great Britain places the steering wheel on the right side of the auto. The same vehicle sold in the United States will have the steering wheel on the left side. All autos will, however, have a steering wheel, frame, body, four wheels, and some type of fuel system. In the same manner, all web sites are written in computer language with a basic structure and general guidelines. The main page is called the home page, or index page. This is like the exterior of an auto. It provides the shape and outline, and permits access to the interior to enable operation of the vehicle. Think of a reference book as an organized volume of information. What are the features that demonstrate how a book is organized? They include the index page, a cover page, a title page, the table of contents, an index, and usually an introduction. Now, imagine it's not a reference book but a computer. Imagine that instead of each being on different pages, they are all on a single screen. The challenge is keeping it simple. To do this, your design must remain focused on your customer and your E-3 factors. Remember our road trip from Mexico City to Chicago? Remember your luggage? How many pieces can you carry at one time? Remember this image when you think of how much information to put on your main page. Plan your site carefully, using more pages if necessary. Have your index page present the important information only.

All subsequent pages are content pages. These become the major information carriers. Links (technically, hyperlinks) connect the index page to your content page(s). These links are like roadways. Try to avoid one-way links. They can be as awkward for the user as one-way roads are to the chauffer. A well designed system will have a network of hyperlinks to allow the user to navigate the information in a quick and efficient manner. After all, that's what the customer is seeking: quick and efficient access to information.

Aunque los sitios de la red varían grandemente, muchas páginas de la red bien diseñadas siguen unos lineamientos simples. Finalmente, su proveedor de la página de internet (la compañía cuyo computador alberga su página de la red) dictará configuraciones específicas. De nuevo, podemos utilizar automóviles para ilustrar este concepto. Cualquiera que produce automóviles que se vendan en Gran Bretaña coloca el volante del lado derecho del auto. El mismo vehículo vendido en los Estados Unidos de América tendrá el volante del lado izquierdo. Todos los autos, sin embargo, tendrán un volante, carrocería, plataforma, cuatro ruedas, y algún tipo de sistema de combustible. De la misma forma, todos los sitios de red son escritos en lenguaje de computadora con una estructura básica y con lineamientos generales. La página inicial es llamada página principal o índice. Esto es como el exterior de un auto. Proporciona la forma y un esquema así como permite el acceso al interior y la habilidad para operar el vehículo. Piensa en un libro de referencia: un volumen organizado de información. ¿Cuáles son las características que demuestran cómo está organizado un libro? Incluyen el índice del contenido, una portada, una carátula, un índice temático y usualmente una introducción. Ahora, imagine que no se trata de un libro de referencia sino una computadora, imagine que en lugar de que cada característica esté en diferentes páginas, aparecen todas en una pantalla única. El reto consiste en hacerlo sencillo. Para hacer esto, su diseño deberá mantenerse enfocado en sus clientes y en sus 3 factores E. ¿Recuerda nuestro viaje de la Ciudad de México a Chicago? ¿Recuerda su equipaje? ¿Cuántas piezas puedes llevar de una sola vez? Recuerde esta imagen cuando piense en cuanta información debe poner en su página principal. Planee su sitio cuidadosamente, usando más páginas si es necesario. Utilice su página índice sólo para presentar la información más importante.

Todas las páginas siguientes son páginas de contenido. Estas se convierten en los principales vehículos de información. Las ligas (técnicamente: hipervínculos) conectan la página índice a las páginas de contenido. Estos vínculos son como caminos: Trate de evitar caminos en un solo sentido. Porque pueden ser tan incómodos para un usuario, como los son las calles de un solo sentido para un conductor. Un sistema bien diseñado tendrá una red de hipervínculos que le permitan al usuario navegar en la información de manera rápida y eficiente. Después de todo, eso es lo que el cliente busca: acceso rápido y eficiente a la información.

As with everything else in your business, the time and effort you spend in planning your web site will reward you later. Most web site development problems can be traced to poor planning. It seems that many developers do not understand everything that is involved, or under estimate how long it will take. *(Emeric-ian principle: It will always cost more and take more time than you thought...)* Most entrepreneurs are impatient. We tend to want results immediately. We may not understand the benefits of design and analysis, and therefore either overlook these processes or rush through them. When we do spend time in analysis and design, we seldom maintain proper documentation. How often have you gotten to a screen on your computer and found yourself murmuring *"I know I've done this before, but I don't remember how!"* How much more critical if different people are working on different parts? Remember I said earlier that the computer and the internet were only tools. Computers have not changed what managers do. Computer have not fundamentally changed what we make or how we make it. E-commerce has certainly changed *how* business is done, but it has not really changed *what* a business does. This is a point that many forget. If we allow ourselves to think that it changes everything, it becomes easy to justify forgetting proper procedures for project management, planning, budgeting, and management - everything we've spent the preceeding pages discussing. It may be an E-business, but it's still a business! The website presentation must be designed to reflect the values and goals of the organization. As with any significant project, it must have all of the necessary resources devoted to it. This includes selecting the right people for each of the three separate but related sets of activities that are involved in web site production.

Como con todo lo demás en su negocio, el tiempo y esfuerzo que dedique en planear su sitio de red tendrá recompensas posteriormente. La mayoría de los problemas desarrollados en los sitios de la red pueden ser rastreados a una pobre planeación. Parece que muchos desarrolladores no entienden todo lo que esto involucra, o subestiman cuanto tiempo les llevará. *(Principio Eméric-o: Siempre costará más y tomará más tiempo del que pensaba...)*. La mayoría de los empresarios son impacientes. Tenemos la tendencia de querer resultados inmediatamente. Tal vez no entendamos los beneficios del diseño y análisis, y por lo tanto, se ignoran estos procesos o se apresuran. Cuando sí le dedicamos tiempo al análisis y diseño, rara vez mantenemos la documentación apropiada. Con qué frecuencia ha estado frente a la pantalla de su computadora diciéndose a usted mismo *"¡Sé que he hecho esto antes, pero no recuerdo cómo!"* ¿Qué tanto es esto más crítico si diferentes personas están trabajando en partes distintas? Recuerde que dijimos anteriormente que la computadora y la Internet eran sólo herramientas, y enfatizamos esto. Las computadoras no han cambiado lo que los gerentes hacen. Las computadoras no han cambiado fundamentalmente lo que hacemos o cómo lo hacemos. El comercio electrónico ciertamente ha cambiado el *cómo*, pero en realidad no ha cambiado lo *que* el negocio hace. Este es un punto que varios olvidan. Si nos permitimos pensar que cambia todo, se vuelve fácil justificar el olvido de procedimientos apropiados para la administración del proyecto, planeación, presupuestos y administración. Todo lo que hemos comentado en las páginas anteriores ¡Puede ser un negocio electrónico, pero sigue siendo un negocio! La presentación de la página de Internet se deberá diseñar para reflejar los valores y metas de la organización. Como con cualquier proyecto importante, se deberán tener todos los recursos necesarios dedicados a ello. Esto incluye la selección de la gente correcta para cada uno de las tres conjuntos de actividades, separados pero relacionados, que se involucran en la producción del sitio de internet.

The first activity is the design, which includes the choice of artwork, text styles, information to be contained, and the connections. Usually, this work is laid out in a software package that includes graphics features. Most word processor softwares will author basic web pages. Text information be entered directly, or it can be cut from other applications pasted into the your web page design. The design activity is critical because it established the content and the presentation. The index page should tell visitors exactly what you're offering. If potential customers can't find your product or service, they won't spend time searching. In Internet terminology, the "stick-time" is only about 9 seconds. Customers go to your site with a specific need. If they don't find it, they will look elsewhere. They will remember that your site couldn't meet their need; they may never come back. They'll go on the next site and probably never return. You should have information about you and your company readily available, including your name, company name, photograph, biography, address, phone number and email contact information. Remember the comment about one-way roads? Keep in mind that visitors may enter your site from somewhere other than your index page. Make sure you have good links on every page. These hyperlinks are just like roads into a strange city. Imagine trying to navigate Brussels without a road map or road signs. Place your navigation links in a consistent location on all of your pages. Use tables to neatly align your links and maintain a nicely organized and uniform appearance throughout. Try to minimize the number of clicks it takes to travel to anywhere on your site. Remember to keep your name and logo prominently exhibited, but be careful how you display it.

Consistency in your background and format will help your customer and it will also be less expensive for you. It is much easier to copy and make minor modifications than it is to recreate each page. Be careful with your background selection and the text colors. Busy, brightly colored backgrounds may catch the eye, but do not transmit the information being looked for. Select your colors very carefully, as colors affect your mood and will have an affect on your visitors as well.

La primera actividad es el diseño, lo cual incluye la selección del arte, estilos de textos, el contenido y las conexiones. Normalmente, este trabajo es presentado en un paquete de software que incluye gráficas. La mayoría de las marcas de software de procesadores de palabras, construirán páginas de la red básicas. La información en textos se captura directamente, o puede ser tomada de otras aplicaciones y copiada en su diseño de la página de la red. La actividad de diseño es crítica porque se establece el contenido y la presentación. La página índice deberá decir a los visitantes exactamente qué se está ofreciendo. Si los clientes potenciales no pueden encontrar su producto o servicio, no perderán tiempo en buscarlo. En la terminología de Internet, el "tiempo de atención" es aproximadamente de sólo 9 segundos. Los clientes irán a su sitio con una necesidad específica. Si no lo encuentran, buscarán en otra parte. Recordarán que no pudieron satisfacer su necesidad; tal vez nunca regresen. Se irán al siguiente sitio. Usted debe tener información acerca de usted y de su compañía disponible inmediatamente, incluyendo su nombre, el de la compañía, fotografía, biografía, dirección, número telefónico y la información de contacto por correo electrónico. ¿Se acuerda del comentario sobre caminos de un solo sentido? Tenga en mente que los visitantes pueden entrar a su sitio de cualquier lugar diferente de su página índice. Asegúrese de que tienes buenos vínculos en cada página. Estos hipervínculos son como las calles en una ciudad desconocida. Imagínese intentar manejar en Bruselas sin un mapa de las calles o sin señalamientos. Coloque sus vínculos de navegación en una ubicación consistente en todas sus páginas. Utilice tablas para alinear pulcramente sus vínculos y mantenga una apariencia agradablemente organizada y uniforme siempre. Trate de minimizar el número de "clicks" que se requiere para llegar a cualquier punto de su sitio. Recuerde mantener su nombre y logo exhibido prominentemente, pero tenga cuidado en cómo lo muestra.

La consistencia en el fondo y formato le ayudará a su cliente y también será menos costoso para usted. Es mucho más sencillo copiar y hacer modificaciones menores que crear nuevamente cada página. Tenga cuidado con la selección del fondo y los colores del texto. Un fondo recargado y brillantemente coloreado puede captar la atención, pero no transmite la información que se busca. Seleccione sus colores muy cuidadosamente, porque los colores afectan su estado de ánimo y tendrán un efecto en sus visitantes.

Bright colors such as yellow and orange cause the viewer to be more cheerful or happy. Colors such as blue and purple have a calming effect. Dark colors such as brown and black have a depressing effect. As a guideline, use colors based on the type of effect you're trying to achieve. Before turning it over to your programming expert, check, double check, and triple check *everything*. This includes spelling and grammatical errors and making sure all of the pictures and links work properly. Errors make your site appear to be unprofessional, conveying the message that you are unprofessional.

It is always important to have someone proof-read your written work. It is more importantly on your web site because of how complex the web pages are. Have knowledgeable, capable people proof read your work. Have someone check all of the links and the information they contain. As the entrepreneur, you may not personally perform this work, but you must review it carefully and verify that all of the required information is included and correct. Look around, see which web sites hold your attention. One of my favorites is at:

http://www.hyeetch.nareg.com.au

Look at this website and see how functionally and simply the information is organized and accessed - artistically.

The second activity involves the technical programming, also called the back-end coding, which is usually done by an engineer or an HTML/XML/PHP specialist. This individual will convert the information from the first activity into computer language. Most sites are written in Hyper Text Mark-up Language (HTML). While many softwares offer a conversion feature to automatically change everything into HTML, they are not reliable. You should verify that all physical alignments, colors and font choices made by the designers, are faithfully reproduced when viewed through different web browsers. This is a specialized area, especially if your intention is to have your web site functional on multiple platforms with a variety of user software. This is the technically critical task of making things work as they're supposed to.

Los colores brillantes como el amarillo y naranja, provocan que el observador esté más alegre o feliz. Los colores como el azul y el morado tienen un efecto calmante. Los colores obscuros tales como el café y el negro tienen un efecto deprimente. Como un lineamiento, utilice colores basados en el tipo de efecto que esté tratando de lograr. Antes de pasarlo a su experto en programación, revise y revise una vez más y por tercera ocasión *todo*. Esto incluye errores ortográficos y gramaticales y asegúrese que todas las imágenes y vínculos funcionan apropiadamente. Los errores hacen que su sitio aparezca poco profesional, dando el mensaje de que usted es un aficionado. Siempre es importante que tenga a alguien que revise su trabajo escrito.

Esto es aún más importante en su sitio de la red, por su propia complejidad. Consiga gente conocedora y capaz para leer lo que ha escrito. Haga que alguien revise todos los vínculos y la información que contiene. Como el empresario, tal vez no realice personalmente este trabajo, pero debe revisarlo cuidadosamente y verificar que toda la información necesaria esté incluida y sea correcta. Mire su alrededor, vea qué sitios de red captan su atención. Una de mis favoritas es:

http://www.hyeetch.nareg.com.au

Mire este Red página y vea qué tan funcional y simplemente está organizada y se accede a la información, es artística.

La segunda actividad involucra la programación técnica, también llamado la codificación básica (nota del traductor: en el original "back-end coding"), que normalmente se realiza por un ingeniero o un especialista en lenguaje hipertexto HTML (Nota del traductor: Hyper Text Mark Up Language). Este individuo convertirá la información de la primera actividad a lenguaje de computadora y la mayoría de los sitios están escritos en este lenguaje. Aunque muchas marcas de software ofrecen una herramienta de conversión para cambiar automáticamente todo a HTML, no son confiables. Usted debe verificar que todas las disposiciones físicas, colores y tipos de letra hechas por el diseñador, sean reproducidas fielmente cuando se ven a través de diferentes buscadores en la red. Esta es un área especializada, especialmente si su intención es que su página sea funcional en múltiples plataformas con diferente software. Esta tarea es técnicamente crítica para hacer que las cosas funcionen como se supone que deben de ser.

The third activity (and one frequently overlooked) is providing for regular maintenance, and continual updating of the information. This is where you will make ongoing corrections as needed whenever you are changing contact information or posting new product information. If the first two activities are properly done, there will be a template and format for adding, deleting, and changing information, including graphics and links. The choices made by the designers and technicians in the first two activities will impact all subsequent modifications.

Remember how you felt the first time you got behind the wheel of an automobile? It may have been a long time ago for me, but I remember. It was a combination of bravado and fear. I was confident, but nervous that something bad might happen. You might have the same emotions when entering the e-commerce world. You have no reason to be be afraid. We've already gone through the process of thinking out all of the important issues in planning your business to minimize the risk. You can and should do the type of thought processes for your e-business. This does not require a separate business plan, but does require attention to specific issues.

La tercera actividad (y que frecuentemente se ignora) es dar el mantenimiento regular y actualización continua de la información. En este punto es cuando hará las correcciones necesarias cada vez que cambie información para contactarlo o que presente datos nuevos sobre sus productos. Si las primeras dos actividades se hacen apropiadamente, habrá una plantilla y un formato para agregar, eliminar y cambiar información, incluyendo gráficas y vínculos. Las elecciones hechas por los diseñadores y técnicos en las primeras dos actividades impactarán todas las modificaciones subsecuentes.

¿Recuerda como se sintió la primera vez que estuvo al volante de un automóvil? Fué hace mucho tiempo para mí, pero lo recuerdo. Fue una combinación de valentía y miedo. Estaba confiado, pero nervioso pensando en que algo malo pudiera pasar. Tal vez sienta las mismas emociones cuando entre al mundo del comercio electrónico. No hay razón para tener miedo. Hemos recorrido el proceso de pensar todos los asuntos importantes en la planeación de su negocio para minimizar el riesgo; usted puede y debería realizar el mismo proceso de pensamiento para su negocio electrónico. Esto no requiere de un plan de negocios por separado, pero sí requiere de atención en asuntos específicos.

Background

- Identify and describe the organization for which this project is being developed and the reason you have selected a web-based solution.

- Identify the goals and objectives of your E-business.

Opportunity Statement

- Describe the market need that will be satisfied by your E-business presence.

- Identify the knowledge and skills you have to build your E-business and those that you do not

- Identify how you will get the necessary expertise (from whom, how much time, how much cost?

Audience

- Identify the web site's intended audience (E-business target market).

Navigation Map

- Identify the intended route for navigating the intended information.

Treatment Statement

- Identify the aesthetics of the site including colors, fonts, artwork, and use of animation and sound.

Goals and Objectives

- Re-check your goals and objectives from above. Are your goals being supported? (Avoid being detoured!)

Resources

- Identify the people, hardware, and software required at each phase of development. Allow for: backup strategies, time to test the restoration process.

Planeación de negocios electrónicos: Tareas, temas y riesgos

(Adaptado de http://ausweb.scu.edu.au/aw2k/papers/savage/paper.html)

Antecedentes

- Identifique y describa la organización para el que este proyecto ha sido desarrollado y la razón por la que ha elegido una solución en internet.
- Identifique las metas y objetivos de su negocio electrónico.

Identificación de la Oportunidad

- Describa las necesidades del mercado que serán satisfechas por su presencia en los negocios electrónicos.
- Identifique los conocimientos y las destrezas que tiene para construir su negocio electrónico y aquellos que no le faltan.
- Identifique como obtendrá la experiencia necesaria (¿de quién, cuánto tiempo, cuánto cuesta?)

Audiencia

- Identifique la audiencia objetivo del sitio de la red (el mercado objetivo del negocio electrónico).

Mapa de Navegación

- Identifique la ruta pretendida para que navegar en la información.

Tratamiento

- Identifique la estética del sitio incluyendo colores, tipos de letra, arte y el uso de animación y sonido.

Metas y Objetivos

- Revise sus metas y objetivos mencionados anteriormente. ¿Se están apoyando sus metas? (¡evite desviarse!)

Recursos

- Identifique a las personas, el equipo de cómputo, y software requerido para cada fase del desarrollo. Resérvese tiempo para estrategias de respaldo, y para evaluar el proceso de restauración.

- Identify who will (be responsible and available) perform on-going maintenance of the site, and be capable of redesigning if necessary in response to user experiences.

- Identify who has the responsibility to verify and provide new content in the future.

Timeline

- Separate tasks down into small activities and assign each activity a start and stop date, someone to do it, and someone to follow up.

- Roles and Responsibilities - list the roles and responsibilities of team members internal and external to the organization. Allow for things like temporary administrators having access to passwords, etc.

Budget

- Itemize all resources and costs.

Risks, Dependencies and Contingencies

- Describe things beyond your control that may influence the success of your program. Describe how they will be managed if they arise.

Documents

- Identify all items and documentations to be given to you by others working on the project.

- List and describe all documents to be produced. Do not overlook interim progress reports, storyboards, content, manuals, and the project plan itself (e.g. all of the above).

- Identifique quién realizará (el responsable y estará disponible) el mantenimiento continuo del sitio, y será capaz de rediseñarlo si es necesario en respuestas a las experiencias de los usuarios.

- Identifique quién tiene la responsabilidad de verificar y de proporcionar contenido nuevo en el futuro.

Calendario

- Separe las tareas en actividades pequeñas y asigne a cada actividad una fecha de comienzo y de terminación, alguien que lo haga, y alguien que le dé seguimiento.

- Funciones y responsabilidades: Liste las funciones y responsabilidades de los miembros internos y externos del equipo. Considere situaciones como administradores temporales con acceso a las claves, etc.

Presupuesto

- Enliste todos los recursos y costos.

Riesgos, dependencias y contingencias

- Describa cosas más allá de su control que puedan influir en el éxito de su programa. Describa cómo serán administrados sí suceden.

Documentos

- Identifique todos los artículos y documentación que le darán los que trabajen en el proyecto.

- Enliste y describa todos los documentos que deberán ser elaborados. No ignore los reportes de progreso parcial, diagramas, contenidos, manuales y el propio plan del proyecto (por ejemplo: todo lo anterior).

Section 8j: Expansion and Management Changes

I began this book by asking you to think about entrepreneurs. Now, I want you to think for a moment about successful businesses – the organization rather than the individual. Who are you thinking of? Krupp? Sony? Daimler? Microsoft? Intel? How did these organizations become large and successful? Every single organzation in the world, every successful organization began as an entrepreneurial venture. Someone recognized an opportunity and was willing to bear the risk to follow through on the idea. In a new entrepreneurial business, the founder performs virtually all of the tasks, including taking out the trash! As employees are added, the owner both works and supervises the workers. With growth you must face reality. Soon, you, as the owner, will not be able to manage, productively work, as well as supervise everyone else. With growth, you must add other managers. Someone will now be between you and the workers. Instead of you supervising the workers, you will be supervising someone who is supervising the workers. As your organization grows larger and you add more managers, you will be moved even further away from the work activities that you originally performed. In the beginning, you were a productive worker, and your efforts resulted in a product that made money – that built the business. As your business grows, however, you will move into management and away from productive work. Your principal responsibility will be to plan and organize so that others can work productively.

According to Inc. Magazine, one half of businesses close within a year and a half of opening their doors. (Fenn, Donna, 1996. "Breakthrough Leadership: Higher Ground," Inc., V18:5, pp. 92-99.) Most of those enduring this initial "survival" stage will remain small businesses. This is not unique to any industry, culture, or country. The evolution from a small entrepreneurial firm to a growing organization presents personal challenges to the entrepreneur and organizational challenges to the business. Very few succeed in making the transition to a dynamic, growing, and successful organization.

Sección 8j: Expansión y cambios de administración

Empezamos este libro preguntándole que pensaba de los empresarios. Ahora, quiero que piense por un momento sobre los negocios exitosos, en la organización más que en el individuo. ¿En quién está pensando? ¿Krupp? ¿Sony? ¿Daimler? ¿Microsoft? ¿Intel? ¿Cómo lograron estas organizaciones convertirse en grandes y exitosas? Cada empresa en el mundo, cada organización exitosa empezó como una aventura empresarial. Alguien reconoció una oportunidad y estuvo dispuesto a asumir el riesgo para llevar a cabo esta idea. En una nueva empresa, el fundador realiza virtualmente todas las tareas, ¡Incluyendo sacar la basura! Conforme se contratan empleados, el dueño trabaja y supervisa al personal. Con el crecimiento usted debe enfrentar las realidades, en poco tiempo, usted como dueño, no podrá administrar, trabajar productivamente, y supervisar a todos los demás. Con el crecimiento, debe agregar otros gerentes. Alguien está ahora entre usted y los trabajadores. En vez de que usted supervise a los empleados, usted supervisará a alguien que los supervisa a ellos. Conforme su organización crece más y usted contrata más gerentes, estarás  cada vez más alejado de las actividades que originalmente desempeñaba. Al principio, usted era un trabajador productivo, y sus esfuerzos resultaron en un producto que ganó dinero: que construyó el negocio. Conforme el negocio crece, sin embargo, pasará a ser un administrador y se alejará de la fuerza productiva. Su responsabilidad principal será planear y organizar para que otros trabajen productivamente.

De acuerdo a la revista Inc., la mitad de los negocios cierran a un año y medio de que abrieron sus puertas (Fenn, Donna; 1996; "Breakthrough Leadership: Higher Ground"; Inc. V18:5; pp. 92-99). La mayoría de aquellos que soportan esta etapa inicial de supervivencia permanecerán como empresas pequeñas. Esto no es privativo de alguna industria, cultura o país; la evolución de una empresa pequeña a una organización en crecimiento representa retos personales para al empresario y retos organizacionales para el negocio. Muy pocos tienen éxito en realizar la transición a una organización dinámica, creciente y exitosa.

Some businesses succeed only by leaving the founder behind. Imagine that your vehicle can only arrive in Chicago if the other drivers throw you out of the auto.

 The personality needed to begin the business, the innovative personality that creates value by starting a business, is different than the personality that is effective at managing a larger organization which can maxime and protect value. The two rely on entirely different sets of skills. Many entrepreneurs do not mature and change with their businesses. It is difficult for them to learn to trust others to make decisions. It is difficult for them to let go of the steering wheel and let another drive their automobile. They become back-seat drivers.

Growing a business is an evolutionary process affecting you and the business. Both must adapt and change. You must recognize that your duties and responsibilities will be changing, and you must be willing to trust others to perform some of the tasks that you are accustomed to doing. They may not do it  exactly how you did or would. You will need to focus on the the task. If someone is driving your automobile, you are right to be critical of his/her driving, but only to the extent that it really affects his/her driving. It really doesn't matter if the person's hands are in a different position on the steering wheel – as long as he/she safely steers the car within the lines of the roadway.

You cannot expect others to do what you expect of them without having established guidelines. This is one of the difficlt changes for the organization. A small business is flexible. A small business has few rules, policies and procedures. A large business has many. Why? A large business has specialists to maintain economies of scale. A large business may have many people doing the same job. It is absolutely necessary that everyone performing the same task follows standardized procedures to ensure consistency. A large business has volumes of paperwork to support all of the rules, procedures and policies, and further requires all workers to maintain even more paperwork.

Algunos negocios tienen éxito sólo cuando dejan al fundador atrás: Imagínese que su vehículo solo conseguirá llegar a Chicago si los otros conductores lo sacan a usted de su auto.

 La personalidad necesaria para comenzar un negocio, la personalidad innovadora que crea valor al inicio del negocio, es diferente a la personalidad efectiva para administrar una organización más grande, que pueda maximizar y proteger valor. Ambas se apoyan en conjuntos de destrezas enteramente diferentes. Muchos empresarios no maduran ni cambian con sus negocios; les es difícil aprender a confiar a otros la toma de decisiones, les es difícil soltar el volante para que otros conduzcan su automóvil y se convierten en "instructores de manejo en el asiento del pasajero".

El crecimiento de un negocio en un proceso evolutivo que le afecta a usted y a la empresa, ambos se deben adaptar y cambiar. Usted debe reconocer que sus tareas y responsabilidades estarán cambiando y debe estar dispuesto a confiar en otros que realicen algunas de las  tareas a las que usted estaba acostumbrado a hacer. Tal vez no lo harán exactamente como usted lo hacía o lo haría, pero usted deberá enfocarse a la tarea. Si alguien está manejando su automóvil, es correcto ser crítico de su estilo, pero solo hasta el punto en que realmente afecte la conducción. Realmente no importa si sus manos están en una diferente posición en el volante, siempre y cuando esté cuidadosamente conduciendo el auto dentro de los carriles de la carretera.

Usted no puede creer que otros harán lo que usted espera de ellos sin haber establecido lineamientos. Este es uno de los cambios difíciles para la organización. Una empresa pequeña es flexible porque tiene pocas reglas, políticas y procedimientos. Una organización grande tiene muchos. ¿Por qué? Una gran empresa tiene especialistas para mantener economías de escala y quizá tenga a muchas personas haciendo el mismo trabajo. Es absolutamente necesario que todos realicen la misma tarea siguiendo procedimientos estandarizados para asegurar la consistencia. Una empresa grande genera gran cantidad de papeleo para mantener todas las reglas, procedimientos y políticas, y además requiere que todos sus trabajadores efectúen aun más papeleo.

This is necessary to communicate the values, goals, and instructions to all of the employees. In a small firm, you may meet with your workers on a daily basis. In a large firm, you may never meet all of your workers. As the business becomes larger it becomes more complex and more difficult to manage, requiring professional managers. When a business has grown to a size requiring professional managers, it has fundamentally changed. It is my honest hope that you get to that stage of successful growth!

Just as your business plan required anticipating what might happen, the issues of growth and other less-desired management changes must also be considered. A business plan is not permament and perpetual. I certainly didn't want to run each of my businesses for my entire life. I'm certain you have many things you want out of your life. The business is one of them, but may be only for a period of time. Sooner or later, you will need to consider how you plan on exiting the firm. Two of my businesses had specific financial targets. When the businesses reached those levels, I sold them. I exited two businesses when market conditions changed for the worst. In each case, I had identified what my goal was, how long I would remain in the business, and at what point I would leave the business. Honestly, it did not go entirely as I had planned, but I was prepared. A good manager will prepare for a variety of possibilities, planned, and unplanned. Any changes will have effects on the customers, the employees, the management of the firm, and possibly the ownership of the firm. This is not unlike the risk evaluations that you performed as part of your operational portion of the business plan. It is a creative exercise with possibilities and consequences.

There are really only three ways to exit a business. The business can be sold either in total, or if sufficiently large, shares of equity can be sold. The business can close its doors. Many businesses stop operating out of choice, not necessity. The third way is to be closed out of necessity, usually because of bankruptcy. The first two options have many favorable considerations. I will focus your attention on four things that can cause enough problems to forcibly remove you from your own business. All four of these are potentially catastrophic. The risks in each can be minimized by careful planning and risk reduction strategies.

Esto es necesario para mantener los valores, metas e instrucciones a todos los empleados. En una empresa pequeña, usted puede reunirse con sus trabajadores diariamente. En una firma grande, tal vez nunca conozca a todos sus trabajadores. Conforme el negocio crece, se vuelve más complejo y más difícil de administrar, requerirá gerentes profesionales. Cuando una empresa ha crecido a este tamaño, ha cambiado fundamentalmente. ¡Y es mi esperanza más sincera que ustedes lleguen a la etapa de crecimiento exitoso!

Así como su plan de negocios requirió anticiparse a lo que podría ocurrir, los temas de crecimiento y otros cambios administrativos menos deseados también deben ser considerados. Un plan de negocios no es permanente ni perpetuo. Ciertamente yo no quisiera administrar todos y cada uno de mis negocios por el resto de mi vida. Estoy seguro que hay muchas cosas que usted quiere hacer con su vida. El negocio es una de ellas, pero tal vez solamente sea por un período de tiempo. Tarde o temprano necesitará planear para salir de la empresa. Dos de mis negocios tenían objetivos financieros específicos. Cuando los negocios llegaron a esos niveles, los vendí. Me salí de dos negocios cuando las condiciones del mercado empeoraron. En cada caso, tenía identificada mi meta, cuánto tiempo permanecería en el negocio, y en qué punto dejaría la empresa. La verdad es que no fue totalmente como lo había planeado pero estaba preparado. Un buen administrador se preparará para una variedad de posibilidades, planeadas o no. Cualquier cambio tendrá efectos en los clientes, los empleados, la administración de la firma, y posiblemente en los propietarios de la empresa. Esto no es diferente a la evaluación del riesgo que se realizó como parte de la sección operativa de su plan de negocios. Es un ejercicio de creatividad con posibilidades y consecuencias.

En realidad hay solamente tres maneras de salirse de un negocio. El negocio puede ser vendido, ya sea de totalmente, o si es lo suficientemente grande, se pueden vender las acciones. El negocio puede cerrar sus puertas. Muchas empresas dejan de operar por decisión, no por necesidad. La tercera forma es cerrar no por necesidad, normalmente por bancarrota. Las primeras dos opciones tienen muchas consideraciones favorables. Enfocaré su atención en cuatro cosas que pueden causar suficientes problemas para obligarlo a salir de su propio negocio. Todas estas cuatro tienen potencial catastrófico, pero los riesgos pueden ser minimizados con cuidadosas estrategias de planeación y de reducción de riesgo.

We've talked briefly about growth. Uncontrolled growth has killed many business. Developing the business requires careful planning. Protecting against unexpected occurances also requires planning. Think for a moment about what would happen to the business if you became physically disabled? Would the business survive? What if you died? For either of these, insurance policies can be purchased to aid the business financially until capable management can be hired. The last issue which must be considered is divorce or family difficulties. There are many horror stories of successful businesses that did not survive family problems. The individuals become distracted, accellerating the business failure. If awareness is the first step of preparation and preparation is the first step towards protection, I trust you are aware, and will be prepared and protected, and that your entrepreneurial vehicle is now ready to take off!

Hemos hablado brevemente sobre el crecimiento y el crecimiento sin control ha aniquilado a muchas empresas. Desarrollar el negocio requiere de una planeación cuidadosa. Protegerla contra situaciones inesperadas también requiere planeación. Piense por un momento que le ocurriría a su empresa si quedara incapacitado físicamente. ¿Sobrevivirá el negocio? ¿Qué pasaría si usted muriera? En cualquiera de estos casos, se pueden adquirir pólizas de seguro para ayudar financieramente a su empresa hasta que se contraten a gerentes capaces. El último aspecto que debe de ser considerado son las dificultades familiares. Hay muchas historias de horror de negocios exitosos que no sobrevivieron los problemas familiares. Los individuos se distraen, lo que acelera el fracaso de la empresa. Si estar consciente es el primer paso para la preparación, y la preparación es el primer paso hacia la protección, confío en que usted esté consciente, y estará preparado y protegido, ¡y que su vehículo empresarial ya esté listo para despegar!